한국천주교회사 3

한국천주교회사 3

펴낸 날	2010년 4월 16일 인쇄
	2010년 4월 23일 1판 1쇄 발행
	2017년 2월 10일 2판 1쇄 발행
	2018년 9월 10일 2판 2쇄 발행
	2022년 8월 10일 3판 1쇄 발행
	2025년 1월 9일 3판 2쇄 발행

펴낸 이	구요비
펴낸 곳	한국교회사연구소
	서울시 중구 삼일대로 330 평화빌딩
	대표전화 02-756-1691
	팩시밀리 02-2269-2692
	http://www.history.re.kr
인쇄	분도인쇄소

교회인가 2010년 2월 2일
등록번호 1981.11.16 제10-132호

ISBN 978-11-85700-08-3(04230)
      978-89-85215-77-0(세트)

정가 20,000원

ⓒ 한국교회사연구소, 2010

한국천주교회사 3

간행사

 이 땅에 천주교회가 탄생한 지도 벌써 226년이 되었습니다. 극심한 탄압으로 점철되었던 박해 속에서도 신자들은 순교자들이 걸었던 거룩한 발자취를 남김으로써 그분들과 자신들의 신앙을 증거하려고 노력하였습니다. 이러한 기록들은 달레(Claude Charles Dallet, 1829~1878) 신부에 의해 1874년 *Histoire de L'Église de Corée*라는 제목으로 간행되었으며, 이를 지금은 하느님 나라에 계신 최석우(안드레아) 몬시뇰과 안응렬 선생 두 분이 1979·1980년에 《한국천주교회사》로 번역하여 저희 한국교회사연구소에서 출간했습니다.
 이후 이 책은 많은 사람들이 한국 천주교회의 역사를 공부하는 데 입문서 역할을 하였습니다. 물론 이 책이 번역·간행되기 전에도 유홍렬 선생께서 집필한 《한국천주교회사》가 있었지만, 관련 사실들을 연대기적 입장에서 나열한 데다 내용상의 오류가 적지 않았습니다. 그뿐만 아니라 1960년대 이후의 많은 연구 성과가 반영되어 있지 않았습니다. 그런 탓에 한국 천주교회의 역사를 자세히 알고자 하는 사람들은 달레 신부의 《한국천주교회사》와 각종 연구서·연구 논문들을 일일이 찾아 읽어야 했습니다. 그 밖에도 간단한 입문서가 몇 종류 나왔지만, 독자들의 기대에 미치지 못하기는 마찬가지였습니다.
 통사로서의 《한국천주교회사》 편찬에 대한 필요성은 오랫동안 교회 안팎에서 제기되어 왔습니다. 특히 한국 천주교회 설립 200주년을 맞이하면서 신앙 선조들의 발자취가 담긴 한국 천주교회의 역사를 깊이 알고자 하는 요구가 더욱 높아졌습니다. 이에 연구소에서는 1987년 '한국가톨릭문화사대계'의 편찬 계획을 수립하고, 그 첫 번째 작업으로 1989년에 《한국가톨릭교회사》의 편찬·간행을 추진했습니다. 그러나 이 작업은 안타깝게도 집필자들의 사정 때문에 추진 과정에서 중단되고 말았습니다.

이후 연구소에서는 《한국가톨릭대사전》(전 12권)의 편찬에 모든 역량을 집중하였습니다. 이 과정에서 한국 천주교회의 통사는 편찬하지 않으면서 대사전만 만들고 있다는 질책도 많이 받았습니다. 하지만 저희들의 생각은 달랐습니다. 통사가 세부적인 내용까지 모두 담을 수는 없습니다. 오히려 통사를 충실히 서술하기 위해서라도 개별적인 사실들을 확인하고 정리하는 일이 선행되어야 했습니다. 그래서 연구소에는 통사 편찬을 위한 사전 준비작업으로 《한국가톨릭대사전》을 편찬했던 것입니다.

한편, 한국 천주교회의 외형적인 발전에 발맞추어 교구사·단체사·본당사의 편찬은 계속되었습니다. 이러한 추세에 부응하여 편찬의 기본적인 방향을 제시할 수 있는 통사의 필요성이 더욱 절실해졌습니다. 더욱이 21세기를 맞이하여 세계교회사와 한국사와의 관련 속에서 한국 천주교회가 지니는 역사적 보편성과 특수성을 더욱 분명하게 인식할 필요성도 대두되었습니다. 이에 연구소는 2001년부터 교회사 연구자 14명으로 집필진을 구성하여 다시 한 번 통사 편찬을 추진하였으나, 공동 작업의 어려움 때문에 소기의 목적을 달성하기 어려웠습니다.

그래서 그동안 쌓아온 연구 실적과 역량을 바탕으로 연구소의 연구원들만으로 집필진을 구성하여 2008년 초부터 통사 편찬 작업을 다시 착수하였습니다. 연구소 밖의 연구자들까지 포함하는 집필진을 구성할 수 없다는 아쉬움이 있었지만, 신속한 의견 교환과 작업의 일관성을 유지할 수 있다는 장점을 위안으로 삼으면서 통사 집필에 전념하였습니다. 하지만 이제까지 어느 누구도 실행에 옮기지 못한 통사 작업을 연구소의 연구원들로만 추진하다 보니 말 그대로 악전고투의 연속이었습니다. 일일이 관련 저서나 논문들을 읽고 소화해 내는 일만 해도 벅찬데, 이것들을 정리하고 재구성하는 집필은 연구서나 논문을 작성하는 것과는 비교가 되지 않을 정도로 힘겨운 작업이었습니다.

이러한 어려움을 극복하고 마침내 《한국천주교회사》를 간행하게 되었습니다. 비록 이 책이 지금까지의 연구 성과들을 모두 담아내지는 못했을지라도 한국 교회사의 커다란 흐름을 이해하는 데에는 부족함이 없으리라고 믿습니다. 그렇다고 하더라도 독자들이 보기에는 모자란 점들이 있을 것입니다. 앞으로 꾸준한 보완 작업을 통하여 부족한 부분들을 메워 나갈 것을 약속드립니다.

그리고 이 책의 편찬 작업이 온전히 연구소 연구원들의 몫만은 아니었음을 말씀드리고 싶습니다. 서울대교구장이신 정진석(니콜라오) 추기경님, 연구소 이사장이신 염수정(안드레아) 주교님을 비롯한 많은 분들의 도움과 절두산 순교성지의 지원이 없었더라면 감히 시작할 엄두도 내지 못했을 것입니다. 이 책을 간행하면서 애정 어린 관심을 보여 주시고 후원해 주신 모든 분들께 고개 숙여 감사드립니다.

그러나 무엇보다도 선종하신 최석우 몬시뇰의 격려와 질책이 없었더라면 이 책의 출간은 상상조차 할 수 없었을 것입니다. 최 몬시뇰은 연로하신 몸으로 매일 연구소에 출근하셔서 후학들에게 직접 본보기를 보이시며 손을 잡아 이끌어 주셨습니다. 그렇지만 필자들이 이 책에서 저질렀을 내용상의 오류가 그분에게 티끌만큼이라도 누가 되어서는 아니 될 것입니다. 그것은 그분의 가르침을 미처 다 소화해 내지 못한 필자들의 몫이기 때문입니다. 이제 이 책을 세상에 선보이면서 다시금 최석우 몬시뇰의 영원한 안식을 기도합니다.

한국교회사연구소 소장
김성태 요셉 신부

차례

간행사   4

제3부 시련 속의 교회

제4장 기해박해 ───────────────── 최선혜

제1절 박해의 원인   15

제2절 박해의 전개   21

제3절 박해의 종식

    1. 정부의 입장―기해〈척사윤음〉   34

    2. 교회의 입장   37

      1) 정하상의〈상재상서〉   37

      2)《기해일기》   41

제4절 기해박해의 순교자

    1. 신자들에 대한 고문과 처형 방법   46

    2. 순교성인에 대한 분석   56

    3. 순교성인들의 공통점   68

제5절 기해박해의 특징과 의미   72

제5장 조선인 사제의 등장 ───────────────── 양인성

제1절 김대건 신부의 활동과 순교

1. 출생과 그의 가문   105

2. 신학생 선발과 마카오 유학   108

　1) 신학생 선발   108

　2) 신학교 생활   110

3. 조선 입국로의 개척   113

　1) 에리곤 호 승선과 조선 입국 시도   113

　2) 의주 변문을 통한 입국 시도   118

　3) 조선 동북방을 통한 입국 시도   120

4. 해로를 통한 선교사 영입과 사제 수품   123

　1) 선교사 영입을 위한 노력   123

　2) 사제 수품   126

5. 병오박해와 순교   128

6. 김대건 신부의 영성   139

제2절 최양업 신부의 생애와 선교 활동

　1. 출생과 성장 과정   146

　2. 마카오 유학 생활   150

　3. 조선 입국로의 탐색   151

　4. 사제 수품과 선교 활동   158

　　1) 사제 수품   158

　　2) 교우촌 순방   159

3) 순교자 행적 조사　　167
　　　4) 한글 교회 서적 편찬 및 천주가사 저작　　170
　　5. 최양업 신부의 선종　　174
　　6. 최양업 신부의 영성　　177

제6장 교회의 정비와 발전　　　　　　　　　　　　방상근

　제1절 병오박해 이후의 조선교회
　　1. 선교사들의 활동 재개　　189
　　2. 성모 성심회의 설립　　191
　　3. 철종의 즉위와 천주교　　194
　　4. 영해회의 활동과 규식　　196
　　　1) 어린이 구호 사업　　196
　　　2) 〈영해회 규식〉　　200
　　5. 신학교의 설립과 변화　　201
　제2절 교세의 확대
　　1. 교회 체제의 재정비─사목 서한 반포　　207
　　2. 경신박해와 북경 함락　　210
　　3. 새 선교사들의 입국과 사목 구역의 설정　　213
　　4. 저술·출판 활동　　217
　　5. 순교자 시복 준비 작업　　221
　　6. '전교회' 활동　　223
　　7. 선교사들의 생활　　225

제3절 신자들의 신앙생활과 지역·경제 기반

    1. 입교 동기와 과정　231

    2. 신앙생활　233

    3. 지역적 분포-지역 교회　236

    4. 경제 기반　238

제7장 병인박해　　　　　　　　　　　　　　　　　　　방상근

제1절 박해의 원인

    1. 흥선대원군의 집권　245

    2. 흥선대원군과 교회의 접촉　246

    3. 신자들의 러시아 방비책　249

    4. 박해의 원인　251

제2절 박해의 초기 과정　254

제3절 병인양요와 박해의 확대

    1. 프랑스군의 1차 침공　262

    2. 프랑스군의 2차 침공　263

    3. 병인양요의 결과　267

제4절 덕산 사건과 신미양요

    1. 덕산 사건-오페르트의 남연군 묘 도굴 사건　270

    2. 신미양요　271

제5절 병인박해 희생자와 순교성인　275

색인　283

제3부 시련 속의 교회

제4장 기해박해

제1절 박해의 원인

신유년(1801)의 큰 박해 이후 30여 년간 조선 천주교회는 목자 없는 교회로 지냈다. 그 기간 동안 천주교에 대한 정부의 박해는 잠잠하였다. 물론 조선 천주교회는 여전히 여러 가지 어려운 상황 속에 있었지만, 나름대로의 성장을 계속하여 갔다. 신자들은 어려움 속에서도 회장을 중심으로 선교 활동을 하였고, 구전이나 남아 있던 교회 서적을 통해 교리를 학습하였으며, 비밀리에 신앙 모임을 가졌다. 특히 체포와 고문과 사형의 공포 속에서도 신자들은 선교사를 영입하기 위한 운동을 지속해 갔다. 정하상(丁夏祥, 바오로, 1795~1839), 유진길(劉進吉, 아우구스티노, 1791~1839), 남이관(南履灌, 세바스티아노, 1780~1839) 등은 조선 천주교회의 상황을 전하고 선교사를 보내 줄 것을 청하는 서신들을 북경과 로마의 교황청에까지 보냈다. 이들의 노력과 교황청의 관심 및 후원으로 1831년에는 조선 대목구가 설정되는 결실을 맺게 되었다. 1834년 초에는 최초로 중국인 신부 유 파치피코(余恒德, 1795~1854) 신부가 입국하여 1836년 말까지 약 3년간 조선에서 선교하였다. 이어 파리 외방전교회 소속 모방(P.P. Maubant, 羅伯多祿, 1803~1839)

앵베르 주교. 모방·샤스탕 신부의 입국으로 조선 천주교회는 새로운 전기를 맞았으며 이들 선교사들의 헌신적인 활동으로 기해박해 전까지 조선의 교세는 눈에 띄게 증가하였다. 1925년에 시복된 세 성직자들의 초상화.

신부가 1836년 1월 15일에 한양에 도착하였고, 샤스탕(J.H. Chastan, 鄭牙各伯, 1803~1839) 신부는 그해 12월 31일에 압록강을 건넜으며, 앵베르(L.-J.-M. Imbert, 范世亨, 1796~1839) 주교는 1837년 12월 16일 봉황성(鳳凰城)의 변문에서 정하상, 조신철(趙信喆, 가롤로, 1796~1839) 등을 만나 18일 압록강을 건너 31일에 한양에 도착하였다.

세 성직자들의 입국으로 조선 천주교회는 새로운 전기를 맞았다. 이 무렵 서울의 신자 수는 1,000명도 넘었다. 앵베르 주교가 도착한 뒤 세 명의 선교사들에게 세례를 받은 성인만 2,000명에 가까웠다. 그리하여 6,000명가량이던 신자 수가 이들이 도착한 뒤인 1838년 말에는 9,000여 명으로 증가하였다. 이 당시 조선 인구에서 천주교 신자의 수는 1,000명에 1명꼴이라는 상당한 비율을 차지하였다.

1838년 말부터 1839년 초까지 앵베르 주교는 서울과 서울에서 가까운 시골의 신자들을 돌보았다. 모방 신부는 경기도 일원과 강원도 서부의 신자들을 순회하였으며, 샤스탕 신부는 남쪽 지방의 신자들에게 가 있었다. 선교사들은 방문하는 교우촌마다 회장을 임명하거나 승인하였다. 그리고 세례·혼인·장례·주일 및 축일의 신앙 모임 등에 관한 규칙을 정해 줌으로써 신자들의 모임이 조직과 절차를 갖추도록 보완해 주었다.

한편 선교사들에게 무엇보다도 괴로운 일은 끊임없이 신자들이 붙잡히거나 배교하여 신앙을 떠나는 일이었다. 어느 어느 마을에서 신자 몇몇이 붙잡혔다는 소식을 듣지 않고 지나가는 달이 없을 정도였다. 붙잡힌 신자들은 고문에 시달리면서도 신앙을 지켰는가 하면, 배교를 하기도 하였다. 선교사들은 신자들이 겪는 괴로움을 위로하고, 꺼져 가는 신앙의 용기를 북돋아 주어 다시 신앙의 열정이 뜨거워지도록 하는 역할을 수행해 나갔다.

이러한 상황에서 프랑스 선교사들이 가장 긴박하다고 느낀 문제 가운데 하나는 조선인 성직자를 양성하는 일이었다. 자신들에게 닥쳐오는 위험을 느끼면 느낄수록 그 필요성을 더욱 절감하였다. 이미 모방 신부는 1836년 말에 조선인 소년 세 명을 마카오로 보냈었다. 앵베르 주교도 네 사람을 신학생으로 선발하여 라틴어를 가르치고 그 가운데 두 사람에게는 신품을 줄 계획으로 신학도 가르쳤다. 그러나 이 계획이 미처 이루어지기 전에 기해박해(己亥迫害)라는 커다란 풍랑에 맞닥뜨리게 되었다.

기해박해를 전후한 순조·헌종·철종 연간에 이르는 조선시대의 정치는 대개 '세도정치'라고 불리는 시기였다. '세도정치'라는 이름 아래 정권을 장악한 사람은 외척으로 순조(純祖, 1800~1834)의 장인인 김조순(金祖淳,

> **효명세자**
> 순조의 세자이자 헌종의 아버지로, 헌종이 즉위한 뒤 익종으로 추존(追尊)되었다.

1765~1832)의 가문, 순조 친모의 아버지인 박준원(朴準源, 1739~1807)의 가문, 효명세자(孝明世子, 1809~1830)의 장인인 조만영(趙萬永, 1776~1846) 가문 등이 그 핵심이었다. 순조는 11세의 나이로 즉위한 어린 국왕이었고 정치행위의 중심에는 수렴청정하는 정순왕후(貞純王后, 1745~1805)가 있었다. 정순왕후는 스스로를 여주(女主)·여군(女君)이라 칭할 정도로 실질적인 권한을 지니고 있었다.

> 대왕대비가 하교하기를, "과거의 폐단은 옛날부터 있었지만 근일에는 더욱 심하다. …지금은 다른 때와 달라서 어린 임금이 위에 있고 여군(女君)이 수렴청정하고 있는데 …이제 그대 여러 신하들이 만약 옛날의 습관을 통렬히 개혁하지 못한다면, 장차 무슨 얼굴로 북면(北面)하여 다시 조정에 설 것인가? (《순조실록》 5, 순조 3년 2월 14일)

순조 즉위 후 3년까지는 수렴청정하는 정순왕후와 그의 권위를 기반으로 정권을 장악한 경주 김씨 김관주, 심환지 등의 벽파가 정치를 주도하였다. 그러다가 1803년(순조 3년) 말부터 국왕이 직접 정사를 보게 되면서 이들의 세력은 꺾였고, 대신 순조의 장인인 김조순의 안동 김씨 가문이 반남 박씨 박준원 가문과 풍양 조씨 조만영 가문 등과 협력하여 권력을 집중시켜 나갔다. 그리고 1812년부터 김조순이 보다 확고하게 권력의 주도권을 장악하였다. 그런 가운데 1827년 순조의 소망에 따라 효명세자가 대리청정을 하게 되었다. 이는 물론 김조순을 비롯한 유력 인사의 승인이 있었기에 가능한 일이었다. 그런데 세자가 적극적으로 국정을 처리해 나가면서 오히려 좌의정 이상황(李相璜, 1763~1841), 영의정 남공철(南公轍, 1760~1840) 등 김조순 쪽의 인물이 물러나게 되는 사태가 벌어졌다. 그러나 효명세자는 김조순 세력을 뒤집어엎는 커다란 파장을 원하지는 않았다. 이 시기에는 효명세자의 처가인 풍양 조씨 조만영의 영향력이 상당하였으며, 이지연(李止淵, 1777~1841)도 이들과 밀접한 관계를 맺으며 권력의 부침을 함께하였다.

1830년(순조 30) 5월에 효명세자가 사망하자, 안동 김씨 가문은 김조순에 이어 그 아들 김유근(金逌根, 1785~1840)이 중심이 되어 조만영 가문과 협력하면서 정치적 기반을 더욱 다져갔다. 즉 효명세자가 죽고 다시 순조의 친정(親政)이 행해진 무렵은 외척 집단인 김조순 - 김유근 가문이 자신들을 중심으로 하는 권력 질서를 정립해 나갔다.

1834년 순조에 이어 헌종(憲宗, 1834~1849)이 8세의 나이로 즉위하였다. 그러자 왕실의 최고 서열이던 그의 할머니이자 김조순의 딸로 순조의 왕비였던 순원왕후(純元王后, 1789~1857)가 수렴청정하였다. 이에 비록 김조순은 1832년에 죽었지만, 순원왕후의 친정인 김조순 가문은 계속해서 정치적 기반을 유지하였다. 그리고 국왕의 외조부인 조만영의 동생 조인영도 이조판서를 맡는 등 상당한 권한을 가지게 되었다. 그러나 1837년 10월 조만영 계열의 이지연이 우의정에 오르고 김유근이 병으로 은퇴하면서 정권은 풍양 조씨에게로 집중되었다. 이 시기 권력의 중심 세력은 순조가 죽기 전에 세손을 보호하도록 부탁을 받은 조인영, 조만영의 아들 조병구(趙秉龜, 1801~1845), 조득영의 아들 조병현(趙秉鉉, 1791~1849) 등이었다.

한편 대왕대비인 순원왕후를 적극 보필한 사람은 그의 오빠 김유근이었고, 이들로 대표되는 안동 김씨 정권은 천주교에 대해 비교적 관용적인 태도를 취하였다. 그러나 김유근이 은퇴하고 천주교를 적대시하던 이지연이 우의정이 되면서 상황은 변하였다. 형조판서 조병현에게서 그동안의 천주교 전파 상황을 보고받은 이지연은 1839년 3월에 천주교에 대한 강력한 대책을 건의하였다. 천주교인은 아버지도 없고, 임금도 없다는 '무부무군'(無父無君)의 사교(邪敎)를 따르는 역적이므로 근절해야 한다는 것이었다. 이에 천주교 신자에 대한 탄압이 시작되어 전국적으로 박해가 확산되었으며, 1840년 말까지 계속되었다.

제2절 박해의 전개

천주교에 대한 박해는 조정에서 공식적인 체포령이 내려지기 이전부터 시작되었다. 1838년 말부터 서울 일부에서 포졸들이 천주교 신자들을 체포하는 일이 일어났다. 1839년 1월 16일(음력 1838년 12월 2일)에 권득인(權得仁, 베드로, 1805~1839)이 체포되었으며, 1월 말에는 강원도 원주의 서지(지금의 원주시 부론면 손곡2리)에 살던 최해성(崔海成, 요한, 1811~1839)이 체포되어 원주 옥에 갇혔다. 2월에는 서울 한강변에 살던 박아기(朴阿只, 안나, 1783~1839)가 체포되었고, 3월에는 경기도 광주의 구산(龜山, 지금의 하남시 망월동)에서 김성우(金星禹, 안토니오, 1795~1841)의 두 아우 만집과 문집이 체포되었으나 돈을 주고 풀려났다. 4월에는 서울에서 회장으로 활동하던 남명혁(南明赫, 다미아노, 1802~1839)과 이광헌(李光獻, 아우구스티노, 1787~1839)을 비롯한 그의 가족들이 모두 체포되었다. 상황이 이렇게 전개되자 유 파치피코 신부의 도움으로 마련된 집에서 함께 살던 여인들은 순교를 결심하였다.

김성우 성인은 동생과 함께 입교한 후 열심한 신앙생활로 친척은 물론 이웃에도 복음을 전하였고 이들의 영향으로 구산 마을은 교우촌으로 변모하였다. 구산성지에 있는 김성우 묘소와 순교 현양비.

김성우 성인은 성사를 자주 받고자 서울 마장동으로 이주하여 살기도 하였으며, 한때 자신의 집에 모방 신부를 모시기도 하였다. 성인은 1839년 12월(음)에 그의 사촌 김주집과 함께 서울에서 체포되었다.

이매임(李梅任, 데레사, 1788~1839)의 집에서 함께 살고 있던 허계임(許季任, 막달레나, 1773~1839)과 두 딸인 이정희(李貞喜, 바르바라, 1799~1839)와 이영희(李榮喜, 막달레나, 1809~1839), 김성임(金成任, 마르타, 1787~1839), 김누시아(金累時阿, 루치아, 1818~1839) 등은 남명혁과 이광헌의 어린 자녀들이 보인 용기를 본받고자 포졸들을 찾아가 묵주를 보이며 자수, 순교하였다. 이어 최병문(崔秉文, 야고보) 가족과 궁녀였던 전경협(全敬俠, 아가타, 1790~1839)과 박희순(朴喜順, 루치아, 1801~1839)이 체포되었다.

이와 같이 각 지역에서 천주교 신자들이 연이어 체포되자 당시 형조판서였던 조병현은 가능한 한 극형에 처하는 사람을 줄이고자 하였다. 이에 천주교 신자들에게 배교를 유도하였지만 그다지 효과를 거두지는 못하였다. 조병현은 이러한 사정을 이지연에게 보고하였다. 그런데 "우의정 이지연

1925년 기해·병오박해 순교자 시복 후 김성우 성인의 유해는 1927년 5월 30일 용산 예수성심신학교로 이장되었다. 이장 당시 모습으로 앞에 두 손을 모으고 서 있는 노인은 성인의 손자인 김교익(토마스)이다.

이 사학에 대한 일로 끝까지 엄격하게 조사하기를 주청하니, 그대로 따랐다"(《헌종실록》 6, 헌종 5년 3월 5일)는 기록으로 알 수 있듯이, 이지연은 보다 엄격하게 천주교 박해를 추진할 것을 아뢰어 허락을 받았다. 그가 올린 내용은 천주교 신자는 아비도, 군주도 없는 역적의 무리이니 좌우 포도청에 명을 내려 조사와 기찰을 강화하고, 형조판서는 체포된 신자들 가운데 뉘우치지 않는 자는 처형할 것이며, 서울과 지방에 다시 오가작통법(五家作統法)을 시행하여 빠져나가는 사람이 없도록 해 달라는 것 등이었다. 대왕대비는 이를 재가하여 공식적으로 인정하였는데, 이것이 이른바 1839년(헌종 5, 기해년) 4월 18일(음 3월 5일) 공식 반포된 〈사학토치령〉(邪學討治令)이었다. 이어서 사헌부 집의(執義)인 정기화(鄭琦和, 1786~1840)도 천주교를 근절하려면 그 원흉을 잡아야 한다는 상소를 올렸다.

집의 정기화가 상소하기를, "… 간사한 무리를 끝까지 조사하라는 일을 삼가 보건대 … 대저 나아가 체포된 수가 많지 않은 것이 아니나, 끝내 간사하고 사특한 우두머리를 잡지 못하였으니, 그 책을 베껴 쓰고 기물을 만드는 일은 지식 없는 가난하고 천한 자가 어떻게 스스로 판별하여 준비할 수 있겠습니까? 이것은 반드시 천박한 재주를 갖춘 요망하고 간사한 무리가 만 리 밖에서 서로 응하여 중국에 가는 사신 행차 때 몰래 사 가지고 와서 하나가 열에게 전달하고 이 사람이 저 사람을 물들게 하는 것입니다. 이를 철저하게 끝까지 실상을 조사하더라도 소굴은 의거하는 바가 있고 근본은 맺힌 바가 있는 법인데, 만약 적발해 내어 소탕하지 못하고 토벌하여 죽이는 것이 분수없는 몇 무리에 그치게 되면, 장차 저 무리를 어떻게 남김없이 진멸할 수 있겠습니까?" 하니, 비답하기를, "이것은 과연 철저하게 적발하여 다스리지 않을 수 없는 일이다. 상소를 한 바가 좋다" 하였다(《헌종실록》 6, 헌종 5년 3월 20일).

정기화가 올린 상소문의 요지는 비록 적지 않은 천주교

동정 순교성인 김효임 · 김효주 자매는 신앙을 위해 동정을 지키다 경기도 고양의 용머리에서 체포되어 순교하였다.

신자를 체포하였지만 정작 그 우두머리를 잡지는 못하였다는 것이다.

상소를 올린 이날(양력 5월 3일)에도 경기도 고양의 용머리[龍頭里]에서 김효임(金孝任, 골롬바, 1814~1839)·김효주(金孝珠, 아네스, 1815~1839) 자매가 체포되었다. 그런데 조정은 생각한 것만큼의 성과를 올리지 못하고 있었다. 이는 5월 25일(음) 대왕대비와 우의정 이지연이 나눈 대화에서도 잘 드러난다.

> 대왕대비 : 요즈음 형조에서 사학을 다스리는 일은 어떻게 진행되고 있는가? 사학을 믿는 무리를 진작 제거하지 않는다면, 나라에 만연될 우려가 매우 크다. 무엇 때문에 이와 같이 소홀해져서 일이 지체되고 있는가?
>
> 이지연 : 당초에는 들려오는 말들이 많았는데, 다스리라는 명령이 내려진 뒤 아직 붙잡힌 자는 없습니다. 사학을 믿는 무리들이 다스려지고 두려워하여 마음을 바꾸었기 때문에 잡지 못한 것은 분명히 아닐 것입니다.
>
> 대왕대비 : 비록 붙잡혀서 형벌을 당하는 자들도 죽음을 두려워하지 않는데, 붙잡히기도 전에 법을 두려워하여 마음을 바꾸었다는 것을 어떻게 알 수 있겠는가?
>
> 이지연 : 수십 년 전에는 인심이 오히려 모두 두려워하여 사학을 엄히 다스리는 법이 있음을 알았는데, 지금은 그렇지가 않아서 대수롭지 않게 여기고 있으니, 이것이 가장 우려할 만한 일입니다.
>
> 대왕대비 : (천주교인) 집의 물건을 뺏어 가지는 것을 못하게 한 후부터 포졸의 무리가 다시 붙잡은 자가 없다고 하니, 어찌 국가의 체통이 있겠는가? …오래지 않아서 조정의 사대부 사이에도 물드는 자

가 없을 것을 어떻게 장담하겠는가? 대신이 나간 후에 포도대장을 불러서 단단히 타일러서 경계함[申飭]을 더함이 옳을 것이다 (《헌종실록》 6, 헌종 5년 5월 25일).

이 기록에 따르면 천주교 신자를 잡아들이는 일은 그다지 진척이 없었다. 그 까닭은 천주교 신자들이 마음을 돌려서가 아니라 포졸에게 천주교 신자들의 재물을 갖지 못하게 하였기 때문이라는 분석이다. 이에 천주교가 더 확산되는 일이 생기기 전에 천주교 신자들을 잡는 일에 더욱 노력하라는 것이다. 그런데 천주교 신자 체포가 그다지 성과를 거두지는 못하는 가운데 이미 잡혀 온 신자들이 순교하는 일은 속출하였다. 이 무렵 서소문 밖에서는 참수형으로 남명혁, 이광헌, 박아기, 박희순 등이 순교하였다(양력 5월 24일, 음력 4월 12일). 같은 날 4년여의 오랜 시간 동안 옥에서 고초를 견디어 오던 이 아가타(李, 1784~1839)와 3년여 옥살이를 하던 김업이(金業伊, 막달레나, 1774~1839), 한아기(韓阿只, 바르바라, 1792~1839), 김아기(金阿只, 아가타, 1790~1839) 등도 참수되었다. 3일 뒤에 앵베르 주교는 이들의 시신을 거두어 장례를 치러 주었다. 이 밖에도 한강변 서강(西江)에서 살다가 체포된 장성집(張, 요셉, 1786~1839)이 5월 26일에 치도곤 25대를 맞고 옥사하였으며, 다음 날에는 어린 소녀의 몸으로 가혹한 고문을 신앙으로 이겨내던 이 바르바라(李, 1825~1839)가 포도청에서 옥사하였다. 같은 무렵에 김 바르바라(金, 1805~1839)도 3개월간의 수형생활 끝에 염병에 걸려 옥사하였으며, 정 아가타는 나이가 많은데도 불구하고 고문을 당하는 고통을 이기며 신앙을 지키다 79세의 나이로 옥사하였다.

조정에서는 체포되어 있는 신자들에 대한 형 집행을 계속해 갔다. 1827년의 정해박해 때 체포되어 대구 감영에 갇혀 있던 박사의(朴士儀, 안드레아, 1792~1839)·이재행(李在行, 안드레아, 1776~1839), 상주 진영에 갇혀 있던 김사건(金思健, 안드레아, 1794~1839)과 같은 때 체포되어 10년 넘게 전주 감영에 갇혀 있던 신태보(申太甫, 베드로, ?~1839)·이태권(李太權, 베드로, 1782~1839)·이일언(李日彦, 욥, 1767~1839)·정태봉(鄭太奉, 바오로, 1796~1839)·김대권(金大權, 베드로, ?~1839) 등에게도 각각 5월 26일과 29일에 참수형을 집행하였다. 이 시기에 교회 내부에서는 신자라는 이름을 쓰고 김순성(金順性, 일명 김여상, ?~1862)이 밀고자로 활동하였다. 그는 각종 모임에 참석하면서 신자들의 신뢰를 얻었다. 그러면서 포도청에 가장 정확하고 상세한 정보를 제공하였다. 그의 밀고로 말미암아 샤스탕 신부의 복사로 있던 현석문(玄錫文, 가롤로, 1797~1846), 조선교회의 지도자로서 밀사의 역할을 하던 조신철, 정하상, 유진길 등 조선교회를 이끌어 가던 핵심적인 지도자들이 며칠 사이에 속속 체포되었다. 이때 정하상은 체포될 것을 예상하고 우의정 이지연에게 보내고자 '재상에게 올리는 글'이라는 뜻을 지닌 〈상재상서〉(上宰相書)를 미리 작성하여 지니고 있다가, 체포된 직후에 종사관을 통해 관장에게 전달하였다. 그의 예상대로 이 글은 조정에 보고되었다. 7월에 들어서는 포도청과 형조에서 문초와 혹형을 받아 오던 이광렬(李光烈, 요한, 1795~1839), 김장금(金長金, 안나, 1789~1839), 김노사(金老沙, 로사, 1784~1839), 원귀임(元貴任, 마리아, 1819~1839) 등과 신앙생활을 함께하던 이영희, 이매임, 김성임, 김누시아 등 8명이 서소문 밖에서 참수되었다.

  5월 무렵 앵베르 주교는 서울을 떠나 손경서(孫, 안드레아, 1799~1839)가 경기도 수원의 '상게'라는 곳에 마련해 놓은 피신처로 갔고, 모방 신부와 샤스탕 신부도 지방으로 피신하였다. 그런데 앞에 보인 기록처럼 대왕대비

병오박해 순교자 현석문. 앵베르 주교로부터 순교자 행적을 수집하는 임무를 부여받아 《기해일기》를 완성하였다.

는 이지연에게 7월 5일(음력 5월 25일)에 천주교 신자 색출에 더욱 박차를 가하라는 전교를 내렸다. 박해는 다시 거세어졌고 앵베르 주교는 피신처에서 신자들로부터 전해지는 모든 소식을 듣고 있었다. 7월 하순 무렵 앵베르 주교는 모방 신부와 샤스탕 신부를 자신의 거처로 오도록 하여 여러 가지 일을 의논하고, 그들에게 교우촌의 신자들을 찾아보도록 하였다.

이와 같은 시기에 김순성은 포졸들을 이끌고 수리산으로 몰려가 최양업 신부의 부모인 최경환과 이성례 등 여러 신자들을 체포하였다. 이어 김순성은 온갖 계략을 사용하여 앵베르 주교의 거처에 대한 정보를 수집하였다. 앵베르 주교는 신자들의 더 이상의 희생을 막고자 8월 11일 스스로 포졸 앞에 몸을 드러냈다. 앵베르 주교가 홀로 자수한 것에 대해 조정에서는 매우 놀랐다. 이어 조정에서는 모방 신부와 샤스탕 신부도 체포하도록 지시하였

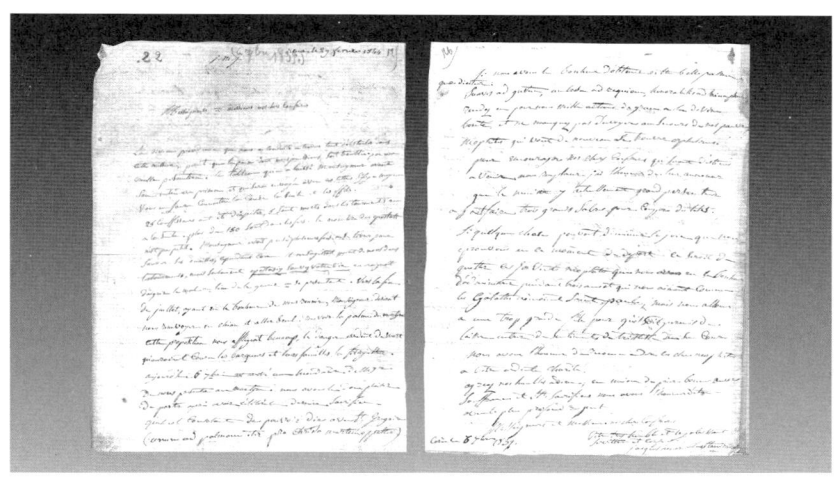

모방·샤스탕 신부가 앵베르 주교에게서 자수를 권유하는 편지를 받고 파리 외방전교회 모든 회원들에게 보낸 1839년 9월 6일자 마지막 편지. "고아 신세가 될 우리 가엾은 신입교우들에게 구원을 보내 주는 것을 잊지 마십시오"라며 마지막 당부를 하였다.

다. 그들이 충청도 지역으로 간 것을 알고는 충청도에 포졸들을 파견하고 오가작통법을 더욱 엄격하게 지키라는 훈령을 내렸다. 앵베르 주교는 더 이상 교우들에게 피해가 확산되는 것을 막기 위해 두 신부에게 쪽지를 보내어 자수를 권고하였다. 이에 따라 두 신부는 9월 6일 충청도 홍주에서 자수하여 서울로 압송되었다. 체포되기에 앞서 로마의 포교성성(지금의 인류복음화성) 장관에게 올린 보고서에 따르면 당시의 교세는 신자 수 약 10,000명, 세례자 1,200명, 견진자 2,500명, 고해자 4,500명, 영성체자 4,000명, 혼인성사자 150명, 종부성사 60명, 예비 신자 600명이었다. 박해의 회오리바람 속에서 선교사가 체포될 무렵을 전후하여 신자들의 순교가 잇따랐다. 8월 말에 한 안나(?~1839) 등이 포도청에서 옥사하였으며, 충청도 홍주에서 유 바오로(?~1839)가 옥사하였다. 9월에 들어서는 박후재(朴厚載, 요한, 1799~1839), 박큰아기(朴大阿只, 마리아, 1786~1839), 권희(權喜, 바르바라, 1794~1839), 이정희, 이연희(李連熙, 마리아, 1804~1839), 김효주 등이 서소문 밖에서 참수되었다. 이와 함께 의금부에 국청(鞫廳)을 설치하여 앵베르 주교와 모방 신부, 샤스탕 신부와 더불어 유진길, 정하상 등 교회의 주요 인물들을 여러 차례 신문하였다. 그리고 9월 21일(음력 8월 14일)에 3명의 선교사는 군문효수(軍門梟首)의 형을 받아 새남터 형장에서 순교하였다.

서양인 범세형·나백다록·정아각백과 정하상·유진길을 추국하고 베었다. 정하상은 신유사옥 때 처형된 정약종의 아들로서, 서양의 술법을 집안의 계략으로 삼고 유진길·조신철과 미리 주도면밀하게 준비하여 서양놈[洋漢]을 맞이해 와서 신부·교주를 삼았으며, 또 김(김대건)·최(최양업) 두 아이를 서양에 보내어 그 서양의 술법을 죄다 배울 것을 기약하였다. 유진길은 역관이고, 조신철은 종이었다(《헌종실록》 6, 헌종 5년 8월 14일).

군문효수
조선시대에 사형죄를 선고받은 죄인 가운데서도 더욱 큰 죄를 지었다고 판단된 죄인의 경우 군율(軍律)에 따라 목을 베고 군문에 매달던 형벌이다. 이는 백성들을 널리 경계하는 목적에서 시행된 것인데 사실상 시행된 사례를 거의 찾기 어려울 정도로 극한 형벌이었다. 하지만 천주교를 박해하면서 특히 외국인 선교사들을 체포하여 처형할 때 사용하였다. 이로 인해 주문모(周文謨) 신부, 앵베르 주교, 모방 신부, 샤스탕 신부와 김대건 신부 등이 군문효수되었다.

당시 선교사들은 신문(訊問)을 당하는 자리에서 국적과 입국 목적을 명백하게 진술하고, 입국할 때에는 의주로부터 조신철과 정하상의 인도를 받았으며, 서울에서는 정하상의 집에 머물렀다는 사실만을 진술하였다. 유진길은 서양의 선교사는 지금 조선의 천주교회에 꼭 필요하므로 모셔 왔으며, 이는 다만 교회와 관련된 일이지 국가에 대한 반역이 아니라고 주장하였다. 그뿐만 아니라 부귀공명을 위해 천주교를 믿은 것도 아니며, 이 모든 일들은 교회법을 행하려는 절차였다고 밝혔다. 정하상도 〈상재상서〉에서 밝힌 것처럼 사람은 만물을 만든 임자인 하느님에게 복종할 의무가 있다고 하였으며, 외적을 불러들여 나라를 해치는 일 같은 것은 교회법에 없는 일이라고 하였다.

선교사들을 처형한 뒤 조정에서는 다른 신자들의 처형도 서둘렀다. 이에 유진길, 정하상, 조신철, 남이관, 김제준, 김유리대(金琉璃代, 율리엣다, 1784~1839), 전경협, 박봉손(朴鳳孫, 막달레나, 1796~1839), 홍금주(洪今珠, 페르페투아, 1804~1839), 허계임, 김효임 등 여러 명이 처형되었다.

북쪽 한강변 노들 나루터 인근에 위치한 새남터에서는 성직자와 지도층 신자들이 많이 처형되었는데, 당시 조선교회에서 활동하다가 순교한 성직자 14명 가운데 11명이 이곳에서 죽음을 맞았다.

사학죄인 남이관·김제준·조신철·전경협 등 9인을 베었다. 김제준은 사악한 술법에 미혹되어 최경환과 각각 그 아들을 서양에 보낸 자이다(《헌종실록》 6, 헌종 5년 8월 19일).

김대건 신부의 부친인 김제준은 특별히 '아들을 서양에 보낸 자'라는 기록을 남길 만큼 중한 죄인으로 다스려져 더욱 혹독한 형벌을 당한 끝에 옥에 있은 지 한 달 만에 44세로 참수 치명하였다. 궁녀였던 전경협도 "네가 궁녀로서 나라가 금하는 일을 한단 말이냐?"라는 형관의 혹독한 신문이 이어졌지만 "하느님의 명령이 아닌 것이 없으니, 이 은혜도 내게는 오히려 과하되, 항상 칼에 치명하기를 바라노라"하며 그 과정을 이겨내고 참수 치명하였다.

선교사와 교회의 주요한 신자들을 처형하고도 박해는 이어졌다. 김순성과 같은 밀고자는 신자들을 찾아내 관가에 고발하는 데 더욱 열을 내었고, 그러한 와중에 옥에 있던 이 가타리나(李, 1783~1839), 조 막달레나(1807~1839), 조 바르바라(1783~1839) 등이 순교하였다. 10월 6일에는 원주에서 최해성이 참수 치명하였고, 얼마 뒤에는 그의 고모인 최 비르지타(崔, 1783~1839)가 옥중에서 목이 졸려 죽임을 당하였다. 그리고 유진길의 아들 유대철(劉大喆, 베드로,

가정 박해를 받으면서도 한결같은 신앙을 지킨 유진길과 유대철 부자.

1826~1839), 최희득(崔, 필립보, 1807~1839), 고집종(베드로) 등이 옥중에서 교수형을 당하였다. 충청도 해미에서는 전 베드로(?~1939)가 옥사하였고, 전라도 전주 감영에서도 송인원(宋, 야고보, 1816?~1839)이 순교하는 등 여러 신자들의 순교가 잇달았다.

제3절 박해의 종식

1. 정부의 입장—기해〈척사윤음〉

선교사를 비롯하여 수많은 신자들이 서울과 각 지역에서 죽임을 당할 무렵, 조정에서는 1839년 11월 23일(음력 10월 18일)〈척사윤음〉(斥邪綸音)을 반포하였다. 이미 대부분의 대표적인 신자들을 체포·처형하였으므로 더 이상 박해를 끌어갈 필요가 없다는 판단 아래 이를 반포함으로써 천주교는 사악한 학문이라는 점을 널리 알리는 동시에 이 대대적인 박해를 일단락 짓고자 한 것이다. 정부의 입장을 대변하는 이 기해〈척사윤음〉은 우의정인 조인영이 지은 것으로, 지방까지 널리 알리도록 하였다.

기해〈척사윤음〉은 먼저 태조(太祖, 1392~1398) 이후 역대 임금들의 교서·교훈·격언 등을 근거로 '천주학'이 성행하는 현실을 개탄하고 윤음을 내리는 목적을 밝히고 있다. 이 당시 조선은 스스로를 '소중화'(小中華)라고 한 것에서도 드러나듯이 유교 문명의 수호자로 자처하였다. 그렇기에 여기에서 벗어나는 문화와 사람은 모두 사학이고 이단이며 오랑캐로 간주되었다. 그들 입장에서 보면 조선은 문명을 이룬 곳으로 교화와 미풍, 그리고 도덕적 가르침이 이어진 지 오래되었는데, 흉적 이승훈(李承薰, 베드로, 1756~1801)이 서양의 책을 사 가지고 와 천주학이라 일컫고 이를 퍼뜨려 오랑캐와 금수의 땅으로 빠져들게 되었다고 한다. 그리고 주문모(周文謨, 야고보, 1752~1801) 신부가 감히 도시를 활보하고, 황사영(黃嗣永, 알렉시오, 1775~1801)은〈백서〉를 마련하여 서양의 선박을 불러들이고자 하였고, 요망한 역관이 몰래 서양인을 불러들인 것도 두세 번에 이르니, 그들이 얼마나

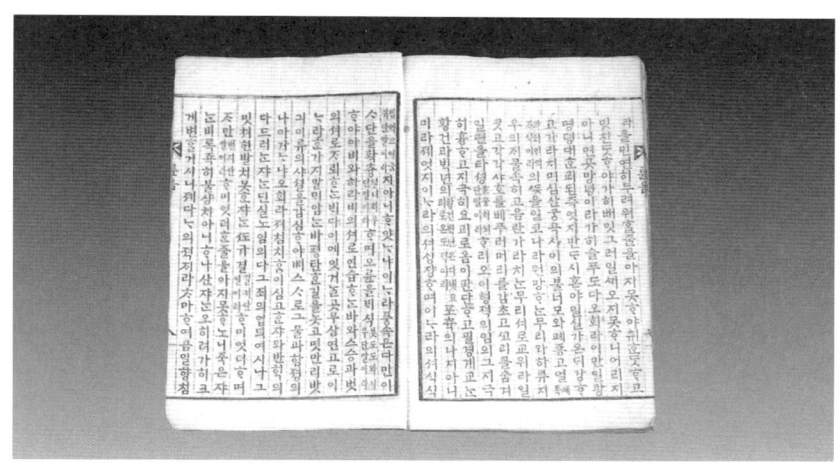

1839년 11월 23일 조정은 〈척사윤음〉을 반포하고 신유박해에 이어 천주교를 다시 한 번 '사악한 가르침'으로 규정하였다. 윤음의 반포로 박해는 일단 마무리되었으나 그 불씨는 여전히 남아 있었다.

흉악한 꾀와 배반을 도모하는지 알 수 있다고 하였다. 이를 더 이상 두고 볼 수도 없고 백성들을 가르치지 않고 벌을 주는 것은 그들에게 재앙을 주는 것이니, 전통적인 유교이념에 따라 백성을 교화하고자 천주학의 잘못된 부분을 하나하나 분석하여 윤음을 내리니 잘 받들라고 하였다.

첫째, 이 학문은 하늘을 공경하고 높이 받든다고 말하지만, 오히려 하늘을 속이고 업신여기는 행위라고 하였다. 천주학을 한다는 자들이 공경하는 것은 하늘이 아니라 죄를 씻고 은총을 구하는 여러 가지 천한 일에 지나지 않는다고 하였다. 말하자면 하늘이 명한 여러 가지 유교적 가치를 공경하고 그 가르침에 순종하지도 않으면서도 하늘을 빗대는 사악한 가르침이라는 것이다.

둘째, 예수(耶蘇)라는 존재는 고금을 통해 있을 수 없는 거짓된 이치라고 하였다. 예수는 사람인지 귀신인지, 진실인지 거짓인지 알지 못하겠는데,

하느님으로 왔다가 죽어서 다시 하느님이 되어 만물과 백성의 대부모가 되었다는 거짓 주장을 편다는 것이다. 또한 소리도 없고 냄새도 없는 하늘과 몸이 있는 사람은 절대로 서로 섞일 수가 없는데 하늘과 사람을 뒤섞는 이치에 닿지도 않는 주장을 하느냐고 반문하였다. 특히 예수는 가장 참혹하게 죽은 자라고 하니 그 학문이 복이 되는 것인지 화가 되는 것인지가 분명한데 처형되는 것을 즐겁게 여겨 두려움도 모르니 천주교 신자들은 매우 어리석은 자들이거나 망령된 자들이라고 하였다.

셋째, 부모를 업신여기어 사람의 근본 도리인 '효'를 찾을 수 없다고 하였다. 영혼의 부모인 하느님을 받들고, 육신의 부모는 제사를 폐하면서까지 관계를 끊는다며 짐승에게도 있는 부자의 의리를 외면하니 사람으로서의 양심이 극도로 없다고 하였다. 또한 예수가 아비 없이 태어났다고 하는 것도 부모의 은덕을 갚으려고 하기는커녕 거짓으로 속이는 것이라고 하였다.

넷째, 천하에 통용되는 군신의 의리를 부정한다고 하였다. 교황, 교주 등의 칭호를 만들어 군주의 권력을 훔쳐서 임금의 교화가 미치지 못하게 하고 명령이 시행되지 못하게 하니, '충'을 어기어 재앙과 난리의 근본이 된다고 하였다.

다섯째, 부부의 관계는 말할 것도 없이 '정'(貞)을 더럽힌다고 하였다. 부부가 있는 것은 바꿀 수 없는 세상의 이치인데 결혼하지 않는 것을 정숙하고 정결한 덕이라 하고, 오히려 남녀가 섞여 살면서 풍속을 어지럽히니 전자는 인류가 멸망해 없어지는 일이고, 후자는 인류가 더럽혀지는 일이라고 하였다.

여섯째, 이미 철저하게 비판받은 진부한 불교의 주장인 천당·지옥의 이야기를 한다고 비난하였다.

일곱째, 무엇 때문에 안정적이고 평화로운 우리나라의 법을 버리고 다른 무리의 사악한 학설을 받아들여 함정으로 나아가느냐고 지적하였다. 우리나라에는 풍속이 있고 그 안에서 서로 돕고 의지하며 살아왔는데, 왜 스스로 만 리 밖의 사설에 빠져 스스로 죽음을 자처하느냐는 것이다. 백성은 모두 국왕의 자녀들이므로, 이미 죽은 자들이야 어쩔 수 없지만, 아직 살아 있는 자들은 이제라도 바꿀 수 있으니 애통한 마음으로 이를 깨우쳐 알린다고 밝혔다.

이 윤음을 반포한 뒤 천주교 신자들에 대한 더 이상의 체포를 몰아붙이지는 않아 박해는 일단 마무리되었다. 하지만 옥사와 처형 등으로 이미 체포된 신자들의 순교는 이어졌다.

2. 교회의 입장

1) 정하상의 〈상재상서〉

동정 순교성인인 정하상은 신유박해(辛酉迫害) 순교자인 정약종(丁若鍾, 아우구스티노, 1760~1801)과 기해박해 순교자인 유 체칠리아(柳, 1761~1839)의 아들로, 천주교 교리를 실천하고 교회를 재건하는 일에 헌신하는 삶을 살았다. 특히 1816년 이래 20년이 넘도록 교회의 밀사로 활약하면서 수없이 북경을 오가며 성직자를 영입하기 위해 혼신의 힘을 기울였다. 앵베르 주교가 조선에 입국한 뒤에는 주교의 복사로 활동하면서 교우촌을 순방하고 신자들을 돌보는 데 힘을 쏟았을 뿐만 아니라, 신학생으로 선발되어 라틴어와 신학을 공부하였다.

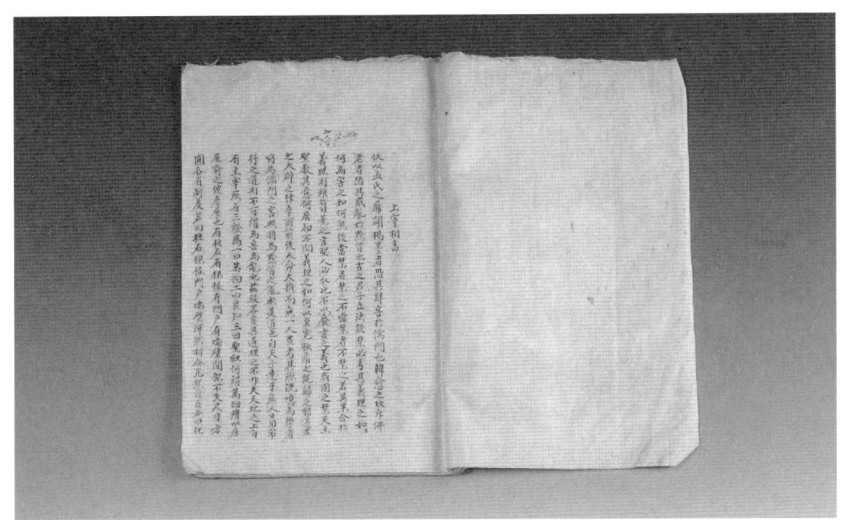

기해박해로 체포가 가까워지자 정하상은 순교를 결심한 뒤 〈상재상서〉를 작성하였다. 그리고 이 글에서 유교의 입장만을 앞세우는 박해자의 비판에 대응하여 교회의 입장을 논리적으로 제시하였다.

그런데 정하상은 1839년 초 기해박해가 시작되면서 활동의 위기를 맞았다. 당시에 정하상은 서울 후동(后洞, 지금의 서울 중구 주교동)의 주교 거처를 지키고 있다가 박해가 일어났다는 소식을 듣게 되었다. 이에 자신이 체포될 것을 예상하고 순교를 결심한 뒤 몇몇 교우들과 협의하여 박해자들에게 제출할 호교론을 직접 작성하였다. 이것이 〈상재상서〉이다.

정하상은 1839년 7월 11일(음력 6월 1일)에 체포되었다. 포도청으로 압송된 그는 미리 작성해 둔 〈상재상서〉를 제출하고, 사흘 뒤부터 문초를 당하였다. 정하상은 의금부로 이송되어 9월 15일부터 여러 차례의 추국을 당하였지만, 이를 견디다가 1839년 9월 22일(음력 8월 15일) 사형 판결을 받고 서소문 밖 형장으로 끌려나가 참수되었다. 이때 그의 나이 만 44세였다.

그가 저술한 〈상재상서〉는 크게 본서와 뒤에 짧게 첨부한 부록 성격의 우사(又辭)로 구성되어 있다. 글의 첫머리는 원통한 일을 당한 백성은 그 사정을 호소할 수밖에 없는 법이라 이제 그 억울한 사정을 아뢰니 헤아려 달라는 말로 시작된다. 유교적 이념에 따르면 시골에 사는 농부나 꼴을 베는 사람의 말이라도 도리에 맞으면 이를 들어주고 시행하였는데 천주교에 대해서는 애당초 그 도리를 묻지도 않고 바르지 못한 도리[邪道]로 판단해 버렸다고 하였다. 그러면서 성현군자가 많은 이 나라가 삶과 죽음이라는 큰일을 논하는 천주교에 대해서는 어떻게 이렇게도 박절하냐며 반문하였다. 결국 천주교를 헤아려 보는 일은 그저 청원을 들어주는 것이 아니라 유학자임을 자처하는 정부 관료가 당연히 취해야 할 태도라는 점을 강조하였다.

이어 조목조목 천주교를 옹호하였는데 그 내용은 대략 하느님의 존재 증명, 인간이 하느님을 공경하는 이유와 방법, 영혼, 천당지옥, 천주교가 왜 온전한 도리인가, 무부무군 등의 비난에 대해서, 통화색(通貨色) 즉 색이 통한다는 것으로 남녀의 구분을 분명하게 하지 않는다는 비난에 대해, 외국의 가르침이라 금한다는 명분에 대해, 천주교 신자도 임금의 적자라는 것 등에 관해 설명하였다. 덧붙인 '우사'에서는 제사와 신주 문제를 다루었다.

먼저, '하느님'의 존재에 대해서는 세상 만물 · 양심 · 성경의 세 가지를 들어 증명하였다. 첫째, 세상 만물을 보면 모든 것이 일정한 질서에 따라 움직이고 있으니 그것을 창조하고 주재하는 존재가 있다는 것이다. 그러면서 그 존재를 자신의 눈으로 보지 못했다고 하여 믿지 못하는 것은 만물의 뿌리와 근본을 생각하지 못하는 한심하고 가련한 일이라고 하였다. 둘째, 사람마다 본성으로 양심이 있는데 선을 좇고 악을 두려워하며 질병, 죽음 등의 일이 닥치면 본능적으로 하느님을 찾으니, 이는 하느님이 생사의 권한을 지니고 있음을 알고 있다는 증거라고 하였다. 셋째, 천지개벽부터 지금까지의 연대

> **문무주공**
> 중국 고대의 제왕 계보는 황제(黃帝)-전욱(顓頊)-제곡(帝嚳)-요(堯)-순(舜)-우(禹)-탕(湯)-문(文)-무(武)-주공(周公)으로 이어진다. 특히 요임금, 순임금, 하(夏)나라의 우임금, 은(殷)나라의 탕왕, 주(周)나라의 문왕, 무왕, 주공 등은 주로 뛰어난 군주를 찬양하거나 먼 옛날의 이상적인 군주를 지칭하는 표현으로 사용된다. 그러나 황제 이후 요와 순까지는 가공의 인물로 보는 것이 통설이다. 반면에 하나라의 우임금은 실제 인물이라고 보는 것이 일반적이다.

와 내력이 바르고 분명하며 털끝만큼도 어그러짐이 없이 기록된 책인 《성경》이 또한 그 증거라고 하였다. 이는 옛적 '요순우탕'(堯舜禹湯)과 '문무주공'(文武周公) 같은 성현이 있는 것도 유교의 경전에 기록되어 있어 그 존재를 아는 것처럼 하느님의 존재는 의심이 없는 일이라고 하였다.

이어서 인간이 하느님을 공경해야 하는 당위성을 논하였다. 인간은 태어나서 죽기까지 하늘과 땅 사이에서 하느님께서 베풀어 주신 모든 만물을 누리며 은혜를 받고 있으니 그 크고 넓은 은혜에 조금이라도 보답해야 한다고 하였다. 그리고 그 하느님을 받들어 섬기는 방법은 허물을 고쳐 새로워지기 위하여 명하신 십계명을 지키는 것이라고 하며 이를 소개하였다.

유학자들이 받아들이기 어려웠던 영혼에 대해서도 정하상은 설명하였다. 영혼은 어머니 뱃속에 잉태될 때 같이 생기는 것인데, 이 영혼은 하느님께서 주신 것으로 사람이 다른 피조물 가운데 가장 영특한 존재임을 보여 주는 것이며 가장 신령한 혼이라고 하였다. 천당지옥의 내세관에 대해서도 삶과 죽음에 대한 인간의 인정은 천주교 신자도 마찬가지지만 눈앞의 운수보다는 영원한 내세를 생각하는 큰 의지가 있을 뿐이라고 하였다. 또한 참된 도리라면 나라와 지방을 가리지 않는 법인데, 외국의 도이기 때문에 금한다는 말은 성립될 수 없다고 반박하였다. 천주교가 제사와 신주를 금하는 이유를 설명하면서, 음식은 살아 있는 육신만을 위한 것이고, 신주는 혈기와 혈맥이 조상과 자손에게 전해짐이 없는 그저 한낱 나무조각일 뿐이기 때문이라고 하였다. 그러니 이 두 가지 역시 올바른 도리가 아니고 오히려 허황한 일이라고 하였다.

마지막으로, 국가의 법으로 금지한 것을 풀어 천주교 신자 체포를 그만두고 옥에 갇힌 억울한 사람들을 놓아주어 나라의 모든 백성이 평안히 생업을 누리게 해 주기를 바란다는 호소로 마무리하였다. 임금은 백성을 갓난아이와 같이 아끼는 법인데 어찌하여 천주교 신자만은 조금도 불쌍히 여기지 않고 혹독하게 박해하여 이 지경에 이르게 하느냐는 강변을 토로하였다.

모두 3,644자로 이루어진 〈상재상서〉는 교회의 입장을 대변하는 논리로 정하상이 지니고 있던 하느님에 대한 믿음이 잘 담겨 있다. 그는 창조주이며 주재자인 하느님을 믿고 유교의 입장만을 앞세우는 박해자의 비판에 논리적으로 정면 대응하였다. 정하상이 체포된 뒤 〈상재상서〉는 재상에게 보고된 뒤 보관되었을 것이라고 짐작된다. 이 글이 이만채의 《벽위편》(闢衛編)에 수록된 점으로 미루어 신자들이나 그 밖의 다른 사람에게도 전해졌으리라 여겨진다.

2) 《기해일기》

기해박해는 천주교 4대 박해 가운데 하나로서 커다란 희생을 초래한 박해지만, 다른 한편으로는 그 중에서 가장 많은 성인이 탄생한 박해이기도 하다. 이 박해로 말미암아 참수되거나 옥중에서 순교한 신자 가운데 70명이 뒷날 성인품에 올랐다. 기해박해 때 이렇게 많은 성인이 탄생할 수 있었던 까닭은 《기해일기》(己亥日記)라는 귀중한 기록물이 있었기 때문이다. 《기해

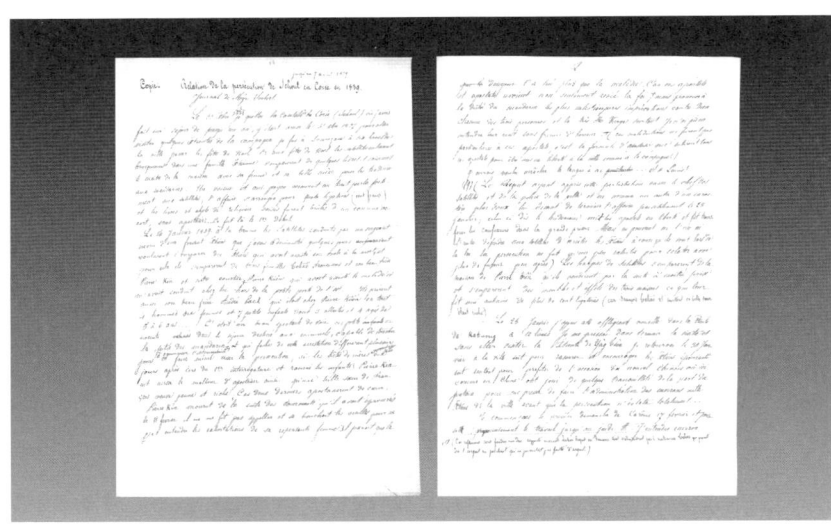

앵베르 주교는 1838년 12월 31일부터 다음 해 8월 7일까지 순교자와 그들의 순교 사실을 수기형태로 기록한 〈1839년 조선 서울에서 일어난 박해에 관한 보고〉를 파리 외방전교회 본부로 보냈다.

일기》는 기해박해에 대한 보고서이자 순교자들의 전기인데, 한글 필사본으로 전해 내려오다가 1905년에 활판본으로 간행되었다.

이 책을 편찬하게 된 동기는 1838년 말부터 박해로 순교자가 속출하자 앵베르 주교가 이들의 행적을 기록하기 시작한 것에 있다. 앵베르 주교는 1838년 12월 31일부터 자신이 체포되기 4일 전인 1839년 8월 7일까지 순교자와 그들의 순교 사실을 수기형태로 기록하여 〈1839년 조선 서울에서 일어난 박해에 관한 보고〉라는 성명의 보고서를 작성하였다. 그리고 이 보고서는 9월 6일 모방 신부와 샤스탕 신부에 의해 파리 외방전교회 본부로 보내졌다. 그런데 보고서를 마치기에 앞서 앵베르 주교는 자신이 체포될 것을 예상하여 정하상과 현경련(玄敬連, 베네딕다, 1794~1839)에게 순교자들의 행적을 자세히 조사·정리하는 일을 지속하도록 하였고, 이문우(李文祐, 요

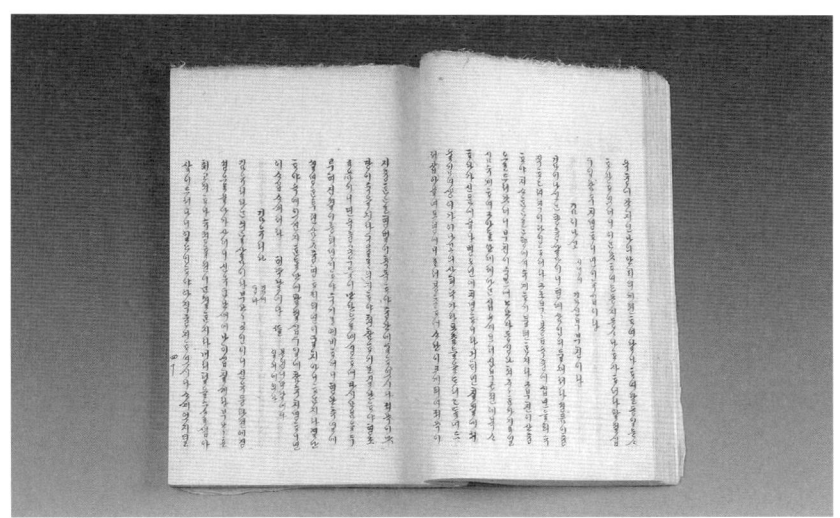

기해박해 순교자 70위가 성인품에 오르는 데에는 기해박해 관련 기록 중 가장 시기가 앞서 있고 풍부한 자료를 담고 있는 《기해일기》의 역할이 매우 컸다.

한, 1809~1840) · 최영수(崔榮受, 필립보, 1791~1841), 그리고 현석문 등에게도 이러한 임무를 맡겼다. 세 선교사에 이어 정하상 · 현경련 · 이문우 등이 모두 순교하자 현석문과 최영수는 순교자들의 행적을 수집하고, 보충하는 작업을 계속하였다. 그리고 최영수마저 1841년 4월 체포되어 9월에 순교한 뒤에는 현석문이 이 작업을 이어 나갔다. 그 뒤 현석문은 이재의(李在誼, 토마스, 1785~1868)와 더불어 앵베르 주교 이래 여러 사람들에 의해 수집 · 보완된 자료를 마무리하여 책으로 기해박해 순교자전을 완성하였는데, 이것이 1841년의 원본 《기해일기》이다. 그 뒤 페레올(J.-J.-J.-B. Ferréol, 高, 1808~1853) 주교가 1845년 조선에 입국하여 그 내용을 다시 검토하고, 김대건 신부와 현석문 등의 전기까지 추가로 수록하여 1847년에 수정 증보판이라 할 수 있는 〈1839년과 1846년에 순교한 조선 순교자들의 행적〉을 완성하였다. 프랑스어로 기록된 이 〈행적〉을 당시 홍콩에 있던 최양업 부제가 라틴어로 번역하였다.

박해가 지속됨에 따라 《기해일기》 원본은 사라지고 사본만이 전해져 왔는데, 뮈텔(G.-C.-M. Mutel, 閔德孝, 1854~1933) 주교가 순교자의 자료를 수집하던 중 1904년을 전후하여 한글로 된 《긔히일긔》 한 벌을 입수하게 되었다. 뮈텔 주교는 1905년에 이를 활판본으로 출판하였는데, 아마 오랫동안 여러 사람을 거쳐 필사되어 오면서 원본과는 달라진 내용도 있으리라 짐작된다. 이 《긔히일긔》는 모두 246쪽으로 뮈텔 주교의 서문에 이어 원문이 수록되어 있고, 총론과 순교자의 일기 두 부분으로 나뉘어 있다. 현재 전해지는 필사본으로는 한국천주교순교자박물관이 소장한 《긔히년일긔》와 한국교회사연구소가 소장한 《긔히일긔》 상·하권이 있다.

연구소 본을 중심으로 살펴보면, 《기해일기》는 상·하 2권으로 나뉘어 있는데, 상권에는 박해 상황에 대한 설명과 앵베르 주교부터 김효주에 이르기까지 39명의 행적이, 하권에는 최창흡(崔昌洽, 베드로, 1787~1839)에서 손경서까지 39명의 전기가 수록되어 있다. 또 순교자는 처형 형태로 분류하여 참수 순교자 56명과 옥중에서 순교한 22명으로 나누어 기록하고 있다. 이와 같은 기준으로 수록 대상자를 분류한 다음에 구체적인 내용은 순교 일자 순으로 서술하고 있다. 그런데 한 가족인 경우는 여러 명이 다른 날짜에 순교했어도 함께 기술하기도 하였다.

이와 같은 특징을 지닌 《기해일기》는 몇 가지 점에서 매우 중요한 가치를 지닌다. 첫째, 기해박해에 관한 저술 가운데 가장 시기가 앞선 기록이며, 풍부하고도 다른 곳에서 찾을 수 없는 많은 내용을 담고 있다. 둘째, 한글로 작성되어 순교자의 행적을 후세에 전해 줄 뿐만 아니라 일반 신자들도 읽을 수 있어 그들의 신심을 지켜 주고 북돋아 주는 역할을 하였다. 셋째, 조선사회에 천주교에 바탕을 둔 새로운 세계관·인간관을 가진 사람들이 등장한 사실을 보여 준다. 순교자의 행적과 신념에 관한 기록을 통해 전통적인 유교적 가치관에서 빠져나와 새로운 세계관·신관·인간관 등을 가진 사람들을 보다 깊이 이해할 수 있다. 넷째, 매우 정확한 순교 행적을 담고 있다. 이 점은 목격 증인의 증언을 토대로 작성된 이 보고서에 수록된 78명의 순교자 가운데 69명이 1925년 7월 5일 복자품을 받은 것만 보아도 확인할 수 있다.

제4절 기해박해의 순교자

1. 신자들에 대한 고문과 처형 방법

1839년 11월 23일 조정은 〈척사윤음〉을 반포하면서 새로운 박해를 일으키지는 않았지만, 이미 체포된 신자들이 옥사하거나 교수·참수 등의 형에 처해지는 일이 이어졌다. 포도청에서는 정하상의 모친 유 체칠리아가 옥사하였고, 전라도 나주에서 이춘화(베드로, 1806~1839), 경기도 양근에서 장사광(베드로)과 손 막달레나 부부, 전주에서 심 바르바라(沈, 1813~1839)와 이봉금(아나스타시아, 1827?~1839)의 모친 김 아나스타시아(金, 1789~1839)가 옥사하였고, 12세 남짓한 이봉금은 교수형되었다. 1839년 막바지에 이르러 12월 29일(음력 11월 24일)에는 최창흡, 정정혜(丁情惠, 엘리사벳, 1797~1839), 이영덕(李榮德, 막달레나, 1812~1839), 고순이(高順伊, 바르바라, 1798~1839), 과부 현경련, 조증이(趙曾伊, 바르바라, 1782~1839), 한영이(韓榮伊, 막달레나, 1784~1839) 등 7명의 신자가 서소문 밖에서 참수되었다. 이 가운데 최창흡은 초기 교회의 주요 인물인 최창현의 동생이다. 최창현은 한문으로 된 교회 서적을 한글로 번역하고 복음을 전하는 일에 열중하였으며 천주교의 우두머리로 지목되어 신유박해 때 42세의 나이로 서소문 밖에서 참수된 순교자이다. 정정혜는 정하상의 여동생으로 유 체칠리아의 딸이었고, 이영덕은 순교자 조 바르바라의 딸이며 동정녀였다.

여기에서 그치지 않고 우의정 조인영은 옥중의 신자들을 교수형에 처하라는 명령을 내렸다. 이에 포도청 옥에 있던 최 필립보(崔, ?~1840), 동정녀 이 아가타((李, 1823~1840), 을해박해 때의 순교자인 김종한(金宗漢, ?~1816)

의 딸이며 손연욱(孫, 요셉, ?~1824)의 아내인 김 데레사(金, 1779~1840), 이 막달레나, 정 안드레아(?~1840), 앵베르 주교의 피난처를 마련하기 위해 백방으로 애썼던 손경서, 민극가(閔克可, 스테파노, 1787~1840), 이사영(고스마) 등이 옥중 교수형되었다.

조정에서는 더욱 신자들의 처형을 서둘러 전주에서는 홍재영(洪梓榮, 프로타시오, 1780~1840), 오종례(吳宗禮, 야고보, 1821~1840), 이 막달레나(李, 1808~1840), 최 바르바라(崔, 1790~1840) 등 4명이 1840년 1월 4일(음력 1839년 11월 30일)에 참수되었다. 서울에서는 1840년 1월 31일(음력 1839년 12월 27일)과 2월 1일에 당고개에서 10명이 참수되었다. 두 번에 걸친 이 참수형으로 회장이었던 박종원(朴宗源, 아우구스티노, 1793~1840)과 이문우, 같은

숲이 우거져 '숲머리'라고도 불린 숲정이는 조선시대 군사들이 무술을 연마하는 장소로 일찍부터 중죄인들의 형장으로 사용되었다. 이곳에서 정해박해 때 체포되어 오랫동안 옥살이를 한 신태보, 이태권 등 5명이 1839년 5월 29일 순교하였으며 다음 해 1월 4일에는 홍재영, 오종례 등 4명이 순교하였다.

해 전주에서 순교한 홍재영의 조카인 홍병주(洪秉周, 베드로, 1798~1840)와 홍영주(洪永周, 바오로, 1801~1840) 형제, 권진이(權珍伊, 아가타, 1819~1840), 이경이(李瓊伊, 아가타, 1813~1840), 최창흡의 아내 손소벽(孫消碧, 막달레나, 1801~1840)과 딸 최영이(崔榮伊, 바르바라, 1818~1840), 동정녀 이인덕(李仁德, 마리아, 1818~1840), 최경환의 아내 이성례 등이 순교하였다.

기해박해는 신유박해에 비해 체포된 신자수는 적었지만, 그 대상 지역은 더 넓었다. 그 까닭은 박해가 있기 전부터 신자들이 이미 서울, 경기도, 충청도, 전라도, 경상도, 그리고 강원도 등의 지역에 널리 확산되어 있었기 때문이다. 물론 서울과 경기도 지역에서 가장 많은 순교자가 나왔지만, 충청도와 전라도에서도 100명 이상의 신자들이 체포되었고, 강원도에서도 많은 신자들이 체포되었다. 《기해일기》에 따르면 참수된 순교자가 54명, 옥사나 장사 또는 병사한 신자수가 60명에 이른다. 달레 신부의 《한국천주교회사》에서는 참수된 신자가 70명이 넘는다고 되어 있다. 당시의 상황에서 기록에 누락된 신자들도 있다는 점을 감안하면 실제 희생된 신자의 수는 훨씬 많았을 것이다.

이와 같이 많은 순교자들 가운데 선교사 3명, 남자 24명, 여자 43명이 시성되어 성인품에 올랐다. 70위 성인을 보다 자세히 이해하기 위해 성명, 세례명, 순교일, 순교 당시 나이, 순교지, 순교 형태를 정리하면 다음 〈표 1〉과 같다.

⟨표 1⟩ 기해박해 순교성인

순교순서	성명	세례명	순교일	나이	순교지	순교 형태
1	이호영	베드로	1838. 11. 24	36	옥	4년 옥살이 끝에 병사
2	정국보	프로타시오	1839 봄 이후	41	포도청 옥	곤장으로 순교
3	김아기	아가타	1839. 5. 24	50	서소문 밖	참수
4	박아기	안나	1839. 5. 24	57	서소문 밖	참수
5	이——	아가타	1839. 5. 24	55	서소문 밖	참수
6	김업이	막달레나	1839. 5. 24	66	서소문 밖	참수
7	이광헌	아우구스티노	1839. 5. 24	53	서소문 밖	참수
8	한아기	바르바라	1839. 5. 24	47	서소문 밖	참수
9	박희순	루치아	1839. 5. 24	39	서소문 밖	참수
10	남명혁	다미아노	1839. 5. 24	38	서소문 밖	참수
11	권득인	베드로	1839. 5. 24	35	서소문 밖	참수
12	장성집	요셉	1839. 5. 26	54	옥	옥사
13	김——	바르바라	1839. 4 (음)	35	옥	옥사
14	이——	바르바라	1839. 5. 27	15	옥	옥사
15	김노사	로사	1839. 7. 20	56	서소문 밖	참수
16	김성임	마르타	1839. 7. 20	53	서소문 밖	참수
17	이매임	데레사	1839. 7. 20	52	서소문 밖	참수
18	김장금	안나	1839. 7. 20	51	서소문 밖	참수
19	이광렬	요한	1839. 7. 20	45	서소문 밖	참수
20	이영희	막달레나	1839. 7. 20	31	서소문 밖	참수
21	김누시아	루치아	1839. 7. 20	22	서소문 밖	참수
22	원귀임	마리아	1839. 7. 20	22	서소문 밖	참수
23	박큰아기	마리아	1839. 9. 3	54	서소문 밖	참수
24	권희	바르바라	1839. 9. 3	45	서소문 밖	참수

순교순서	성명	세례명	순교일	나이	순교지	순교 형태
25	박후재	요한	1839. 9. 3	41	서소문 밖	참수
26	이정희	바르바라	1839. 9. 3	40	서소문 밖	참수
27	이연희	마리아	1839. 9. 3	36	서소문 밖	참수
28	김효주	아녜스	1839. 9. 3	25	서소문 밖	참수
29	최경환	프란치스코	1839. 9. 12	34~35	포도청 옥	옥사
30	앵베르	라우렌시오	1839. 9. 21	43	새남터	군문효수
31	모방	베드로	1839. 9. 21	35	새남터	군문효수
32	샤스탕	야고보	1839. 9. 21	35	새남터	군문효수
33	정하상	바오로	1839. 9. 22	44	서소문 밖	참수
34	유진길	아우구스티노	1839. 9. 22	49	서소문 밖	참수
35	허계임	막달레나	1839. 9. 26	66	서소문 밖	참수
36	남이관	세바스티아노	1839. 9. 26	60	서소문 밖	참수
37	김유리대	율리엣다	1839. 9. 26	56	서소문 밖	참수
38	전경협	아가타	1839. 9. 26	50	서소문 밖	참수
39	조신철	가롤로	1839. 9. 26	44	서소문 밖	참수
40	김제준	이냐시오	1839. 9. 26	44	서소문 밖	참수
41	박봉손	막달레나	1839. 9. 26	44	서소문 밖	참수
42	홍금주	페르페투아	1839. 9. 26	35	서소문 밖	참수
43	김효임	골롬바	1839. 9. 26	26	서소문 밖	참수
44	김──	루치아	1839. 9월경	71	옥	옥사
45	이──	가타리나	1839. 8(음)	57	옥	옥사
46	조──	막달레나	1839. 8(음)	33	옥	옥사
47	유대철	베드로	1839. 10. 31	14	포도청 옥	교수
48	유──	체칠리아	1839. 11. 23	79	포도청 옥	옥사

순교순서	성명	세례명	순교일	나이	순교지	순교 형태
49	최창흡	베드로	1839. 12. 29	52	서소문 밖	참수
50	조증이	바르바라	1839. 12. 29	58	서소문 밖	참수
51	한영이	막달레나	1839. 12. 29	56	서소문 밖	참수
52	현경련	베네딕다	1839. 12. 29	45	서소문 밖	참수
53	정정혜	엘리사벳	1839. 12. 29	43	서소문 밖	참수
54	고순이	바르바라	1839. 12. 29	42	서소문 밖	참수
55	이영덕	막달레나	1839. 12. 29	27	서소문 밖	참수
56	김──	데레사	1840. 1. 9	62	포도청 옥	교수
57	이──	아가타	1840. 1. 9	18	포도청 옥	교수
58	민극가	스테파노	1840. 1. 30	53	포도청 옥	교수
59	정화경	안드레아	1840. 1. 23	33	포도청 옥	교수
60	허임	바오로	1839. 12월말(음)	46	옥	옥사
61	박종원	아우구스티노	1840. 1. 31	48	당고개	참수
62	홍병주	베드로	1840. 1. 31	42	당고개	참수
63	손소벽	막달레나	1840. 1. 31	40	당고개	참수
64	이경이	아가타	1840. 1. 31	28	당고개	참수
65	이인덕	마리아	1840. 1. 31	22	당고개	참수
66	권진이	아가타	1840. 1. 31	22	당고개	참수
67	홍영주	바오로	1840. 2. 1	39	당고개	참수
68	이문우	요한	1840. 2. 1	31	당고개	참수
69	최영이	바르바라	1840. 2. 1	22	당고개	참수
70	김성우	안토니오	1841. 4. 29	47	옥	교수

이들은 모두 조선사회에서 천주교를 믿었다는 이유 하나만으로 죽임을 당해 마땅한 대죄인 취급을 받았던 사람들이다.

많은 신자들이 봄은 물론 특히 가을에 많이 처형되었다. 조선시대에 사형 집행은 춘분에서 추분까지의 시기를 피해 대개 겨울에 집행하였다[대시(待時)]. 하지만 큰 죄를 저지른 죄인에 대한 사형은 이와 상관없이 집행하였다[부대시(不待時)]. 결국 천주교 신자들은 최소한의 인도적 배려를 받을 자격도 없는 극악죄인의 취급을 받아 죽임을 당한 사람들이었다. 형 집행의 시기도 그러했지만, 형 집행의 방법도 마찬가지였다.

〈표 2〉 기해박해 순교성인의 순교 형태

형의 종류	참수형	교수형	옥사
인원(명)	53	6	11(고문 중 순교)

〈표 2〉를 보면, 대부분이 참수형으로 치명하였다. 조선후기로 접어들어 점차 형이 가혹해지고 정해진 형구를 사용하지 않는 등 남형(濫刑)의 폐단이 심해지자, 1778년(정조 2) 형구의 규격과 집행방법을 엄격히 규제한 《흠휼전칙》(欽恤典則)의 〈오형명의〉(五刑名義)를 보면, "형벌에는 '태형, 장형, 도형, 유형, 교·참형'의 다섯 가지가 있는데, 교수형과 참수형의 두 가지는 형벌 중 최극형이다"라고 되어 있다. 참수형은 목을 매는 교수형보다 훨씬 무거운 형벌로 턱 밑에 나무토막을 받쳐 놓고 집행하였으며, 더한 경우는 효수까지 하였다. 신자들이 대개 참형으로 처형된 것을 보아도 얼마나 흉악한 죄인 취급을 당했는지 드러난다.

고문 중에 죽음에 이른 경우도 참혹하기는 마찬가지였다. 대개 신문과

정은 곤장질이 수반되기 마련이었다. 곤장은 배를 젓는 노와 같이 길고 넓적한 형태이다. 불과 몇 대에 피가 맺히고, 십여 대에 살점이 떨어져 나갈 정도였다고 한다. 이 때문에 곤장형 끝에 사망으로 이르는 경우가 매우 많았다. 사정이 이러다 보니 국가는 곤장의 재질이나 규격, 처벌 대수까지 상세히 규정해 두었다.

> **곤장**
> 곤장이 얼마나 심하면 19세기에 만들어진 당시 대표적인 중앙군인 훈련도감에 관한 사례를 모은 책자인 《훈국총요》(訓局總要)에도 별장·천총 등 장교들에게조차 소속 군인에게 15대, 소속이 다르면 7대 이상 곤장을 치지 못하도록 못 박을 정도이다.

하지만 각 지방 관아는 물론 중앙에서도 이러한 규정이 제대로 지켜지지 않기 마련이고 천주교 신자처럼 대역죄인의 경우에는 더욱 심한 형장을 당하기 마련이었다. 기록에 따르면 장성집은 마지막에 치도곤 25대를 맞은 뒤 옥사하였다. 김성임은 주뢰형(周牢刑)을 5차례나 받았다고 되어 있으며, 최영이는 7차례의 고문을 겪었는데 주뢰형 3차례와 태장 260대로 실신하였다. 주뢰형은 조선후기에 사용되기 시작한 극심한 형벌이었다. 뼈가 대번에 부러지기 일쑤였고, 골수가 튀어나오는 것도 예사라고 할 정도였다. 심지어 주뢰형을 당한 뒤 며칠을 못 견디고 죽은 죄수가 있을 정도였다. 유대철은 14세였지만 14회에 걸친 신문과 100여 대의 매, 40대의 치도곤 등을 맞았다. 79세의 고령인데도 불구하고 유 체칠리아는 곤장을 230대 맞았다. 정정혜는 포도청에서 7회의 신문과 320대의 곤장을 맞고 형조에서 다시 6회의 신문과 고문을 당하였다. 이 아가타는 18세 소녀였는데 9개월 동안 태장 300대, 대곤(大棍) 90대를 맞았다. 손소벽은 포도청에서 7회 신문과 태장 260대를 맞고 형조에서 3회 형문(刑問)을 당하였다. 천주교 신자는 법이나 자비심에서조차 제외되는 대역죄인이었던 것이다. 그러므로 치명한 마지막 경위

김대건 신부의 서한에 묘사된 신자들의 형벌받는 모습. 기해박해 순교자들은 참수형을 많이 받았지만 신문 과정에서 곤장질이 뒤따르곤 하였다. 형이 워낙 가혹하여 심한 매질을 당한 끝에 사망에 이르는 경우도 있었다. 천주교 신자는 법이나 자비심에서조차 제외되는 대역죄인이었기에 치명한 마지막 경우가 참형이나 교형이 아니었어도 옥사로 순교한 순교자들 역시 신문과정에서 극한의 고통을 겪었다.

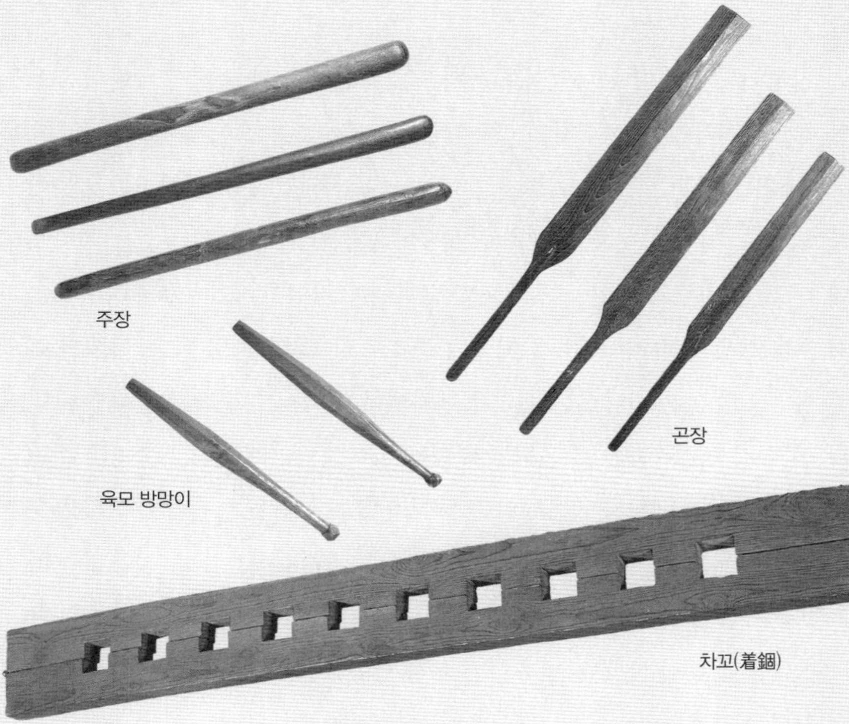

주장

육모 방망이

곤장

차꼬(着錮)

제4장 기해박해 55

가 참형이나 교형이 아니었어도 옥사로 순교한 순교자들 역시 극한의 고통을 겪었으리라는 점은 짐작되고도 남는다.

 박해가 시작된 뒤 천주교 신자 앞에는 순교와 배교의 두 갈림길만이 놓이게 되었다. 자세한 숫자를 가늠하기는 어렵지만, 기록에 남아 있는 사람보다 더 많은 천주교 신자들이 체포되어 고초를 겪었고, 또는 그 후유증으로 사망하거나, 마침내는 신앙을 지키려 죽음을 선택하였을 것이다. 하지만 다른 한편으로 많은 사람들이 배교를 택하였다는 사실도 짐작하기 어렵지 않다. 현실적으로 순교는 죽음이고 배교는 삶이었기 때문이다. 그러나 순교가 사는 길이며 배교가 죽음이라는 확신이 있는 사람들은 순교를 택하였다. 하지만 이런 믿음이 흔들린 사람들은 배교의 길로 걸어갔으며, 신앙에 눈떠 그것을 목숨보다 더 귀한 가치로 여긴 사람들은 순교의 길을 걸어갔다. 박해는 죽음에 대한 새로운 믿음인 순교를 낳았고, 그것은 다시 천주교 신앙의 확산을 가져왔다.

2. 순교성인에 대한 분석

 유교사회에서 부부는 인륜의 근본이 되는 가장 기본적이고도 중요한 관계로 강조되었다. 그래서 부부관계는 군신·부자 관계와 더불어 인간의 가장 기본적인 관계이며, 부부 사이에 지켜야 할 윤리는 절대적인 가치로 강조되었다. 그러다 보니 때로 범죄의 단죄보다도 부부간의 의리를 우선시하여 법적인 옳고 그름이 어그러지는 경우조차 있었다. 단편적으로 보면 부부 사이의 윤리에서 남편에 대한 부인의 의무와 정조만이 강조되는 것 같지만, 국가는 부인의 지위에 대한 배려도 하였다. 이러한 사고에 바탕을 두어 전통시대의 가족은 위로는 조상숭배와 아래로는 자손번영을 잇기 위한 가계 계승을 가장 중요한 가업으로 삼는 공동체였으며, 그 조직은 혼인관계와 혈연관계로 맺어져 있었다.

그런데 순교성인의 경우를 보면 이러한 유교를 중심으로 한 가정 질서는 천주교 신앙이 칼이 되어 극렬하게 분리되거나 평화와 일치의 길이 되어 하나가 되기도 하였다. 가족 안에서는 신앙을 함께 권유하고 격려하기도 하고 순교까지 함께하는가 하면, 박해와 핍박 속에 뿔뿔이 흩어지는 일도 있었다. 심지어는 가족원 가운데 천주교 신자가 나오면 신자인 가족을 죽음으로 몰아넣으면서까지 반대하고 핍박하는 경우도 있었다.

가족은 인간이 가장 먼저 속하게 되는, 삶의 기본이 되는 단위였다. 더욱이나 유교사회에서 그 가족관계는 유교적 이념으로 정당화되고 절대적인 가치로 옹호되었다. 그러한 상황에서 신앙으로 부부나 부모 자식, 형제간이 갈라지기도 하고 죽음을 함께하기도 한 것은 매우 주목할 만한 사실이다. 그것은 유교적 이념에서 빠져나와 죽음까지도 뛰어넘는 신앙으로 새롭게 하나가 된 가정의 모습이기 때문이다.

조선시대에 혈연에 기초한 가족만큼이나 마을 공동체는 전통적인 생활 공동체의 최소 단위였으며 군역, 포상, 징벌 등 여러 가지 측면에서 운명 공동체이기도 하였다. 그 공동체의 바탕은 유교를 기본으로 하지만 민속신앙도 일정한 자리를 차지하고 있었다. 사람들은 그 공동체 안에 속해 일정한 규율 내지는 관습을 지키며 삶을 이어 갔다. 그것은 공동체 단위로 사람들에게 가해지는 일종의 통제이며 사회 유지의 방편이었다. 서로 다른 신분의 사람이 함께 살아가는 생활공간은 흔히 촌·동·리 등으로 불리는 마을 단위였으며, 여기에는 그 공동체 의식을 강화하기 위한 다양한 종교행사도 있었다. 그런가 하면 공동체 안에서 사람들은 서로 돕고 어려운 사정을 함께 나누며 삶을 꾸려 나갔다. 그것은 당시 사람들의 삶에서 하나의 버팀목과도 같은 것이었다. 그 공동체를 흔드는 사람은 국가의 통제와 규율을 어기는 것이었을 뿐만 아니라, 거기에 속한 사람들의 삶도 흔드는 것이었다. 이에 공동체와 관련된 문제를 일으키는 사람들에게는 매우 강력한 제재가 가해졌다.

그런데 천주교 신자들은 이러한 공동체의 삶에 더 이상 속할 수 없는 사람들이었다. 그 이전의 공동체가 운명 공동체·생활 공동체의 성격을 지녔다면, 신앙을 받아들인 이후에는 천주교가 바탕이 된 신앙 공동체를 형성하여 그 안에서 삶을 이어 갔다.

성인품에 오른 70명을 분석해 보면, 이들은 신앙으로 가족이 모이고 흩어지고, 공동체를 떠나고 형성하면서 죽음에 이르기까지 신앙을 지킨 사람들이다. 여기에는 부부 성인도 있으며 그 자녀, 또는 홀어머니와 자녀들, 형제·자매 관계가 있기도 하다. 혈연관계가 아니더라도 신앙으로 한 가족처럼 공동생활을 하던 사람들도 있다. 그런가 하면 어려운 시기에 회장이라는 직분을 감당한 사람들도 있다. 가족은 배교하였지만 홀로 순교한 사람, 고문을 이기지 못해 배교하였지만 이를 곧 철회하고 순교한 성인도 있다. 비신자 가정에서 홀로 순교까지 갔던, 어떻게 보면 외로운 길을 신앙의 힘으로 걸어간 순교성인도 있다. 70위 기해박해 순교성인을 이러한 흐름을 따라 이해해 보도록 하자.

(1) 부부와 자녀 순교자

이광헌은 체포된 예비 신자의 남편이 아내를 구하고자 53명의 신자를 밀

관계	성 명	자녀 및 다른 가족 사항
부부	이광헌(7) 권희(24)	딸은 이 아가타(57)
부부	남명혁(10) 이연희(27)	형문 당하는 12세 아들의 고통을 감수
부부	최경환(29) 이성례	최양업 신부의 부모
부부	남이관(36) 조증이(50)	조증이는 남편을 피신시키고 딸과 함께 체포, 3달 후 남편 남이관도 체포
부부	조신철(39) 최영이(69)	최영이는 성 최창흡(49)과 성 손소벽(63)의 딸
부부	최창흡(49) 손소벽(63)	딸과 사위가 최영이(69), 조신철(39) 부부 성인
부부	박종원(61) 고순이(54)	고순이는 신유박해 순교자 고광성의 딸

*성명 옆 괄호 안의 숫자는 앞의 〈표 1〉에 있는 순교순서이다.

고한 탓에 체포되었다. 그 예비 신자의 남편이 아내를 살린 방법과 이광헌이 아내는 물론 딸을 살게 한 방법은 서로 다른 방법이었다. 남명혁은 부인에게 "교우는 주님을 위하여 어린양처럼 (제물로) 죽어야 합니다. 이런 좋은 기회를 놓치지 맙시다"라고 하였다. 그리고 "이 세상은 잠시 쉬어가는 주막일 따름이고 우리의 본고향은 천국이오. 하느님을 위하여 치명하시오. 영원히 영광의 나라에서 당신과 다시 만나기를 바라오"라고 하였다. 남이관도 형장으로 가는 수레 위에서 한 군사에게 부탁하기를 옥중에 있는 아내에게, "같은 날 같이 죽자고 했는데, 이는 못 해도 같은 자리에서 같이 죽읍시다"라고 말하였다. 최창흡은 아내와 딸에게 "육정으로는 죽어 이별하는 것이 슬픈 일이지만, 주님의 은혜를 찬미하고 감사하면서 내 뒤를 따르라"고 하였다. 죽음 앞에서 부인은 물론 자식에게까지 '죽는 것이 영원히 사는 것'이라는 확신을 전하며 권고한 것이다. 최경환도 체포된 아내와 어린 자식들을 비롯한 교우촌 신자들을 격려하며 "우리 주 예수 그리스도께서 앞장을 서서 십자가를 지시고 골고타 산으로 올라가신 것을 생각합시다"라고 하였다.

신앙에서 나온 이러한 확신과 권고는 상대방에게 큰 위로와 힘이 되었다. 박종원의 아내 고순이는 "전에는 순교 이야기만 들어도 떨렸었는데 성령이 은총으로 나 같은 죄인을 감싸 주시니 지금은 아무 두려움도 없고 도리어 기쁩니다. 죽는 것이 이렇게 쉬운 줄을 전에는 몰랐습니다"라고 하며 옥에서 신앙을 지키다가 42세의 나이로 순교하였다. 성인 부부들은 선교사의 활동을 돕고, 신자들을 보살피며 공동체 안에서 함께 신앙생활을 하였다. 신앙을 받아들이기 전까지는 조선의 평범한 장부이고 아낙이었던 사람들이었는데, 이러한 신앙 고백을 남기고 순교의 길을 걸어갔다는 것은 이미 조선사회의 틀을 빠져나온 부부이며 가족임을 보여 준다.

(2) 모녀·모자·부자 순교자

관계	성명	자녀 및 다른 가족 사항
모녀	허계임(35)	두 딸 이영희(20)와 이정희(26) 외손녀 동정녀 이 바르바라(14), 시누이 이매임(17)
모녀	조 바르바라(순교자)	두 딸 이영덕(55), 이인덕(65)
모녀	이 가타리나(45)	딸이 동정녀 조 막달레나(46)
모녀	한영이(51)	딸이 권진이(66)
부자	유진길(34)	아들이 유대철(47)
모자·모녀	유 체칠리아(48)	아들이 정하상(33), 딸은 정정혜(53)

*성명 옆 괄호 안의 숫자는 앞의 〈표 1〉에 있는 순교순서이다.

조선시대에 국가는 홀아비나 과부를 각별히 긍휼하게 여겨 구휼활동의 주된 대상으로 삼았다. 홀아비나 과부와 같은 홀어버이 가정은 절대적인 성인 노동력을 상실하여 대개 가난하기 마련이었다. 자연히 홀어버이와 그 자녀들은 더욱 서로 의지해야 삶을 이어 갈 수 있었다. 그런데 허계임과 그 딸인 이영희, 이정희 자매는 박해가 일어난 상황에서 순교를 결심하고 포졸에게 묵주를 보이며 자수하였다. 뿐만 아니라 허계임의 시누이인 이매임도 두 조카와 함께하였으며, 이영희의 조카 이 바르바라는 15세의 어린 나이에도 불구하고 이러한 행동에 동참하였다. 이 가타리나는 남편이 죽은 후 딸 조 막달레나와 함께 조 바르바라의 집에서 기거하다가 5월에 체포되어 3개월 후 옥사하였다. 한영이 역시 남편이 죽은 후 딸 권진이와 함께 신자집에서 기거하다가 김순성의 밀고로 체포되어 딸과 함께 모진 형벌을 받고 참수되었다. 유진길과 유대철 부자는 다른 가족원과 가정 박해를 견디며 신앙을 지켰다. 유대철은 14세라는 어린 나이에 모친과 누나에게 견디기 어려운 박해를 받으면서도 순교를 결심, 포도청의 옥에서 순교하였다. 그리고 유 체칠리아는 신유박해 때 남편 정약종과 아들 정철상이 순교한 후 아들 정하상과 딸 정정혜를 데리고 시댁이 있는 마재에 가서 어렵게 살았다. 이후 모녀는 정하상과 함께 서울에서 생활하다가 체포되어 모두 순교하였다.

(3) 형제·자매 순교자

관계	성명	다른 가족 사항
남매	이 아가타(5), 이호영(1)	비신자 부친은 사망
형제	홍병주(62), 홍영주(67)	신유박해 순교자 홍낙민의 손자들
형제	이광헌(7), 이광렬(19)	이광헌은 권희와 부부 성인
자매	박큰아기(23), 박희순(9)	박희순은 궁녀 출신, 부친은 비신자
자매	김효임(43), 김효주(28)	오빠(또는 동생) 안토니오는 1861년 리델·랑드르 신부의 조선 입국을 돕는 등 교회 일에 적극 참여

*성명 옆 괄호 안의 숫자는 앞의 〈표 1〉에 있는 순교순서이다.

전통시대에 개인의 존재는 강한 혈연관계에 기초한 가족 안에서 찾을 수 있었다. 거기에서 부모님 다음으로 개인의 존재를 확인시켜 주는 관계가 형제자매이다. 일반적으로 부모님은 언젠가 먼저 떠나실 분들이므로 유교에서 형제자매의 우애는 각별히 강조되었다. 어버이는 내 생명을 주신 분이고, 그 생명의 원천을 함께하며 나와 분리될 수 없는 사람들이 형제자매였다. 그런데 혈육으로는 각별히 가까운 사이여도, 형제자매는 세상의 이해 앞에서는 갈등과 긴장이 심한 관계가 되기도 한다. 그러다 보니 비신자인 전경협의 오빠는 자신에게 미칠 화가 두려워 옥중의 전경협을 죽이려고 여러 번 시도한 일도 있었다. 하지만 이 아가타·이호영 남매, 홍병주·홍영주 형제, 이광헌·이광렬 형제, 박큰아기·박희순 자매, 김효임·김효주 자매 등은 신앙 안에서 함께 순교의 길을 걸어갔다.

(4) 가족의 배교 속에 홀로 순교한 성인

성명	가족의 동향
박아기(4)	남편 태문행(太文行, 프란치스코)과 장남 응천(應天)은 배교하여 석방되었다.
권득인(11)	아내, 처남, 어린 자녀, 과부(혹은 그의 집에 함께 살던) 김노사(15) 등과 함께 체포되었지만, 가족은 배교하고 풀려났다.
장성집(12)	딸에게 교리를 가르쳐 유 파치피코 신부에게 로사란 성명으로 세례를 받게 한 후 신자와 결혼시켰지만, 로사는 배교하여 풀려났다.

*성명 옆 괄호 안의 숫자는 앞의 〈표 1〉에 있는 순교순서이다.

가족과 함께 잡혀 다른 가족은 배교하였지만 끝까지 순교의 길을 걸어간 성인도 있었다. 박아기는 어머니와 함께 교리를 배워 입교하였다. 그런데 박해 초기에 체포되어 남편과 장남은 배교하고 석방되었다. 형관은 "네 지아비와 자식이 다 놓여 나갔으니, 너도 한 말만 하고 나가 함께 살면 세상 복이 아니냐?"라고 회유하였다. 하지만 박아기는 각각 자기의 의견대로 할 뿐이며 자신은 주님을 위하여 죽을 따름이라고 답변하였다. 박아기는 여느 여인들처럼 지아비와 장남을 절대적인 존재로 존중하던 조선시대의 여인이었을 것이다. 하지만 신앙 안에서 비록 교리는 잘 몰라도 마음만은 하느님을 사랑하는 데 힘쓰겠다는 평소의 고백에 흔들림이 없었다. 장성집은 홀로 되어 딸을 키우면서 교리를 가르쳐 세례를 받게 하였지만, 그 딸 로사는 배교하고 풀려났다. 염병까지 걸려 고통 중에 있는 그에게 사람들은 배교를 권하였지만, 오히려 포도대장에게 천주교의 교리를 설명하면서 신앙을 지켰다. 권득인도 배교한 가족에게 순교를 권하는 서신을 보냈다.

(5) 가족을 피난시킨 순교성인

성명	내용
박후재(25)	박해가 일어나자 신자인 아내(박 안나)와 자식을 피신시킨 후 집을 지키다가 체포되었다.

*성명 옆 괄호 안의 숫자는 앞의 〈표 1〉에 있는 순교순서이다.

박후재는 자신은 순교하기로 결심하여 집을 지키다 체포되었는데, 신자인 아내와 자식은 미리 피신시켰다. 배교를 강요하는 박해자에게 "하느님은 저의 창조주이십니다. 하느님은 제가 하느님을 사랑하도록 명하셨습니다"라고 하며 신앙을 지키다 순교하였다.

(6) 계모의 인도를 받은 순교성인

성명	내용
박봉손(41)	과부가 된 뒤 천주교 신자인 계모 김 체칠리아의 인도로 신앙을 갖게 되었다.

*성명 옆 괄호 안의 숫자는 앞의 〈표 1〉에 있는 순교순서이다.

이 당시 조선사회에는 《콩쥐팥쥐전》, 《장화홍련전》 등의 문학작품이 쏟아져 나와 여성의 재가를 엄중히 금하는 분위기 속에 재혼한 여성은 곧 나쁜 여성이라는 편견이 의도적으로 조장되고 계모는 인격적인 결함을 가진 여성으로 묘사되기 일쑤였다. 그런데 박봉손은 열심한 천주교 신자인 계모 김체칠리아의 인도로 천주교 신앙을 갖게 되었다. 박봉손의 신앙생활과 순교는 그 계모의 신앙과 가르침을 전제하지 않으면 이해될 수 없는 일이다. 그는 "주님을 위해 칼날 아래 죽기를 원하니 국법대로 처형시켜 달라"고 하며 형벌을 감내하다가 수감 7개월 만에 순교하였다. 흔히 말하는 모전여습(母傳女褶)과 같은 구전에 따른 신앙교육이, 비록 교리에 대한 이해는 부족하더라도, 신앙생활의 큰 바탕이었음을 알 수 있다.

(7) 비신자 가정의 고령 순교성인

성명	내용
김 루치아(44)	가족이 모두 비신자였기에 71세의 고령이고 불구의 몸이었으나 집을 나와 신자들 집에 살며 신앙생활을 하였다.

*성명 옆 괄호 안의 숫자는 앞의 〈표 1〉에 있는 순교순서이다.

김 루치아는 남편과 가족이 모두 비신자라서 신앙생활에 어려움을 겪게 되자 집을 나와 교우들 집에 얹혀살며 힘든 일을 하고 병약자를 돌보며 신앙생활을 하였다. 체포된 뒤에 71세의 고령으로 몸이 불편함에도 불구하고 배교나 밀고를 거부하고 신문을 감내하다 순교하였다.

(8) 공동체 속의 순교성인

성명	내용
김아기(3) 김업이(6) 한아기(8)	한아기는 김업이를 만나 다시 교리공부를 하였고, 이들은 모두 천주교 서적을 공부한 죄로 함께 체포되었다.
김노사(15)	과부인 김노사는 권득인(11) 일가, 동서와 함께 체포되었다.
김성임(16)	허계임(35)과 두 딸인 이정희(26)와 이영희(20) 자매, 이들의 조카인 이 바르바라(14) 등과 함께 살며 신앙생활을 하였다.
김누시아(21)	동정녀로서 이매임(17)의 집에서 다른 여인들과 함께 지내며 신앙생활을 하였다.
김장금(18)	과부로서 이광렬(19) 가족과 이웃하여 지내다가 함께 체포되었다.
홍금주(42)	과부인 홍금주는 최병문의 집에 의지하면서 함께 지냈다.
김 데레사(56)	김대건 신부의 당고모인 김 데레사는 정정혜(53) 가족과 함께 체포되었다.
이경이(64)	한영이(51)·권진이(66) 모녀와 같이 생활하다 함께 체포되었다.
김 바르바라(13)	신자 집에서 식모살이를 하였고, 집주인과 함께 체포되었다.
원귀임(22)	조실부모하여 고모인 원 루치아의 집에서 교리를 배워 15세에 세례를 받았고 동정 서약을 하였다.

*성명 옆 괄호 안의 숫자는 앞의 〈표 1〉에 있는 순교순서이다.

 김아기, 김업이, 한아기 등은 1836년 9월에 천주교를 신봉하고 서적을 숨긴 죄로 체포되었다. 과부 김성임도 허계임과 두 딸인 이정희·이영희 자매, 이들의 조카인 동정녀 이 바르바라 등과 함께 살며 신앙생활을 하였다. 박해가 일어나자 순교를 결심하고 함께 찾아가 묵주를 보이며 자수하였다. 김노사는 과부였지만 권득인 가족들과 함께 체포되었다. 과부 김장금은 이광렬 가족과 절친한 이웃으로 지내다가 함께 체포되었고, 과부 홍금주는 최병문의 집에 의지하며 함께 지냈었다. 김대건 신부의 당고모인 김 데레사는 정하상의 누이인 정정혜 가족과 함께 체포되었다. 이경이는 한영이·권진이 모녀와 같은 집에서 생활하다 함께 체포되었다. 이처럼 과부이거나 가난하여 의지할 곳이 없어도, 때로는 혼자 신앙의 길을 가기 어려울지라도 공동생활을 하며 신앙을 지켰다.

　가족이 모두 비신자인 탓에 집을 나와 신자들과 함께 신앙생활을 하다 순교한 성인도 있다. 김 바르바라는 시골의 신자 가정 출생이지만 부모와 동생이 열심히 신앙생활을 하지 않자 13세라는 어린 나이에 홀로 상경하여 신자 집에서 식모로 살았다. 박해가 일어났을 때 이미 과부이던 김 바르바라는 집주인과 함께 체포되었다. 원귀임도 조실부모하였지만 고모 원 루치아의 집에서 삯바느질을 하면서 교리를 배워 세례를 받고 동정 서약을 한 동정녀였다. 앞에 보인 조증이의 경우도 신앙생활에서 갖는 공동체의 중요성은 드러난다. 그녀는 남편 남이관이 귀양간 뒤 경기도 이천의 친정에서 지냈다. 이때 조증이의 신앙생활은 쉬는 신자와 별로 다를 바 없었다고 기록되어 있다. 조증이가 신앙을 다시 찾게 된 계기는 신자의 집에서 살게 되면서부터였다. 그 뒤 점차 교리를 깨우치고 열심히 교리를 실천하면서 신앙이 성숙해 갔다고 한다. 장성집도 세례를 받았지만 잠시 신앙에서 멀어졌었다. 이때 그를 다시 잡아 준 것이 교리 지식이 깊은 신자의 가르침이었다.

(9) 회장 출신의 순교성인

　기해박해 순교성인 가운데는 회장의 직분을 갖고 있던 교회의 지도급 신자들이 다수 포함되어 있다. 이들은 선교 활동과 더불어 교리를 가르치고 신자들을 돌보며 선교사들의 활동을 보좌하는 등 교회를 위해 헌신적으로 활동하던 사람들이었다. 유 파치피코 신부와 기해박해 당시 활동하던 세 명의 프랑스 선교사들은 어려운 시기에 선교의 길목 길목에서 회장을 임명·승인하였고, 박해시대에 중요한 역할을 수행하였다. 회장들은 조선후기에 탄

성명	내용
이광헌(7)	
남명혁(10)	
최경환(29)	모방 신부에 의해 임명
남이관(36)	유 파치피코 신부에 의해 임명
김제준(40)	김대건 신부의 부친. 모방 신부에 의해 임명
현경련(52)	앵베르 주교에 의해 임명. 신유박해 순교자인 현계흠의 딸. 1846년 순교한 현석문의 누나
민극가(58)	유 파치피코 신부에 의해 임명된 전교 회장
정화경(59)	앵베르 주교에 의해 임명
박종원(61)	앵베르 주교에 의해 임명
홍병주(62)	모방·샤스탕 신부, 앵베르 주교 입국 뒤 회장에 임명
홍영주(67)	앵베르 주교에 의해 임명
이문우(68)	
김성우(70)	모방 신부에 의해 임명

*성명 옆 괄호 안의 숫자는 앞의 〈표 1〉에 있는 순교순서이다.

생한 새로운 공동체인 신앙 공동체의 새로운 유형의 지도자들이었는데, 기해박해로 많은 회장들이 순교하여 교회는 다시 시련을 맞게 되었다.

(10) 그 밖의 순교성인

성명	내용
박희순(9)	궁녀. 동정녀
김유리대(37)	궁녀. 신자를 만나 궁궐에서 나와 혼자 살며 신앙생활을 하였다.
전경협(38)	궁녀. 동정녀. 궁에서 나와 박희순 자매와 함께 거처하다 체포되었다.
정국보(2)	선공감 사령
허임(60)	훈련도감 군사

*성명 옆 괄호 안의 숫자는 앞의 〈표 1〉에 있는 순교순서이다.

> **여관**
> 내명부(內命婦)는 기능상 크게 내관과 궁관으로 나눌 수 있다. 내관은 왕의 후궁들이며 대개 정1품에서 종4품에 이르는 위계를 갖는다. 궁관은 궁녀인데 가장 높은 정5품 상궁, 상의부터 종9품 자리까지 있었다.

궁녀는 군주제였던 조선시대에 왕과 관료와 일정한 관계를 맺으며 공적 활동을 하던 존재였다. 이들은 본질적으로 내명부에 소속되어 있는 관료, 즉 여관(女官)이었다. 이런 안정된 신분을 버리고 신앙생활을 위해 박희순·김유리대·전경협 등은 앞서거니 뒤서거니 하며 궁궐을 나왔다. 궁녀 출신이기 때문에 더 심한 형벌이 가해진 까닭도, 궁녀는 국가의 공적인 관료이기 때문이었다.

정국보(丁, 프로타시오, 1799~1839)는 본래 토목·영선 등의 일을 맡아보던 관청인 선공감(繕工監)에서 잡일을 하던 사령이었다. 그는 30세 무렵에 세례를 받은 뒤 유 파치피코 신부가 마련해 준 집에 거처하며 성사를 받으러 오는 신자들을 돌보다가 부인과 함께 체포되었다. 배교하여 풀려났지만 곧 후회하여 형조판서의 길목을 가로막고 요구할 정도로 끈질기게 요청하여 다시 체포·순교하였다. 허임(許, 바오로, 1795~1840)은 훈련도감의 군사였다. 그는 가족과 신앙생활을 하다 체포되었는데 배교하였다가 곧 철회하였다. 배교를 철회하는 참회의 표시로 오물을 마시고 십자고상에 절하였고, 130대 이상의 치도곤을 맞으며 감내하다 순교하였다.

3. 순교성인들의 공통점

기해박해 당시 박해를 받던 신자들이 순교할 수 있었던 이유, 그토록 강한 신앙을 가능하게 한 요인을 다음 몇 가지로 정리해 볼 수 있겠다.

첫째, 교리에 대한 지식이다. 박해 상황에서 교리에 대한 정확한 이해와 학습은 부족할 수밖에 없었다. 하지만 순간적으로 믿음이 흔들렸더라도 보다 확실한 교리 공부를 통해 다시 일어서는 경우를 많이 볼 수 있다. 서적을 통해 배우거나 선교사의 직접적인 가르침을 받을 기회는 적었지만, 입에서 입으로 전해지는 교리를 서로 배우고 익혔으며 그러한 교리 지식은 죽음의 절대적인 두려움을 이겨내게 한 신앙의 터전이 되었다.

둘째, 공동체의 중요성이다. 전통적 생활 공동체의 최소 단위는 촌락이며, 서로 다른 신분의 사람이 함께 살아가는 생활공간이었다. 천주교 신자는 그 생활 공동체에 속하기 어려웠다. 하지만 신앙으로 연결된 신앙 공동체는 박해 중에도 신앙을 지켜 나가는 텃밭이었다. 그런 까닭에 신자들은 이러한 공동생활에서 더 나아가 보다 자유로운 신앙생활을 찾아 신자들만이 모이는 교우촌을 형성해 나갔다.

셋째, 신앙 안에서 삶과 죽음에 대해 새로운 가치관을 갖게 되었다. 순교성인들은 극도로 어려운 상황에서 서로 격려를 아끼지 않았다. 그런데 그 격려의 절정은 순교, 말하자면 박해의 상황에서 죽음을 권고하는 것이었다. 체포되어 옥에 갇힌 상태에서 신앙을 지키는 길은 죽음에 이르는 길이었다. 그렇기에 '순교=죽음'을 알려 주며 이를 행하자고 권고하였으며, 이는 그 이전 조선사회에는 없던 삶과 죽음에 대한 새로운 이해였다.

넷째, 순교성인들은 자아에 눈뜬 사람들이었다. 순교성인들 중에는 동정을 서약한 경우가 제법 많다. 이 바르바라, 조 막달레나, 김효임, 김효주, 김누시아 등과 정결을 지킬 결심을 하고 혼인 파기 승낙을 받은 권진이, 혼인 무효 인정을 받고 권진이 집에서 생활한 이경이, 여회장을 지낸 동정녀 현경련도 있다. 이광헌의 동생 이광렬도 독신으로 평생 교리를 실천하며 신앙생활을 하였다. 유교적 이념에서 결혼하여 자손을 번성하는 것은 인간이 행해

조선시대 천주교 신앙을 받아들인 이들은 봉건적이고 폐쇄적인 사회 안에서 신분과 남녀의 벽을 뛰어넘는 신앙 공동체를 형성하였다. 예수님과 순교복자들의 모습을 그린 장발의 〈순교자〉.

야 할 핵심적인 윤리였는데, 그들은 신앙을 위해 정결을 결심하고 동정을 지켰다. 이와 같이 천주교 신앙 안에서 유교의 전통 윤리는 이제 다시 해석되고 적용되어 나갔다. 신앙에 눈을 떴다는 것은 바꾸어 말하면 자아에 눈을 떴다는 의미도 된다. 전체에 주입되고 강요되는 가치를 자신의 판단에 따라 선택하기도 하고 거부하기도 한다는 의미에서 이러한 사람들은 이미 조선 사회를 빠져나와 근대로 향하고 있던 사람들이었다.

다섯째, 혈연을 뛰어넘어 신앙 안에서 새로운 관계를 연 사람들이이었다. 원래 '형제자매'는 혈연적 관계에 있는 사람끼리의 호칭이었고, 혈연적 관계에 따른 인척개념이 분명했던 조선사회에서 천주교 신자들 사이에서 서로를 '형제', '자매'로 부르지는 않았다. 예컨대 형부(刑部)의 관리들은 한결

같이 "주를 배반하고 당을 대라"고 말하였다. 이에 대해 순교성인은 "배반도 못하옵고 당도 못 댑니다."(김노사), "당을 대면 잡아다 죽일 것이니 … 죽을 따름이로소이다"(김유리대), "하느님은 우리 대군 대부모시니 대부모를 어찌 배반하오며, 당을 대면 입으로 사람을 상해함이오니 어찌 대오리까?"(김 바르바라) 등으로 답변하였다. 그런데 여기서 '당'은 생사를 넘나들면서도 끝까지 보호하고 지키려는 다른 신자들이었다. 이러한 마음은 점차 신자들끼리 서로를 '형제', '자매'라는 호칭으로 부르게 만들었다. 혈연을 뛰어넘어 신앙 안에서의 형제자매 관계를 만든 것이다.

여섯째, 선교의 중요성이다. 순교성인의 출신을 보면 비신자 가정도 있고 신자 가정도 있었다. 그런데 신자 가정이지만 부모와 동생이 신앙생활을 충실히 하지 않아 신앙을 위해 집을 떠났던 성인도 있고, 비신자 가정에서 순교성인이 배출되기도 하였다. 처음에 적대시하던 친척들을 감동시켜 신앙을 갖게 만든 순교성인도 있다. 가족과 자손들, 그리고 주변의 비신자들에게 선교가 지니는 중요성을 순교성인의 삶을 통해 볼 수 있다.

제5절 기해박해의 특징과 의미

첫째, 기해박해는 체포된 신자수는 적었지만, 그 대상 지역은 더 넓어 그 어느 박해보다도 전국적인 규모로 자행되었다. 서울과 경기도에서 가장 많은 순교자가 탄생하였으며, 강원도에서도 많은 신자들이 체포되었고, 충청도와 전라도에서는 100명 이상의 신자들이 체포되었다. 기록만으로도 이러하니 실제로는 훨씬 많은 신자들이 희생되었으리라 짐작된다.

둘째, 기해박해로 선교사는 물론 회장 등 교회의 지도자를 잃었기 때문에 교회는 한동안 침체에 빠지게 되었다. 이는 〈표 3〉의 기해박해 순교성인의 나이와 성별 통계에서 40~50대가 가장 많이 희생된 사실을 보아서도 알 수 있다.

〈표 3〉 기해박해 순교성인의 나이와 성별 통계

나이	10대	20대	30대	40대	50대	60대	70대	계
남	1		9	12	4	1		27
여	2	9	6	8	13	3	2	43
계	3	9	15	20	17	4	2	70

셋째, 신앙 공동체는 이전보다 더 가난한 서민층으로 이루어지게 되었다. 박해 이후 살아남은 신자들은 깊은 산속으로 피신하거나 신자임을 감추고 생활해야만 하였다. 자연히 더 간절해진 신자들의 신앙은 더 복음적이고 교리 실천적인 성격을 갖게 되었지만, 잦은 이주로 인해 경제적으로 피폐해진 현실은 외면하는 경향이 짙어졌다. 하지만 박해의 여파로 기존의 교우촌 외에도 더 궁벽한 산골에 교우촌이 형성되면서 천주교가 보다 더 널리 전파되

는 결과도 불러일으켰다.

넷째, 박해로 지도층 신자들이 순교함으로써 교리서를 필사하거나 필사해 줄 신자들이 줄었다. 또 이미 만들어 놓은 교리서들이 압수됨으로써 교리서가 부족해졌다. 그로 인해 아직 신앙이 부족한 사람이나 비신자들에게 말로만 교리를 전하게 되는 어려움을 겪게 되었다. 상황이 이렇다 보니 예비 신자나 어린이들의 경우 교리를 잘 이해하지 못하는 경우가 생겨났다.

다섯째, 서양 선교사들의 새로운 입국 경로가 개척되기 시작하였다. 기해박해에 대한 소식이 북경에 전해지면서 조선 입국을 준비해 오던 페레올 신부는 앵베르 주교가 체포되기 전에 쓴 편지를 받아보게 되었다. 그것은 이미 육로를 통한 입국 경로가 발각되었으니 다른 입국 경로를 알아보라는 것이었다. 이에 서양 선교사들은 조선에 입국하는 여러 가지 경로를 모색하였고, 그들의 끈질긴 노력으로 조선 입국의 길이 다시 열리게 되었다.

여섯째, 기해박해는 천주교 선교에 상당한 영향을 미쳤다. 당시 많은 사람들이 죽음 앞에서도 의연하였던 순교자를 직·간접적으로 보고 듣게 되었다. 그러면서 그들에게 순교자들이 자신의 목숨을 잃으면서도 지킨 종교에 대해서 알고 싶은 욕구가 불타올랐다. 천주교 신자들의 순교 앞에서 비신자들은 비난과 저주를 보내기도 하였지만, 동정과 안타까움, 더 나아가 감동을 보이기도 하였다. 결국 천주교 신자들의 순교를 통해 서울을 비롯하여 모든 지역으로 천주교에 대한 이야기가 퍼져 나갔고, 주요 교리가 무엇인지도 알려지게 되었다. 박해는 많은 희생자를 낳았지만, 결과적으로 더 많은 천주교 신자들을 탄생시키는 씨앗이 되었다.

일곱째, 박해가 진행되면서 정치적인 갈등은 큰 문제가 되지 않았다. 신유박해와 달리 정치적 보복을 받을 만한 인물들이 별로 없었기 때문이다.

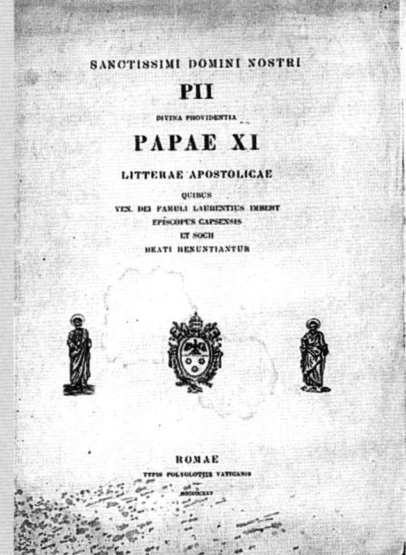

교황청에서는 1925년 5월 10일 열린 어전 회의에서 한국 순교자 79위에 대한 시복을 확정하였다. 이에 한국 순교자 79위 시복 교령을 반포하고 이 교령에 따라 1925년 7월 5일에 시복식을 거행한다는 내용과 함께 한국교회에 전달하였다(사진 위). 또한 이를 전 세계에 알리기 위해 교황청 국무장관 가스파리 추기경 명의로 교황 교서를 반포하였다.

따라서 박해가 진행되는 가운데 사학을 척결하자는 상소문이나 공론이 크게 일어나지 않았으며, 조정 안에서도 박해를 주장하던 풍양 조씨 일족을 제외하면 이 문제에 크게 관심을 갖고 앞장서는 사람이 별로 없었다.

여덟째, 기해박해는 한국 천주교회에 70위에 이르는 순교성인을 탄생시켰다. 이들에 대한 시복 작업은 최양업 부제에 의해 라틴어로 번역된 〈1839년과 1846년에 순교한 조선 순교자들의 행적〉이 1847년에 교황청에 접수되면서 시작되었다. 이후 1857년에 교황청에서는 이들을 가경자로 선포하였다. 그리고 그로부터 68년이 지난 1925년 5월 12일 이들에 대한 시복이 결정되었고, 7월 5일에 복자품에 올리는 시복식이 로마 성 베드로 대성전에서 거행되었다. 이 가운데 1839년을 전후하여 순교한 복자는 선교사가 3명, 남자가 24명, 여자가 43명으로 모두 70명이었다. 이들은 모두 1984년 5월 6일에 시성되어 성인품에 올랐다. 박해는 순교를 낳았고 그것은 다시 천주교의 확산을 낳았다. 순교자들은 복음이 더 깊이 뿌리를 내리게 하였고, 더 풍성한 가지를 뻗게 하였다. 기해박해는 바로 그 뿌리와 가지를 만들었던 것이다.

〈표 4〉 기해박해 순교성인

* 독자들의 편의를 위해 기해박해 순교성인 70위 중 앵베르 주교와 모방·샤스탕 신부를 제외한 한국인 성인 67위를 (1) 부부와 자녀 순교성인, (2) 모녀·모자·부자 순교성인, (3) 형제·자매 순교성인, (4) 가족의 배교 속에 홀로 순교한 성인, (5) 가족을 피난시킨 순교성인, (6) 계모의 인도를 받은 순교성인, (7) 비신자 가정의 고령 순교성인, (8) 공동체 속의 순교성인, (9) 회장 출신의 순교성인, (10) 그 밖의 순교성인으로 나누어 정리하였다.

(1) 부부와 자녀 순교성인

① 이광헌·권희 부부, 딸 이 아가타

순교순서	성명 및 세례명	배경
7	이광헌 아우구스티노	- 젊은 시절 방황하였지만, 30세 이전에 신앙을 받아들였다.
24	권희 바르바라	- 비신자 집안 출생으로 비신자이던 이광헌과 결혼하였다. - 1817년경 남편과 함께 신앙을 받아들였다.
57	이 아가타	- 동정 순교성인

② 남명혁·이연희 부부

순교순서	성명 및 세례명	배경
10	남명혁 다미아노	- 서울 양반 집안 출생이다. - 30세에 천주교 교리를 듣고 교회의 가르침을 수행하다가, 1834년 초 입국한 유 파치피코 신부에게 세례를 받았다.
27	이연희 마리아	- 결혼한 뒤 28세 때 남편과 함께 신앙을 받아들였다.

신앙생활	체포와 순교
– 회장으로 선교사를 보좌하며 헌신적으로 활동하였다.	– 체포된 예비 신자의 밀고로 4월 7일 온 가족이 체포되었다. – 고문을 감내하다 남명혁 등 다른 신자 8명과 참수되었다.
– 남편이 회장이 되고 자신의 집은 공소가 되자, 남편을 도와 선교사를 집에 맞아들이고, 신자들을 보살피며 신자들의 모범이 되었다.	– 온 가족이 체포되어 신앙을 지키다가 5개월간의 수감 생활 끝에 순교하였다.
– 어려서부터 부모를 본받아 열심히 신앙생활 하며 동정을 결심하였다.	– 가족과 함께 체포된 뒤 김종한의 딸 김 데레사와 서로 격려하며 고문을 이기면서 옥중 생활을 견디다가 9개월의 옥살이 끝에 포도청 옥에서 교수형되었다.
– 이웃하던 이광헌과 함께 회장에 임명되어 앵베르 주교 지시로 신자를 집에 모아 성사 받게 주선하는 등 교리 연구와 가르침에 몰두하였다. – "훗날 순교자 남 다미아노라고 불리길 바란다"며 순교 원의를 품었다.	– 예비 신자의 밀고로 포졸들이 급습해 주교용제의, 경본 1권, 주교관을 탈취당하였으며, 이광헌의 가족 및 다른 교우 등과 함께 체포되었다. – 아내와 12세 아들과 함께 고초를 견디다가 참수되었다.
– 남편을 적극 돕고, 공소를 예비하며, 여신자를 인도하면서 신앙생활을 함께 하였다.	– 체포된 뒤 남편의 권면으로 학대를 견디고, 12세 아들의 고통을 감내하다 참수되었다.

③ 최경환 · 이성례[복자] 부부

순교순서	성명 및 세례명	배경
29	최경환 프란치스코	- 최양업 신부의 부친으로 조부(최한일) 이래 천주교 집안이다. - 1805년 최인주와 경주 이씨 사이의 3남으로 출생하였다. - 1791년 신해박해 뒤 부친이 서울에서 지금의 청양 땅으로 낙향하여 새터에서 성장하였다. - 14세에 이존창의 조카뻘 되는 이성례와 결혼하여, 1821년 장남 최양업을 얻었다.

④ 남이관 · 조증이 부부

순교순서	성명 및 세례명	배경
36	남이관 세바스티아노	- 양반 집안 출신으로 천주교 신자인 남필용의 4남매 중 막내로 서울에서 출생하였다. - 18세에 성 조증이와 결혼하였다. - 천주학을 배웠지만 신앙생활은 박해가 있기 5~6년 전 십계에 관한 책 등을 보고 부인과 함께 익히고 실천하게 되었다.
50	조증이 바르바라	- 경기도 양근의 양반인 조 프란치스코의 딸이다. - 어려서부터 신앙생활을 했으며 16세에 성 남이관과 결혼하였다.

⑤ 조신철 · 최영이 부부

순교순서	성명 및 세례명	배경
39	조신철 가롤로	- 성 최창흡의 사위이다. - 강원도 회양의 비신자 가정 출생으로, 5세에 모친이 사망하였다. - 스님이 되었다가 환속한 뒤 이집 저집에 머슴살이하며 지냈다. - 서울 서소문 밖에 거주하며 23세부터 동지사의 마부로 일했다.

신앙생활	체포와 순교
- 1827년 서울로 이주하였으며, 강원도, 경기도 부평을 거쳐 과천 수리산 뒤뜸이에 정착하여 교우촌으로 일구는 데 힘을 기울였다. - 모방 신부에 의해 수리산 교우촌 회장에 임명되었다. - 기해박해가 일자 신자들과 상경하여 순교자 시신을 찾아 안장하고, 신자들을 격려하고 순교의 때를 기다리며 신앙생활을 하였다.	- 아내 이성례, 어린 자식들을 비롯한 교우촌 신자 40여 명과 함께 체포, 아들 문제로 더욱 심한 형벌을 받았다. 40일 이상 고문 끝에 형벌로 인한 상처로 포도청에서 옥사하였다.
- 신유박해로 부친은 전라도 강진으로 유배되어 사망하였고, 남이관은 처가에서 체포되어 경상도 단성으로 유배되었다가 30년 만에 사면되었다. - 처가의 외척인 정하상을 도와 성직자 영입운동에 참여하였고, 1833년 유 파치피코 신부를 맞이들였으며 후에 회장으로 임명되었다.	- 박해가 일자 이천으로 피신하였지만, 9월 17일에 동료 정하상, 유진길 등과 함께 체포되어 의금부로 이송되었다. 천주교 교리가 옳다는 것을 주장하고 아내에게 "함께 순교하자"는 말을 남기고 참수되었다.
- 신유박해로 친정 아버지는 순교하고, 시아버지는 전라도 강진으로, 남편은 경상도 단성으로 유배되었다. - 이천의 친정에서 10여 년을 지내다가 30세경 상경하여 친척 정하상의 일을 도왔다. - 1832년 남편이 해배되자, 남편을 도와 선교사들을 모시며 신앙활동을 하였다.	- 박해가 일어나자 남편을 피신시키고 딸과 집을 지키다가 6월에 체포, 신앙을 고수하다가 최창흡 등과 함께 순교하였다.
- 30세경 정하상, 유진길 등을 알게 되어 신앙을 받아들인 뒤 교회 밀사로 활동하였다. - 1826년 유진길과 북경 천주당을 방문하여 세례·견진·고해·성체 성사를 받았고 성직자 영입운동에 깊이 관여, 선교사 입국에 공헌하였다.	- 박해가 일자 처가로 피신하였는데, 젖먹이까지 잡아가는 것을 보고 자수하였다. - 집에서 북경에서 가져온 물건이 발견되어 서양 신부의 은신처를 추궁당하며 혹독한 고문을 견디다 참수되었다.

순교순서	성명 및 세례명	배경
69	최영이 바르바라	- 성 최창흡과 성 손소벽의 딸로 서울 중인(역관) 집안 출생이다.

⑥ 최창흡 · 손소벽 부부

순교순서	성명 및 세례명	배경
49	최창흡 베드로	- 성 최영이의 부친이며 교회의 밀사인 조신철의 장인이다. - 신유박해 순교자 최창현 회장의 이복동생이다. - 서울의 중인(역관) 집안 출생으로 어릴 때 교리를 배워 신앙을 받아들였지만, 신유박해로 형이 순교한 뒤에는 오랫동안 신앙을 멀리하였다.
63	손소벽 막달레나	- 성 최영이의 모친이다. - 서울 신자 가정에서 출생하였다. 태어난 해 부친은 신유박해로 귀양 갔고, 어머니마저 여의고 조모 슬하에서 성장하였다.

⑦ 박종원 · 고순이 부부

순교순서	성명 및 세례명	배경
61	박종원 아우구스티노	- 서울 중인 집안 출생이다. - 어려서 부친을 여의고 약방에서 거간일을 하며 곤궁하게 생활하면서도 모친과 함께 열심히 신앙생활을 하였다. - 성 고순이와 결혼하여 슬하에 3남매를 두었다.
54	고순이 바르바라	- 신유박해 순교자 고광성의 딸로 서울에서 출생하였다. - 4세에 박해로 부친을 여의고 모친과 신앙생활을 하였다. 신자 박종원과 결혼하여 3남매를 두었다.

신앙생활	체포와 순교
- 부모 아래 어려서부터 신앙생활을 하였으며, 성사를 받은 뒤에 더욱 열심히 수계하였다. - 신자와 혼인하기를 원하다 하급 마부 양인 출신 조신철과 결혼하였다.	- 박해가 일자 친정으로 피했지만, 부모와 함께 5월에 체포되었다. 남편이 중국에서 가져온 물건 때문에 포도청에서 혹독한 고문을 당하다가 1840년 2월 당고개에서 참수되었다.
- 29세 무렵 손소벽과 결혼한 뒤 아내와 대세를 받고 신앙생활을 다시 시작하였다. - 1833년 유 파치피코 신부에게 성사를 받고, 신앙에 소홀했던 죄를 보속할 마음으로 순교 원의를 품었다. - 하급 마부이지만 신자인 조신철과 장녀 최영이의 결혼을 허락하였다.	- 아내, 딸과 함께 5월에 체포되어, 혹독한 문초와 고문 속에 신앙을 지키며 교회와 동료 신자에게 해가 되는 말을 하지 않고 견디다 순교하였다.
- 17세에 최창흡과 결혼, 함께 세례를 받고 열심한 신앙생활을 하였다. - 슬하에 있던 많은 자녀를 잃고 맏딸 바르바라와 막내만 남는 어려움을 겪었다.	- 사위 조신철이 북경에서 가져온 물건이 집에서 발각되어 가족과 함께 체포되었다. - 두 살짜리 막내를 친척에게 맡겼으며, 포청과 형조에서의 형문을 이겨내고 순교하였다.
- 교리 지식이 깊어 다른 신자들을 인도하고 전교에도 적극적이었다. - 일찍부터 그리스도를 따라 순교할 원의를 품었다. - 유 파치피코 신부의 인정을 받아 내포 지방에 파견되어 신자들을 가르쳤으며, 1837년 앵베르 주교에 의해 회장으로 임명되었다.	- 옥에 갇힌 신자와 연락을 취하고, 흩어진 신자를 찾아 격려하는 활동을 하였다. - 10월 26일에 "주 예수께서 나를 사랑하셨으니, 나도 오 주 예수를 사랑하는 것이 마땅합니다. 예수께서 나를 위해 고난을 받으시고 죽으셨으니 나도 예수를 위해 치명함이 마땅합니다."라는 신앙 고백을 남기고 참수되었다.
- 냉담자를 격려하고, 병약자를 돌보는 등 회장인 남편을 도와 열심히 신앙생활을 하였다.	- 남편에 이어 다음 날 체포되었으며 혹형과 고문을 당해도 남편과 서로 위로하고 격려하며 신앙으로 이겨내었다. 남편보다 한 달 먼저 6명의 신자들과 함께 참수되었다.

(2) 모녀 · 모자 · 부자 순교성인

① 허계임, 두 딸 이영희 · 이정희, 시누이 이매임, 외손녀 이 바르바라

순교순서	성명 및 세례명	배경
35	허계임 막달레나	- 경기도 용인의 비신자 가정에서 출생하여, 비신자와 결혼하였다. - 성 이정희, 성 이영희 자매의 모친이며, 이 바르바라의 외조모이고, 이매임의 올케이다.
20	이영희 막달레나	- 경기도 봉천의 양반 가정 출생이다. - 성 허계임의 딸이며 성 이정희의 동생이고, 성 이매임의 조카이다.
26	이정희 바르바라	- 성 허계임의 딸이며 성 이영희의 언니이고, 성 이매임의 조카이다.
17	이매임 데레사	- 경기도 봉천의 양반 비신자 가정 출생으로 성 허계임의 시누이다. - 20세에 과부가 된 뒤 친정으로 돌아와 마을 여신자의 전교로 신앙을 받아들였다.
14	이 바르바라	- 경기도 봉천의 양반 비신자 가정 출생이다. - 조실부모한 뒤 이모인 성 이정희, 성 이영희를 의지하며 지냈다.

② 조 바르바라(순교자)의 두 딸, 이영덕, 이인덕

순교순서	성명 및 세례명	배경
55	이영덕 막달레나	- 서울 가난한 양반 비신자 가정 출생으로 함께 살던 외할머니의 인도로 어머니 조 바르바라와 함께 신앙을 받아들였다.
65	이인덕 마리아	

신앙생활	체포와 순교
- 시누이 이매임의 인도로 두 딸과 함께 신앙을 받아들였으며, 비신자 남편에게 가정 박해를 받았다.	
- 비신자와의 정혼을 거부한 동정 성인이다.	- 함께 살고 있다가 기해박해가 일자 이광헌 가족의 순교 이야기를 듣고 서로 격려하며 순교를 결심한 뒤 4월 11일 포졸에게 묵주를 보이며 자수, 참수되었다.
- 비신자 청년과의 정혼을 피하고 신자와 결혼하였지만 과부가 되었다.	
- 친정 식구들을 신앙으로 인도하였으며 허계임과 두 조카, 동정녀 김누시아, 과부 김성임 등 일곱 여인이 유 파치피코 신부가 마련해 준 집에서 함께 지냈다.	
- 15세에 체포되어 옥에서 고문을 신앙으로 이겨내다가 유행성 열병으로 옥사하였다.	
- 비신자 아버지의 가정 박해를 피해 세례를 받았다. - 아버지가 언니 이영덕에게 외교인과의 결혼을 강요하자 어머니와 함께 두 자매가 가출하여 앵베르 주교의 도움을 받았다.	- 과부 이 가타리나, 동정녀 조 막달레나와 함께 모두 체포되어 고문 속에 배교를 거부하다 참수되었다.

③ 이 가타리나, 조 막달레나 모녀

순교순서	성명 및 세례명	배경
45	이 가타리나	- 시골에 살며 천주교를 알고는 지냈다. - 14세에 비신자와 결혼했는데, 남편을 설득하여 세례를 받게 하였다.
46	조 막달레나	- 동정 순교성인 - 성 이 가타리나의 3남매 중 맏딸로, 어려서 모친에게 천주교를 배워 신앙을 받아들였다. - 비신자인 부친이 사망한 뒤 친척들이 천주교를 금하자, 모친이 데리고 친정으로 왔다(당시 7~8세).

④ 한영이, 권진이 모녀

순교순서	성명 및 세례명	배경
51	한영이 막달레나	- 가난한 비신자 집안 출생이다. - 남편은 진사(進士)로 비신자였는데 대세를 받고 사망하였다.
66	권진이 아가타	- 서울 양반 가문 출생으로 부친이 세례받은 뒤 가족 전체가 신앙을 받아들였다. - 13세 무렵 신자 청년과 결혼했지만 매우 가난하여 남편 친척 정하상 집에 기거하였다.

⑤ 유진길, 유대철 부자

순교순서	성명 및 세례명	배경
34	유진길 아우구스티노	- 서울의 유명한 역관 집안 출생이다. - 학문을 탐구하며 진리를 찾아 방황하다 1822년에 《천주실의》를 접하고 나서 교리를 배워 천주교를 받아들였다.
47	유대철 베드로	- 성 유진길의 아들이다. - 어릴 때 신앙을 받아들였다.

신앙생활	체포와 순교
- 과부가 된 뒤 서울로 올라와 앵베르 주교 주선으로 조 바르바라의 집에 기거하였다. - 길쌈과 바느질로 가족을 부양하였으며 동정을 지키기로 결심하고 신앙생활을 하였다. - 고향에서 박해가 일자 모친과 동생을 데리고 서울로 피신하여, 앵베르 주교 주선으로 조 바르바라의 집에 거처하였다.	- 이 가타리나, 조 막달레나 모녀와 조 바르바라 세 모녀 등 5명은 함께 생활하다 5월에 체포되었으며 3개월 뒤 옥사하였다.
- 과부가 되어 딸 권진이와 신자 집에 살면서 신앙생활을 하였다. - 동정을 지키기로 결심하여 유 피치피코 신부에게 결혼파기를 청하여 승낙을 받았다. - 모방 신부의 권유로 모친에게 돌아가고 순교를 결심하며 이경이와 수계 생활을 하였다.	- 김순성의 밀고로 7월 17일 체포되어 모진 형벌 끝에 참수되었다. - 이경이, 여종 1명과 함께 체포되어 모진 형벌을 받고 참수되었다.
- 역관 신분을 활용하여 북경 교회와의 연락과 성직자 영입운동에 참여하였다. - 1824(또는 1825)년 청원서를 발송하여 교황청에 접수되었고, 조선 대목구가 설정되는 결실을 맺었다. - 박해가 일자 아버지와 다른 신자들의 고초를 보며 자신도 순교를 결심하여 관헌에 자수하였다.	- 기해박해가 일었지만 정3품 당상 역관이라는 신분과 대왕대비 오라버니 김유근과의 친분으로 체포를 면하다가, 김유근 사후 체포되어 고문 끝에 참수되었다. - 14세의 나이에 혹독한 혹형을 견디며 배교를 거부, 포도청 옥에서 교수형되었다.

⑥ 유 체칠리아와 정하상, 정정혜 모자 · 모녀

48	유 체칠리아	– 상처한 정약종과 결혼하여 성 정하상과 성 정정혜를 낳았다. – 남편에게 천주교를 배워 신앙을 받아들였고, 주문모 신부에게 세례를 받았다.
33	정하상 바오로	– 동정 순교성인 – 본관은 나주, 당색은 남인이며 신유박해 순교자 정약종과 기해박해 순교성인 유 체칠리아의 아들이다. 순교자 정철상의 아우이고 성 정정혜의 오빠이다. – 어려서부터 성가정의 신앙을 이어받아 천주교 교리 실천에 노력하였다.
53	정정혜 엘리사벳	– 동정녀 – 정약종의 딸, 성 정하상의 동생이다. – 경기도 광주 마재 출생으로 네 살 때 주문모 신부에게 세례를 받았다.

(3) 형제 · 자매 순교성인

① 이 아가타, 이호영 남매

5	이 아가타	– 경기도 이천 출생이다. – 비신자와 결혼했는데, 3년 만에 혼자되어 친정으로 돌아왔다.
1	이호영 베드로	– 경기도 이천 출생이다. – 어려서 신앙을 받아들였다.

– 신유박해 때 전 가족이 체포되어 남편과 전처 아들 정철상은 순교하고 나머지 가족은 석방되어 시동생 정약용의 집으로 가 어렵게 살았다.	– 기해박해 때 체포되어 형벌과 옥고를 거쳐 79세로 치명하였다.
– 성직자 영입운동을 추진하였고, 북경 천주당을 방문해 성사를 받았으며, 교회 일에 헌신하였다. – 1834년 입국한 유 파치피코 신부를 집으로 인도하였고, 모방·샤스탕 신부와 앵베르 주교도 조선으로 인도, 안내하였다. 선교사와 교우촌을 순방하고 신자를 돌보았으며 신학생으로 선발되어 라틴어와 신학 등을 공부하였다.	– 북경을 왕래하고 선교사의 복사로 활동하고 교회 밀사로 활약하는 등 천주교 전파를 위해 활동하다가 기해박해가 일어나자 박해자에게 제출할 〈상재상서〉를 작성하였다. – 7월 11일에 체포되어 〈상재상서〉를 제출하고 참수되었다.
– 신유박해 때 가족과 함께 체포되었으나 아버지 정약종, 오빠 정철상은 순교하고 나머지 가족은 풀려나 마재에 거주하였다. – 어머니에게 경문을 배워 신앙생활을 하였고, 주변 친척을 천주교로 인도하였다. – 정하상이 성직자 영입운동으로 거처를 마련하자 어머니와 상경하여 처소를 돌보고 사람들이 성사를 받도록 준비시켰다.	– 7월 11일 어머니, 오빠 정하상과 체포되어 고문을 당하면서도 신앙을 지키며 기도와 묵상으로 이겨내다가 순교하였다.

– 모친, 동생과 함께 신앙을 받아들였으며, 부친이 사망한 뒤 서울로 왔다.	– 한강변 '무쇠막'에서 동생 이호영과 체포된 뒤 고문을 참고 견디며 4년간 옥살이를 하다 8명의 교우와 함께 참수되었다.
– 체포된 뒤에도 옥에서 대재를 지키고 죄수를 회개시켜 영세준비를 시켰다.	– '사학죄인'이란 문구를 거부하며 신앙을 지키다 고문 끝에 병사하였다.

② 홍병주, 홍영주 자매

62	홍병주 베드로	- 서울의 명문 양반 가문 출신이다. - 신유박해 순교자 홍낙민의 손자들로 천주교 신앙을 받아들인 집안이었다. - 두 형제 모두 회장이었다.
67	홍영주 바오로	

③ 이광헌, 이광렬 형제

순교순서	성명 및 세례명	배경
7	이광헌 아우구스티노	- 본관은 광주로 명문 양반 가문 출생이다. - 30세 이전 천주교를 받아들였다. - 성 권희의 남편이며 성 이 아가타의 아버지이고, 성 이광렬과 형제지간이다.
19	이광렬 요한	- 22세에 형의 가족과 함께 신앙을 받아들였다. - 북경에서 세례를 받고 귀국한 뒤 평생 독신으로 수계하며 지냈다.

④ 박큰아기, 박희순 자매

23	박큰아기 마리아	- 서울의 유복한 비신자 가정 출생이다. - 중년에는 조카의 집에 의탁하며 지내고 있었다.
9	박희순 루치아	- 어려서 모친을 잃고, 15세 이전 궁녀로 선발되었으며 상궁까지 올랐다. - 순조의 딸 복온공주에게 글을 가르치고, 공주와 남편 김병주의 거처인 창녕위궁에서 생활하였다.

- 신유박해로 조부 홍낙민이 순교한 뒤, 부친과 예산 여사울로 이주하여 신앙생활을 하였다. - 프랑스 선교사가 입국한 뒤 두 형제는 회장으로 충실히 활동하였고, 기해박해 시 선교사에게 은신처를 제공하였다.	- 김순성의 밀고로 8월에 체포되어 형제 모두 당고개에서 참수되었다.

신앙생활	체포와 순교
- 주교와 신부를 보좌하고, 미사와 강론에 신자를 모으며, 병약자를 위로하고 선교하는 등 회장으로 활동하였다. - 체포된 예비 신자의 남편이 아내를 구하고자 53명의 신자를 밀고하여, 4월 7일 가족과 함께 체포되었다.	- 혹형을 감내하다 5월 24일 남명혁 등 8명의 신자와 함께 서소문 밖 형장에서 참수되었다.
- 교회 일에 헌신하여 성직자 영입운동을 도와 북경을 두 차례 왕래하였고, 샤스탕 신부를 영입할 때도 함께 인도하였다.	- 형의 가족과 함께 체포되어 참수되었다.

- 독실한 신자인 동생 박희순의 권유로 신앙을 받아들였다. - 박해가 일자 동생 주선으로 전경협의 집으로 피신하였다.	- 4월 15일 포졸에게 체포, 신앙을 지키다가 동생이 순교한 지 몇 달 뒤 5명의 신자와 함께 참수되었다.
- 30세 무렵 천주교를 믿고 신앙생활을 위해 병을 핑계로 궁궐을 나왔다. - 비신자 부친을 피해 언니 박큰아기와 남대문 밖 조카 집에 머물며 그 가족을 모두 신앙으로 인도하였다.	- 언니와 전경협의 집으로 피했지만 4월 15일에 체포되었다. 궁녀 출신으로 천주교를 믿어 더 심한 형벌을 당하였지만, 형리에게 진리를 설명하며 감내하였다. - 수감 한 달 만에 참수되었고, 시신이 형장에 3일간 버려져 있는 것을 신자들이 거두어 앵베르 주교가 사놓은 매장지에 매장하였다.

⑤ 김효임, 김효주 자매

순교순서	성명 및 세례명	배경
43	김효임 골롬바	- 서울 근교 강촌(또는 밤섬) 부근 부유한 가정 출생이다. - 부친이 사망한 뒤 모친과 오빠(또는 동생) 김 안토니오와 김효주, 김효임, 막내 김 글라라 세 자매가 모두 천주교 교리를 듣고 신앙을 받아들였다.
28	김효주 아녜스	

(4) 가족의 배교 속에 홀로 순교한 성인들

4	박아기 안나	- 서울에서 출생·성장하였다. - 어머니와 함께 직접 천주교 교리를 배워 신자가 되었다. - 18세에 신자와 결혼하여 2남 3녀를 두었다.
11	권득인 베드로	- 부모가 천주교 신자라 어려서부터 신앙생활을 하였다. - 1841년 8월에 교수형으로 순교한 권성여의 아우이다.
12	장성집 (또는 장성진) 요셉	- 서울 출생으로 한강변 서강에 살면서 광흥창(廣興倉) 서원(書員)으로 벼슬살이하였다. - 상처하고 벼슬도 잃은 뒤 천주교인 이모 집에 의지해 살았으며 재혼하였다가 다시 상처한 뒤 남의 약국 일을 보주며 생활하였다. - 30여 세에 세례를 받았다.

(5) 가족을 피난시킨 순교성인

25	박후재 요한	- 경기도 용인 신자 가정 출생이다. - 부친은 신유박해 때 순교하였다. 물장사 하는 홀어머니와 살며 장성해서는 짚신 장사로 생계를 유지하였다.

신앙생활	체포와 순교
- 세 자매가 동정을 지키기로 결심하고 신앙생활을 하였다. - 밀고자 인도로 포졸이 급습하여 체포되었다. - 포청과 형조에서 박해자에게 천주교의 교리를 설명하였다. - 포청에서의 능욕에 대해 형조판서에게 항의하여 관련 포장과 형리는 유배형을 받았다.	- 김효주는 9월 3일에, 김효임은 염병에 걸려 고생하다가, 9월 26일 참수되었다. - 오빠(또는 동생) 김 안토니오는 교회 일에 참여하여, 1861년 리델, 랑드르 신부 등의 조선 입국에 조력하였다.
- 기도문과 교리 내용을 정확히 이해 못하지만, 진심으로 하느님을 사랑하게 해 달라는 기도를 매일 바치는 깊은 신앙을 가졌다.	- 기해박해 초기에 체포되었는데 남편과 장남은 배교하여 석방되었다. - 배교하고 나가라는 형관의 말에 순교를 원한다며 신앙을 지키다 참수되었다.
- 일찍 부친을 잃고 16세에 모친마저 잃었다. 성패와 성물을 만들어 팔았다. - 기도와 희생, 봉사의 자세로 열심히 신앙생활을 하며 샤스탕 신부를 집에 모시기도 하였다.	- 박해 초 1월 16일에 아내, 처남, 어린 자녀 등 가족과 함께 체포되었다. 배교하여 풀려난 가족에게 순교를 권하는 서신을 보내고 수감 생활을 감내하다 참수되었다.
- 세례를 받은 뒤에 천주가 강생했다는 교리에 회의를 느껴 방황하다가 신자의 가르침으로 신앙을 회복하였다. - 비신자와의 관계를 끊고 기도와 진리 탐구에만 열중하였다. - 1838년 5월에 견진성사를 받고, 딸도 세례를 받고 신자와 결혼하였다.	- 순교하고자 자수를 결심하던 중 사촌의 진술 가운데 그의 이름이 나와 5월에 체포되었다. - 염병으로 걷기조차 힘든 상태에서 배교하라는 유혹을 이기고 포졸과 포도대장에게 천주교의 교리를 설명하며 고문을 견뎌 내다가 치도곤 25대를 맞고 옥사하였다.
- 36세에 신자 박 안나와 결혼하고, 교리를 실천하였다. - 박해가 일자 순교할 원의를 지니고서 아내와 자식은 피신시킨 뒤 홀로 집을 지켰다.	- 체포된 뒤 비신자 죄수들에게 천주교를 권유하고, 하느님은 창조주라고 하며 신앙을 지키다 참수되었다.

(6) 계모의 인도를 받은 순교성인

순교순서	성명 및 세례명	배경
41	박봉손 막달레나	– 서울의 비신자 가정 출생이다. – 15세에 결혼하여 두 딸을 낳은 뒤 과부가 되고 시부모까지 여의자 친정으로 돌아왔다.

(7) 비신자 가정의 고령 순교성인

순교순서	성명 및 세례명	배경
44	김 루치아	– 서울 출생이며 신유박해 전에 신앙을 받아들였다. – 어려서부터 몸이 불구여서 '꼽추 할멈', '꼽추 루치아'로 불렸다.

(8) 공동체 속의 순교성인

순교순서	성명 및 세례명	배경
3	김아기 아가타	– 서울의 비신자 가정에서 출생하였다.
6	김업이 막달레나	– 어려서 신앙을 받아들였고, 신자 청년과 결혼하였다. – 혼자된 뒤 친정으로 돌아와 노모를 극진히 봉양하며 애고개(아현)에서 망건을 만들어 생계를 꾸렸다.
8	한아기 바르바라	– 서울 출생으로 어릴 때 모친에게 교리를 배웠는데 열심한 신자는 아니었으며, 비신자와 결혼하였다.
15	김노사 로사	– 외교인 가정 출생으로, 과부가 된 뒤 천주교 신앙을 받아들였다.

신앙생활	체포와 순교
- 독실한 천주교 신자인 계모 김 체칠리아의 인도로 1834년경 신앙을 받아들였다. - 외삼촌 김사문의 집 좁은 곁방에 거처하며 궁핍한 가운데 열심히 수계하였다.	- 외삼촌과 함께 체포되어, 수감 7개월 만에 "주님을 위해 칼날 아래 죽기를 원하니 국법대로 처형시켜 달라"며 신앙을 지키다 참수되었다.
- 남편과 가족이 모두 비신자라 신앙생활에 어려움을 겪다가 신자들과 교류를 가지면서 집을 나와 신자들 집에서 살았다. 천한 일을 하고 병약자를 돌보며 열심히 신앙생활을 하였다.	- 박해가 일자 자수를 결심하고 있던 중 체포되었다. - 71세의 고령이자 불구의 몸으로 배교나 밀고를 거부하고 심문을 견디다 옥사하였다.
- 장년에 친정 언니의 권유로 교리공부를 하였다. - 지식은 부족했지만 열심히 신앙생활을 하였다.	- 1836년 9월에 김업이, 한아기 등과 천주교를 신봉하고 서적을 숨긴 죄로 체포되었다. - 3년간 수감되어 있다가 참수되었다.
- 1836년 한아기, 김아기 등과 천주교를 신봉하고 서적을 숨긴 죄로 체포되었다. - 형벌을 당하면서도 십계의 도리를 밝히며 신앙을 고수하였다.	- 3년간 옥살이하던 중 기해박해가 일어나 8명의 다른 신자들과 참수되었다.
- 김업이를 만나 다시 교리 공부를 시작하였다. - 30세경 남편과 세 남매를 잃고 신앙생활에 전념하며 순교의 뜻을 품었다.	- 1836년 9월 김업이, 김아기 등과 천주교 서적을 공부한 죄로 체포되어 3년 옥살이 끝에 참수되었다.
- 선교사가 입국한 뒤에 성사를 받고 음식 봉양을 하는 등 열심히 신앙생활을 하였다.	- 권득인 일가, 동서와 함께 체포되어 "천주 십계를 지키면 천국의 영원한 복을 누리고, 이를 어기면 지옥의 영원한 고통에 내려지게 된다"라고 하며 신앙을 지키다 참수되었다.

순교순서	성명 및 세례명	배경
16	김성임 마르타	- 경기도 부평 출신으로 첫 결혼에 실패한 뒤 상경하여 장님 점쟁이와 재혼하였다. - 천주교를 알던 집안이라 교리를 배워 신앙을 받아들였다.
21	김누시아 루치아	- 동정 순교성인 - 어려서 부친을 여의고 9세 때 모친에게 교리를 배워 신앙을 받아들였다.
18	김장금 안나	- 서울 신자 집안 출생으로 어려서부터 신앙생활을 하였다. - 중년에 과부가 된 후에는 친정 노모와 살며 수계하였다.
42	홍금주 페르페투아	- 서울 성문 밖의 비신자 가정 출생이다. - 조실부모하고 조모 슬하에서 성장하였는데 10세경 신앙을 받아들였지만, 15세에 비신자와 결혼한 뒤에는 신앙을 멀리하였다.
56	김 데레사	- 1816년 대구에서 순교한 김종한의 딸이며, 김대건 신부의 당고모이다. - 충청도 솔뫼의 독실한 신자 가정 출생으로 17세에 교우 손연욱(1842년 해미에서 순교)과 결혼하여 여러 자녀를 모두 신자로 교육하였다.
64	이경이 아가타	- 시골의 신자 가정 출생이다.
22	원귀임 마리아	- 동정 순교성인 - 경기도 고양의 용머리 출생이다. - 조실부모하였으며, 9세에 상경하여 고모 원 루치아 집에서 삯바느질로 생계를 이었다.
13	김 바르바라	- 시골 신자 가정 출생이다. - 부모와 동생이 열심히 수계하지 않자 13세 무렵 홀로 상경하여 신자 집에 식모로 들어갔다.

신앙생활	체포와 순교
- 비신자 남편을 잃은 뒤에 신앙생활에 전념하였다. - 이매임의 집에서 6명의 여인들과 함께 살다가 남명혁, 이광헌의 어린 자녀들이 신앙을 지켰다는 소식을 들은 뒤 순교를 결심하였다.	- 함께 살던 허계임, 이정희·이영희 자매, 김누시아 등과 남명혁의 집을 지키던 포졸에게 자수하였다. - 5차례의 주뢰형 등 혹형을 견디다 참수되었다.
- 14세에 동정을 지키기로 결심하였으며, 모친을 잃은 뒤 자신을 받아 주는 신자들 집에서 잔심부름을 하며 지냈다.	- 이매임의 집에서 다른 5명의 여인들과 생활하다가 포졸들에게 자수, 참수 순교하였다.
- 이광렬 가족과 이웃하며 화목하게 지냈다.	- 4월 7일 이광렬 가족과 함께 체포되어 참수되었다.
- 남편이 사망한 뒤 신자들의 인도로 신앙을 회복하여 묵상과 기도, 병자를 돌보는 등의 모범을 보였다.	- 의지하여 지내던 최병문 집에서 그의 가족들과 함께 체포되었다. - 수감 6개월 동안 죄수와 신자들을 정성껏 돌보다가 참수되었다.
- 유 파치피코 신부와 앵베르 주교의 처소를 돌보며 신앙생활을 하였다.	- 정정혜 가족과 함께 체포되어 주교의 은신처와 관련해 혹형을 당했지만, 이광헌의 딸 이아가타와 위로하며 6개월간 옥살이하다 포도청 옥에서 교수형되었다.
- 앵베르 주교에게 결혼 무효를 인정받았으며 매우 가난하여 권진이 집에서 생활하였다.	- 권진이, 한영이, 여종 1명과 체포되어 신앙을 지키다 참수되었다.
- 고모에게 교리를 배우고 신앙을 받아들여 15세에 세례받고 동정 서원하였다.	- 포졸을 피해 가다 마을 사람에게 들켜 체포된 뒤 혹형을 감내하고 참수되었다.
- 부친의 강요로 비신자와 결혼하였으며, 남편이 사망한 뒤 딸을 데리고 신앙생활을 하였다. - 선교사가 입국하자 성사를 받고 수계하였다.	- 집주인과 함께 체포되었다. - 혹형을 견디다가 3개월 수감 끝에 염병에 걸려 4월에 옥사하였다.

(9) 회장 출신의 순교성인

순교순서	성명 및 세례명	배경
7	이광헌	※ 부부 성인, 형제 성인 〈표〉 참조
10	남명혁	※ 부부 성인 〈표〉 참조
29	최경환	※ 부부 성인 〈표〉 참조
36	남이관	※ 부부 성인 〈표〉 참조
40	김제준 이냐시오	- 성 김대건 신부의 부친이다. - 조부 김진후와 계부 김종한에게 천주교 교리를 배워 신앙을 받아들였고, 고 우르술라와 결혼하였다.
52	현경련 베네딕다	- 동정 순교성인 - 신유박해 순교자 현계흠(서울에서 약국 운영)의 딸이며, 1846년 순교자 성 현석문의 누나이다.
58	민극가 스테파노	- 인천의 양반 집안 출생으로 어려서 모친을 잃고 홀아버지 밑에서 성장하여, 20여 세에 신자와 결혼하나 상처하였다. - 서울 모화관, 수원 갓등이 등에서 살다 재혼하여 득녀했는데, 다시 사별하고 외동딸마저 잃었다. - 뒤에 비신자이던 부친과 형제 모두 신앙을 받아들였다.

신앙생활	체포와 순교
- 조부 김진후가 1814년 해미 옥에서 순교하였고, 계부도 을해박해 때 체포되어 순교하였다. - 1827년 정해박해 무렵 서울 청파, 경기도 용인 한덕동을 거쳐 골배마실로 이주하여 정착하였다. - 1836년 서울 정하상 집에 유숙하던 모방 신부에게 성사를 받았다. - 모방 신부에 의해 회장으로 임명되었다.	- 김순성의 밀고로 체포되어 아들을 외국으로 보낸 사실을 자백하였고, 국사범으로 취급되어 남이관, 조신철 등 8명과 함께 참수되었다.
- 부친을 따라 어려서 신앙을 받아들였고, 주문모 신부에게 세례를 받았다. - 부친이 순교한 뒤 어렵게 지내다 16세 때 신유박해 순교자 최창현의 아들과 결혼, 3년 만에 사별하였다. - 유 파치피코 신부의 복사로 지냈으며, 앵베르 주교에 의해 여회장에 임명되었다.	- 박해가 일자 앵베르 주교 지시에 따라 순교자 행적 수집에 노력하다가, 5월에 체포되어 참수되었다.
- 복음 전파를 결심하고, 교리서를 베껴 판 돈으로 생계를 유지하였으며, 인천, 수원, 부평 등을 순회하면서 전교에 힘썼다. - 냉담자를 설득하고 자선활동과 비신자에 대한 전교활동에 많은 노력을 기울였다. - 유 파치피코 신부에 의해 전교 회장으로 임명되었다.	- 앵베르 주교에게 위임받은 수원 양간의 송교 전답 경작권을 빼앗으려 포졸과 공모한 배교자 오치서의 밀고로 1840년 1월 25일 은신하던 서울 근교 신자 집에서 체포되었다. - 혹형을 감내하며 김절벽, 이사영 등 많은 배교자를 회개시키자 일찍 처형되어 수감된 지 5~6일 만에 옥에서 교수형되었다.

순교순서	성명 및 세례명	배경
59	정화경 안드레아	- 충청도 정산의 가세가 넉넉한 신자 집안 출생으로 어려서부터 교리를 배웠다. - 성장하며 주위에 비신자가 많아 신앙생활에 불편함을 느끼자 자기 소유의 토지를 앵베르 주교에게 바치고, 고향을 떠나 수원 양간으로 이주하였다.
62	홍병주 베드로	※ 형제 성인 〈표〉 참조
67	홍영주 바오로	
68	이문우 요한	- 경기도 이천 동산 밑 마을의 양반 신자 집안 출생이다. - 5세에 부모를 여의고 친분 있던 신자 알선으로 서울의 여신자 오 바르바라에게 양자로 입양되어 성장하였다. - 아내와 두 자녀 모두 잃고 나서 독신을 지켰다.
70	김성우 안토니오	- 경기도 광주 구산에서 김영훈과 청주 한씨 3남매 중 장남으로 출생하였다. - 부유하고 인심 좋은 집안이며, 강직하고 도량 넓은 성품으로 존경을 받았다. - 3형제가 신앙을 받아들이고 복음을 전하여 구산 마을이 교우촌으로 변화하였다.

신앙생활	체포와 순교
- 양간에서 회장으로 임명되어 공소를 세우고 연락을 맡아 서울을 왕래하며 활동하였다. - 앵베르 주교가 박해를 피해 수원으로 오자 동료 신자와 은신처를 마련하였다. - 김순성과 포졸에게 여러 번 속은 뒤에야 어리석음을 뉘우치고 고해성사를 본 뒤 신부를 피신시켰다.	- 9월에 체포되어 치도곤 100대 등 심한 고문 끝에 포도청 옥에서 교수형되었다.
- 전교에 힘쓰며 모방 신부의 복사를 하고, 앵베르 주교가 한국인 성직자 양성 목적으로 속성 신학교육을 실시할 때 정하상, 이신규 등과 수학하였다. - 체포된 교우의 옥바라지를 위해 의연금을 모아 전달하고, 주교에게 박해 상황을 보고하였다. - 앵베르 주교에 의해 회장에 임명되었다.	- 신자들의 사정을 살피고, 순교자들의 시신을 수습하다 포졸에 체포되었다. - 배교를 거부하고 오히려 회유자들을 전교하다가 3개월 수감 끝에 참수되었다.
- 유 파치피코 신부가 입국하자 성사를 자주 받기 위해 느리골로, 다시 동대문 밖 가까이 마장 안으로 이주하였다. - 구산에 내려와 집에 강당을 마련하여, 모방 신부의 거처를 마련하였으며, 회장으로 임명되었다. - 1839년 3월에 동생과 체포되었다가 돈을 주고 풀려났다.	- 1840년 1월경 체포되어 옥에서 비신자 죄수 2명을 입교시켰다. 심한 치도곤 끝에 교수형되었다. - 유해는 아들 김성희 등이 거두어 고향에 안장, 시복 후 1927년 5월 30일에 발굴하여 용산 예수성심신학교로 이장되었다.

(10) 그 밖의 순교성인

순교순서	성명 및 세례명	배경
9	박희순 루치아	※ 형제 · 자매 성인 〈표〉 참조
37	김유리대 율리엣다	- 지방의 신자 집안 출생인데, 부모를 따라 일찍 상경하였다. - 동정을 결심하여 머리카락을 모두 뽑아 혼담을 중지시켰다. - 신유박해에 부모가 냉담하여 귀향했지만, 홀로 서울에 남았다가 궁녀로 선발되었다.
38	전경협 아가타	- 동정 순교성인 - 서울 비신자 집안 출생이다. - 일찍 부모를 여의고 궁에 들어가 의빈궁의 궁녀가 되었다.
2	정국보 프로타시오	- 경기도 개성의 양반 집안 출생이다. - 조부가 벼슬하다 죄를 지어 부친과 서울로 올라와 상민으로 신분을 속이고 생활하였다. - 선공감 사령으로 근무하였다.
60	허임 바오로	- 훈련도감 군사였다.

신앙생활	체포와 순교
- 궁녀로 지내며 수계 생활에 어려움을 느끼던 중 신자를 만나 궁궐을 나왔으며 실 장사로 집을 장만해 살면서 신앙생활을 하였다.	- 강직하고 신중한 성품으로, 박해가 일자 포졸들을 기다려 체포되었다. - 전경협, 허계임 등 8명과 함께 참수되었다.
- 동료 박희순을 따라 천주교를 믿고 신앙생활을 위해 병을 핑계로 궁을 나와 박희순의 집에 거처하며 신앙생활을 하였다.	- 박희순, 박희순 언니 박큰아기와 함께 체포되었다. 궁녀가 사학을 믿었다 하여 극심한 문초를 당하였다. - 비신자인 오빠는 여러 번 그녀를 죽이고자 하였는데, 이를 모두 이겨내고 견디다 5개월 뒤 참수되었다.
- 30세 무렵 세례를 받고, 유 파치피코 신부가 마련해 준 집에 거처하며 성사를 받으러 오는 신자들을 돌보았다. - 가난과 병으로 14명의 자녀를 모두 잃는 가운데서도 열심한 신앙생활을 하였다.	- 부인과 함께 체포되었다가 배교하고 풀려났으며, 곧 이를 크게 후회하여 매일 형조에 가서 체포해 줄 것을 끈질기게 요청하였다. - 다시 체포되어 고문 뒤 순교하였다.
- 가족과 신앙생활을 하다 체포되었는데 배교하였다가 곧 철회하였다.	- 130대 이상의 치도곤을 맞으며 형벌을 감내하다 옥사하였다.

참고 문헌

1. 연구서

Claude Charles Dallet, *Histoire de L'Église de Corée*, 1874 ; 안응렬 · 최석우 역주, 《한국천주교회사》 상 · 중 · 하, 한국교회사연구소, 1979 · 1980.

한국교회사연구소 편, 《순교자와 증거자들》, 한국교회사연구소, 1982.

최석우, 《한국 천주교회사의 역사》, 한국교회사연구소, 1982.

이만채 편, 김시준 역주, 《천주교 전교박해사(벽위편)》, 국제고전교육협회, 1984.

이원순, 《한국 천주교회사 연구》, 한국교회사연구소, 1986.

조 광, 《조선후기 천주교사 연구》, 고려대학교 민족문화연구소, 1988.

최양업 신부 역, 배티 사적지 편, 《기해 · 병오박해 순교자들의 행적》, 천주교 청주교구, 1997.

최석우, 《한국 교회사의 탐구》 I · II · III, 한국교회사연구소, 1982 · 1991 · 2000.

윤민구, 《한국 천주교회의 기원》, 국학자료원, 2002.

한국가톨릭대사전편찬위원회 편, 《한국가톨릭대사전》, 한국교회사연구소, 2006.

심재우, 《조선후기 국가권력과 범죄통제》, 태학사, 2009.

2. 논문

김익진 역, 〈상재상서〉, 《가톨릭청년》 6~8, 1958.

최석우, 〈천주교의 박해〉, 《한국사》 15, 국사편찬위원회, 1975.

최석우, 〈긔히일긔의 몇 가지 문제점〉, 《사목》 43, 한국천주교중앙협의회, 1976.

최종만, 〈정하상의 상재상서 연구〉, 《신학전망》 44, 광주가톨릭대학교 출판부, 1979.

최용구, 〈기해·병오교난기 천주교도의 분석적 고찰〉, 《교회사연구》 6, 한국교회사연구소, 1988.

차기진, 〈《기해·병오 순교자 시복조사 수속록》 역주〉, 《교회사연구》 12, 한국교회사연구소, 1997.

윤민구, 〈정하상 성인의 생애와 사상에 대한 연구〉, 《국역 상재상서》, 성황석두루가서원, 1999.

방상근, 〈《기해일기》에 대한 기초적 연구〉, 《한국사학사학보》 12, 한국사학사학회, 2005.

제5장 조선인 사제의 등장

제1절 김대건 신부의 활동과 순교

1. 출생과 그의 가문

김대건(金大建, 안드레아, 1821~1846)은 1821년 충청도 솔뫼(지금의 충남 당진시 우강면 송산리)에서 김제준(金濟俊, 이냐시오, 1796~1839)과 고(高) 우르술라 사이의 장남으로 태어났다. 그의 본관은 김해(金海)이고, 아명(兒名)은 재복(再福), 보명(譜名)은 지식(芝植)이었다. 그의 출생일은 8월 21일로 알려져 왔는데, 그것은 피숑(L. Pichon, 宋世興, 1893~1945) 신부의 저서인 《조선성교사료》(朝鮮聖敎史料, Pro Corea Documenta, 1938)에 근거한 것이다. 그러나 구체적인 근거가 제시되지 않았기 때문에 출생일을 8월 21일이라 단언하기는 어렵다.

1836년 신학생으로 선발되기 전까지 김대건이 어떻게 성장하였는지는 자세히 알려진 바가 없다. 다만 그의 집안은 솔뫼를 떠나 서울 청파(靑坡, 지금의 서울 용산구 청파동)로 이주하였다가 그곳에서 다시 경기도 용인(龍仁)의 한덕동(寒德洞, 지금의 경기도 용인시 처인구 이동면 묵4리)을 거쳐 골배마실(지

> **김대건 신부의 출생지**
> 최근에는 김대건 신부의 출생지가 솔뫼가 아니라 용인 굴암이라는 주장이 제기되었다. 그리고 김대건 신부의 집안은 솔뫼에서 서울 청파동을 거쳐 김대건 신부가 탄생하기 전에 굴암으로 옮겼으며, 1839년 김제준이 순교한 후에 골배마실로 이사하였다는 주장도 제기되었다(하성래, 〈성 김대건 신부와 굴암 및 은이〉, 《교회사연구》 23, 한국교회사연구소, 2004).

금의 용인시 처인구 양지면 남곡리)로 이주하였다는 점이 확인된다. 이처럼 여러 곳을 전전하였고, 김제준이 농사로 생계를 이어 갔다는 사실을 통해서 볼 때 김대건은 그리 넉넉지 못한 환경에서 자랐을 것으로 여겨진다.

김대건은 어려서부터 집안의 영향으로 신앙생활 속에서 성장하였다. 그의 집안에서 가장 먼저 천주교 신앙을 받아들인 이는 종조부(從祖父)인 김종현(金淙鉉)이었다. 그의 선교로 동생들인 김택현(金澤鉉) · 김종한(金宗漢, 즉 漢鉉, 안드레아, ?~1816) · 김희현(金僖鉉, 루도비코)이 신앙을 받아들였다. 김대건의 증조부인 김진후(金震厚, 비오, 1738~1814)는 천주교 신앙을 외면하다가 아들들이 열심히 신앙생활을 하자 그도 천주교를 받아들였다. 이렇게 김대건의 집안이 천주교 신앙을 받아들이게 된 것은 인근 지역에 살던 이존창(李存昌, 루도비코 곤자가, 1752~1801)의 선교를 통해서였다. 여기에 조부인 김택현이 이존창의 형의 딸인 이 멜라니아와 혼인함으로써 김대건 집안의 신앙은 더욱 깊어졌다.

이렇게 형성된 집안의 신앙은 김대건의 아버지인 김제준에게도 이어졌다. 그는 큰아버지인 김종현의 가르침을 받고 신앙생활을 시작하였다. 1801년 신유박해 이후 한때 신앙생활을 멀리한 적도 있었지만, 정하상의 인도로 다시 교회로 돌아왔다. 그러다가 1836년에 모방 신부가 입국하였다는 소식을 듣고 서울에 있는 정하상의 집에 찾아가 모방 신부를 만난 뒤 세례를 받았다.

김대건의 집안은 이처럼 신앙이 깊었던 만큼 큰 시련도 겪어야 했다. 먼저 증조부인 김진후가 1814년 10월 20일(음) 해미에서 옥사(獄死)하였다. 종조

김대건 신부는 어려서부터 집안의 영향으로 신앙 안에서 성장하였으나 신학생으로 선발되기 전까지의 성장 과정에 대해 자세히 알려진 바는 없다. 다만 그의 집안이 솔뫼를 떠나 서울 청파로 이주하였고 다시 경기도 용인 한덕동을 거쳐 골배마실로 이주하였다는 사실만 확인된다. 1. 한덕동 2. 솔뫼 3. 골배마실.

부인 김종한은 솔뫼에서 경상도 영양의 우련밭(지금의 경북 봉화군 재산면 갈산리)으로 피해 살다가 그곳에서 1815년 을해박해 때 체포되어 다음해 11월 1일(음) 대구 감영에서 참수형을 받아 순교하였다. 또한 아버지인 김제준은 1839년 기해박해 때 체포되어 8월 19일(음) 서소문 밖 형장에서 참수형을 당하였고, 당고모인 김 데레사(김종한의 딸)도 기해박해 때 체포되어 12월 5일(음) 포도청 감옥에서 교수형을 받았다. 김대건 자신도 신부가 된 이듬해인 1846년 9월 16일 새남터에서 군문효수형을 받아 순교하였다. 그 이후에도 당숙인 김제항(金濟恒, 字 明集 또는 明執, 루도비코)과 재당숙 김제교(金濟敎)가 1866년 병인박해 때 체포되어 공주에서 순교하였다. 또한 사촌인 김 베드로는 1867년에 체포되어 공주에서 순교하였고, 김 베드로의 동생인 김 프란치스코도 병인박해 때 체포되어 해미에서 순교하였다. 이처럼 김대건 집안에서는 4대에 걸쳐 순교자가 배출되었다. 이러한 집안의 신앙과 순교 전통은 김대건이 사제가 되는 데 큰 밑거름이 되었을 것이다.

2. 신학생 선발과 마카오 유학

1) 신학생 선발

성가정 안에서 신앙을 키워 나가던 김대건이 모방 신부에 의해 신학생으로 선발된 것은 1836년의 일이었다. 그해 1월 15일 서울에 도착한 모방 신부는 서울에서 부활 축일을 지내고, 경기도와 충청도의 교우촌 16~17곳을 방문하는 등 사목 활동에 분주한 시간을 보냈다. 그는 이처럼 사목 활동에 전념하는 한편, 신학생을 선발하고자 지도층 신자들에게 신학생이 될 소양을 갖춘 소년들을 추천하도록 하였다. 이러한 상황에서 골배마실에 있는 김제준의 집을 방문한 모방 신부는 그의 아들 김대건을 본 뒤 신학생으로 선발하였다. 김대건은 7월 11일 서울에 있는 모방 신부의 거처에 도착하였다. 그곳에는 앞서 선발된 2명의 소년들이 있었는데, 2월 6일 도착한 최양업과 3월 14일에 도착한 최방제(崔方濟, 프란치스코 사베리오, 1820?~1837)였다. 그들은 모방 신부로부터 라틴어를 배웠고, 한 달이 지나면서 책을 읽기 시작하였다. 뒤늦게 선발된 김대건은 그들보다 4개월 혹은 5개월 늦게 공부를 시작한 것이었다.

1836년 12월, 모방 신부는 마카오에 있는 파리 외방전교회 극동 대표부의 르그레즈와(P.L. Legrégeois, 1801~1866) 신부와 이전에 약속한 대로 신학생들을 극동 대표부로 보내려 하였다. 그 이유는 조선에서는 박해의 위험으로 신학교를 설립하여 가르치는 것이 불가능하였기 때문이다. 그는 조선에 입국하기에 앞서 브뤼기에르(B. Bruguière, 蘇, 1792~1835) 주교와 의논하여 조선과 가까운 요동(遼東)에 신학교를 설립할 계획도 구상하였으나 이마저도 여의치 않았다. 그래서 모방 신부는 신학생들을 파리 외방전교회 극동 대표부로 보내고, 르그레즈와 신부에게 적절한 장소에 신학교를 세워 줄 것을 요청하였다.

그런데 모방 신부는 한 가지 고민거리가 있었다. 그것은 신학생으로 선발되어 공부를 시작한 지 갓 5개월밖에 되지 않은 김대건을 보낼 것인가의 여부였다. 하지만 앞으로 보낼 기회가 없을 수도 있다고 생각하여 김대건을 다른 2명과 함께 마카오로 보내기로 결정하였다. 1836년 12월 3일 김대건을 포함한 세 명의 신학생들은 조선 선교지의 장상들에게 순명하고 복종할 것과, 조선 선교지의 장상에게 신청하여 허락을 받지 않고서는 다른 수도회나 선교회에 들어가지 않을 것을 서약하였다. 그렇게 한 후 중국으로 귀환하는 유 파치피코(余恒德, 1795~1854) 신부와, 안내자들인 정하상(丁夏祥, 바오로, 1795~1839)·조신철·이광렬(李光烈, 요한, 1795~1839) 등의 인도를 받으며 떠났다. 변문에 도착한 후, 안내자들은 새로 입국하는 샤스탕 신부를 맞이하여 서울로 돌아왔고, 신학생들은 샤스탕 신부를 변문까지 안내한 중국인들을 따라 마카오로 떠났다. 그들은 중국 대륙을 횡단한 끝에 1837년 6월 7일 마카오에 도착하였다.

2) 신학교 생활

파리 외방전교회 극동 대표부는 조선의 신학생들을 동양인 성직자를 양성하기 위해 설립한 페낭 신학교로 보내지 않고, 대표부 내에 신학교를 임시로 세워 교육시키기로 결정하였다. 그 이유는 페낭 신학교 안에 파벌과 교만과 비판 정신이 유행하고 있어서 면학 분위기가 좋지 않다고 판단하였기 때문이다. 김대건은 1842년 2월 15일 마카오를 떠나 조선 입국로를 탐색할 때까지 이 신학교에서 공부하였다.

신학생들의 교육은 대표부에 머물고 있는 파리 외방전교회 선교사들이 돌아가면서 담당하였다. 신학생들에게 가르침을 주었던 스승 신부들로는 르그레즈와·칼르리(J.M. Callery, 1810~1862)·리브와(N. Libois, 1805~1872)·데플레슈(E.J.C. Desflèches, 1814~1887)·메스트르(J.A. Maistre, 李, 1808~1857)·베르뇌(S.F. Berneux, 張敬一, 1814~1866) 신부 등이었다. 신학생들은 스승 신부들로부터 라틴어·성가·교리·프랑스어·철학 등을 배웠다. 이들 가운데 르그레즈와 신부와 리브와 신부는 차례로 극동 대표부 대표를 맡았고, 칼르리 신부는 신학교 교장 신부였으며, 메스트르 신부와 베르뇌 신부는 이후 조선에 입국하여 선교사로 활동하였다. 그러나 이처럼 여러 선교사들이 수시로 바뀌면서 교육을 맡게 됨으로써 체계적인 교육이 이루어지기 어려웠다. 또한 신학생들은 대표부의 지하실과 주방의 일을 하고, 매일 경리 장부를 작성하는 등 여러 잡일까지 맡아 신학 공부에 지장을 받기도 하였다.

하지만 이러한 환경에서도 김대건을 비롯한 세 명의 신학생들은 신학교 생활에 충실하였는데, 칼르리 신부의 서한에 그 사실이 잘 나타나 있다.

> 금년에 모방 신부가 이곳으로 보냈고, 르그레즈와 신부가 그 교육을 나에게 전적으로 맡긴 3명의 조선 소년들은 훌륭한 사제에게 바람직스러운 것, 신심·겸손·면학심·선생에 대한 존경 등 모든 면에서 완전합니다. 그들은 그들을 가르치는 데 위로를 주고 그 수고를 보상해 줄 수 있는 모든 것을 갖추고 있습니다. 나는 벌써 조선말을 좀 합니다. 얼마 안 가서 모든 것이 잘 될 것으로 기대합니다(〈칼르리 신부가 트송 신부에게 보낸 1837년 10월 6일자 서한〉).

신학생들 가운데서도 스승 신부들로부터 가장 촉망을 받았던 신학생은 최방제였다. 그는 믿음과 신심이 가장 깊어 주위 사람들이 감탄하였고, 라틴어 공부도 스승 신부가 만족해할 정도였다. 그러나 최방제는 신학교에서 공부를 시작한 지 6개월도 되기 전에 위열병(胃熱病)에 걸려 1837년 11월 27일에 사망하고 말았다. 가장 기대를 받던 최방제의 죽음은 스승 신부들을 깊은 슬픔에 잠기게 하였다.

최방제가 사제의 꿈을 펴 보지도 못하고 사망하였지만, 김대건과 최양업

롤롬보이에 있는 김대건 신부 동상. 1839년 마카오에서 아편 거래 문제로 소요가 일어나자 김대건은 르그레즈와 신부의 지시로 마카오를 떠나 필리핀 마닐라에 도착하였다.

은 공부를 계속하였다. 그런데 1839년 광동과 마카오에서 아편 거래 문제로 소요가 일어나 안전이 위협받게 되자, 르그레즈와 신부는 신학생들과 선교사들에게 필리핀으로 피신하도록 하였다. 이러한 방침에 따라 김대건은 최양업, 리브와・칼르리・데플레슈 신부 등과 함께 4월 6일 마카오를 떠나 4월 19일에 필리핀 마닐라에 도착하였다. 그리고 5월 3일에는 도미니코 수도회 참사회의 호의로 롤롬보이(Lolomboy)에 있는 수도원으로 옮겨 생활하게 되었다. 김대건과 최양업은 이 수도원에서 학업을 계속하는 동안 조선의 밀사 유진길과 조신철이 북경에서 보낸 1839년 3월 10일자(혹은 3월 11일자) 서한 1통을 받아 조선교회의 소식을 조금이나마 알게 되었다.

롤롬보이 수도원에서 선교사들과 최양업은 잘 지냈지만, 김대건만은 예외였다. 김대건은 여러 질병에 시달려 스승 신부들의 근심을 샀다. 이미 마카오에 있을 때부터 복통·두통·요통에 시달렸던 김대건은 머리카락이 회색과 흰색으로 바뀔 정도로 병약해졌다. 이는 최양업이 건강하여 장차 조선 교회를 위해 유익한 몸이 될 것이라고 기대를 모았던 것과 대비되었다. 게다가 김대건은 판단이 늘 좋지는 않다는 지적도 받았다. 이로 인해 데플레슈 신부는 난처해하였고, 리브와 신부는 김대건과 최양업 사이에 도무지 균형이 없다고 푸념하였다. 김대건은 1839년 9월경에 이르러서는 건강이 좀 나아지기는 하였지만 여전히 질병으로 고생하였다. 그러는 가운데 마카오에서의 소요가 진정됨에 따라 김대건과 최양업은 1839년 11월에 마카오로 귀환하였다.

3. 조선 입국로의 개척

1) 에리곤 호 승선과 조선 입국 시도

김대건과 최양업은 마카오에 돌아와 학업을 계속하였다. 그러던 중 1842년 2월 프랑스 극동함대의 세실(Jean-Baptiste Thomas Médée Cécille, 1787~1873) 함장이 파리 외방전교회 극동 대표부로 찾아와, 조선으로 가서 조선 국왕에게 교역을 제의할 것이라고 하면서 통역을 위해 조선인 신학생 한 명을 달라고 요청하였다. 그러자 극동 대표부에서는 1839년부터 몇 년째 소식이 끊긴 조선 선교지에 대한 확실한 정보를 수집하고, 비밀리에 선교사를 입국시킬 수 있는 절호의 기회로 여겨 그의 제안을 받아들이기로 하고 메스트르 신부를 조선에 보내기로 결정하였다. 메스트르 신부가 동행할 신학생으로 김대건을 지목함에 따라 김대건은 메스트르 신부와 함께 2월 15일 세실 함장이 이끄는 에리곤(L' Érigone) 호에 승선하였다. 이로써 김대건의 신학교 생활은 끝났고, 최양업과도 헤어지게 되었다. 김대건은 에리곤 호에 승선한 후에 에리곤 호의 의사로부터 치료를 받아 건강이 크게 호전되었다.

에리곤 호는 항해에 필요한 물품을 얻기 위해 1842년 2월 15일 마카오를 출항하여 2월 20일 마닐라에 도착하였다. 메스트르 신부와 김대건은 주교관에서 묵기도 하고, 라트랑의 성 요한(Saint Jean de Latran) 학교를 방문하기도 하였다. 필요한 물품을 장만하고 출항 준비를 마친 에리곤 호는 4월 20일 북상하여 대만(臺灣)을 거쳐 5월 11일 항주만(杭州灣) 앞바다에 있는 주산도(舟山島)에 입항하여 6월 21일까지 체류하였다. 영국인들이 남경(南京)을 탐험하기 위하여 출발하자, 에리곤 호도 그들을 따라 주산도를 떠나 양자강(楊子江) 하구를 거쳐 오송구(吳淞口)에 도착하였다. 에리곤 호가 오송구에 정박해 있는 동안, 8월 13일경 세실 함장 일행이 중국 배 한 척을 빌려 남경으로 향하자, 김대건은 통역을 위해 그들과 동행하였다. 이러한 여정에서 김대건은 영국군의 공격을 받아 진강부(鎭江府)가 파괴된 모습을 목격하였고, 중국인들이 영국군의 병력과 위협에 두려움을 느껴 강화를 요청한 사실도 알게 되었다. 남경에 도착한 김대건은 8월 29일 영국과 청나라 간에 남경조약(南京條約)을 체결하는 장면을 참관하였고, 세실 함장 일행이 강화조약에 조인한 중국인 고관들을 만나는 자리에도 통역으로 함께 하였다.

에리곤 호로 돌아온 김대건은 프랑스 군함 파보리트(la Favorite) 호를 타고 8월 23일 오송구에 도착한 브륄리 드 라 브뤼니에르(Maxime Brulley de la Brunière, 寶, 1816~1846) 신부, 최양업 일행과 조우하였다. 브륄리 드 라 브뤼니에르 신부와 최양업은 1842년 7월 파보리트 호가 요동 해안을 방문한다는 소식을 듣고 승선하여 마카오를 떠나 오송구에 도착한 것이었다. 그러

김대건은 통역을 위해 메스트르 신부와 함께 1842년 2월 15일 에리곤 호에 승선하였다. 이 배는 마닐라, 대만, 항주만의 주산도, 양자강 하구를 지나 오송항(사진)에 도착하였다. 세실 함장 일행과 김대건은 여기서 배를 빌려 남경으로 들어갔으며 김대건은 남경조약 체결 현장을 목도할 수 있었다.

나 파보리트 호가 당초의 계획대로 요동으로 향하지 않고 진로를 바꿈에 따라 8월 27일 브뤼니에르 신부와 최양업은 하선해서 메스트르 신부와 합류하였다. 브릴리 드 라 브뤼니에르 신부는 자신들이 처한 상황을 알리기 위해 동행한 중국인 신학생 범(范) 요한을 상해에 있는 산동 대목구장이자 남경 교구장 서리인 베시(L.-T. de Bési, 羅類思) 주교에게 보냈다. 그러나 범 요한이 오랫동안 돌아오지 않자 9월 10일 브릴리 드 라 브뤼니에르 신부와 최양업은 김대건 일행과 친밀하게 교제하고 있던 비신자 황세홍(黃世興)의 집에 머물게 되었다.

메스트르 신부와 김대건은 예정대로 에리곤 호를 타고 조선에 들어가기를 희망하였다. 그러나 세실 함장은 함선 안에 환자가 많고, 자신의 여행 예정 기간이 짧다는 이유를 들어 조선으로의 항해를 망설였다. 그리고 조선으로 출발하더라도 항해 중에 어디서든지 역풍을 만나면 곧바로 마닐라로 뱃머리를 돌리겠다는 조건을 달았다. 이러한 세실 함장의 애매한 약속에도 불구하고 메스트르 신부는 일단 에리곤 호에 머물기로 하고, 하느님의 섭리와 베시 주교의 안배에 따라 어떻게 할 것인지를 결정하기로 하였다. 9월 11일 에리곤 호가 막 출발하려 할 때 범 요한이 돌아와 소식을 전함에 따라 메스트르 신부와 김대건은 에리곤 호에서 하선하여 브뤼리 드 라 브뤼니에르 신부 일행이 있는 황세홍의 집으로 갔다. 브뤼리 드 라 브뤼니에르 신부는 상해로 오라는 베시 주교의 지시에 따라 최양업, 범 요한과 함께 오송구에 정박 중인 영국 배를 타고 출발하였다. 메스트르 신부와 김대건은 베시 주교가 마련해 준 배가 올 때까지 황세홍의 집에 머물다가 9월 16일 오송구를 떠나 9월 17일 상해에 도착하였다.

　메스트르 신부와 김대건은 상해에서 브뤼리 드 라 브뤼니에르 신부·최양업 일행과 다시 만났고, 베시 주교의 환대를 받았다. 그들은 1842년 10월 12일 브뤼리 드 라 브뤼니에르 신부 일행과 함께 베시 주교의 주선으로 중국 신자의 배를 타고 22일에 요동 반도의 남단인 태장하(太莊河, 지금의 요녕성 장하시)에 도착하였고, 25일에는 백가점(白家店) 교우촌의 두(杜) 요셉 회장의 집에서 유숙하였다. 그러다가 11월 브뤼리 드 라 브뤼니에르 신부와 최양업은 개주(蓋州)의 양관(陽關, 지금의 요녕성 개주시 나가점)에 있는 교우촌으로 떠났다. 김대건은 백가점에 머물면서 메스트르 신부로부터 신학을 배우는 한편, 조선으로 입국할 기회를 기다렸다.

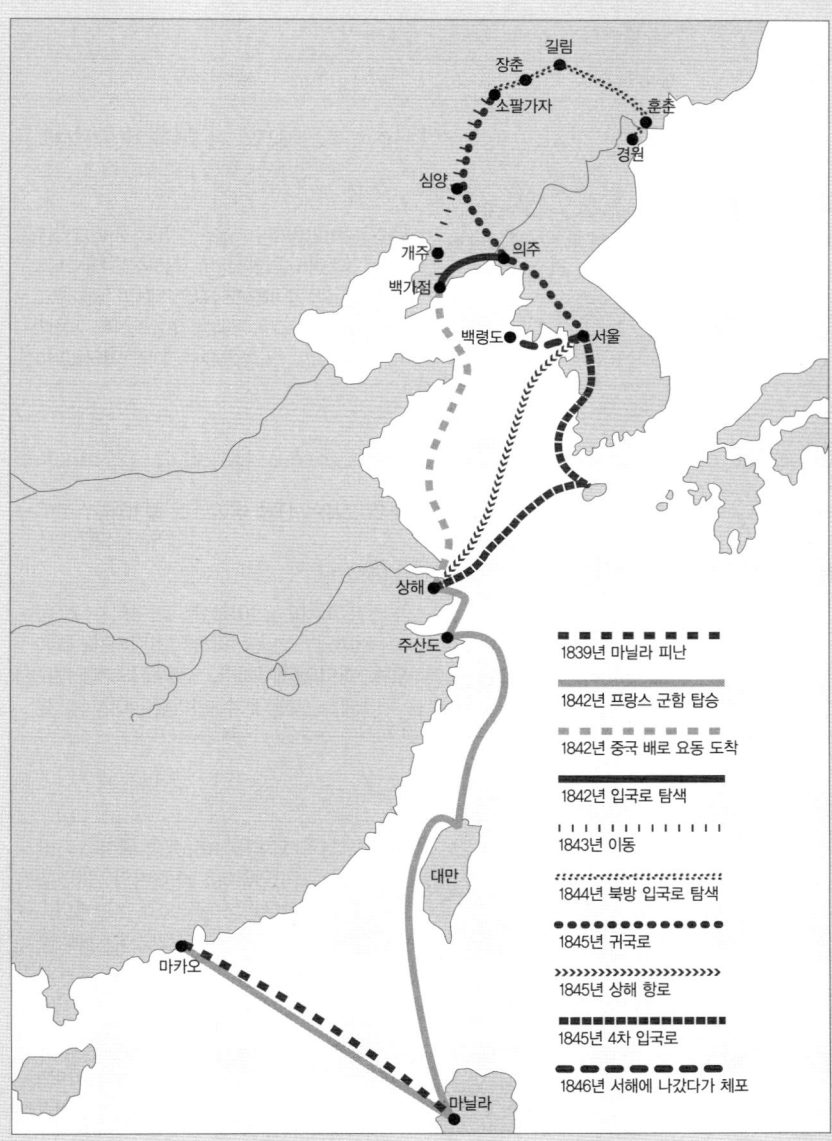

김대건 신부의 국외에서의 행적을 표시한 지도. 김대건 신부는 1836년 신학생이 되기 위해 마카오 유학 길에 올라 9년 만인 1845년 10월 12일에 한국인 첫 사제로 강경포구 인근에 도착하였다(참조 : 성 김대건 신부 순교 150주년 기념 전기 자료집 제1집 《성 김대건 안드레아 신부의 서한》).

제5장 조선인 사제의 등장

2) 의주 변문을 통한 입국 시도

메스트르 신부와 김대건은 백가점에서 머무는 동안 만주 대목구장 베롤 (E.J.F. Verrolles, 1805~1878) 주교가 변문에 파견한 연락원을 통해 알아낸 조선교회의 소식을 전해 들었다. 그것은 기해박해가 일어나 선교사들과 신자들이 순교하였다는 소식이었다. 이처럼 상황이 좋지 않았음에도 메스트르 신부와 김대건은 1842년 12월 20일에 조선 입국을 시도하고자 하였다. 그러나 연락원들이 무모하고 위험한 일이라면서 반대하였고, 베롤 주교도 그러한 계획이 충분히 숙고되지 않은 것이라 생각하여 승인하지 않음에 따라 실행하지 못하였다. 메스트르 신부는 계획을 수정하여 일단 김대건을 변문으로 보내 조선의 상황을 정탐하고 입국 가능성을 타진하도록 하였다.

김대건은 1842년 12월 23일, 밀사 2명과 함께 출발하여 나흘 후에 변문에 도착하였다. 그는 변문 인근에서 조선에서 청나라로 가는 사신 일행을 만났는데, 그 가운데 김 프란치스코라는 밀사가 있었다. 김대건은 김 프란치스코로부터 기해박해와 관련된 자세한 소식을 전해 들었다. 3명의 프랑스 선교사들이 모두 붙잡혀 순교하였고, 지도급 신자들을 포함하여 200여 명의 신자들이 붙잡혀 처형되었으며, 부친 김제준과 최양업의 부모가 순교하였고, 모친 고 우르술라가 의탁할 곳이 없어 비참한 몸으로 신자들의 집을 전전하고 있다는 소식이었다. 아울러 1839년에는 박해로 인해 감히 북경으로 밀사를 보내지 못하였고, 이후에 밀사들을 보냈지만 도중에 객사하였거나 변문에서 중국인 안내자를 만나지 못해 그대로 되돌아갔다는 소식도 들었다. 김대건이 메스트르 신부의 입국 가능성에 대해서 묻자, 김 프란치스코는 비신자들의 의심을 받게 되고 박해의 위험이 있기 때문에 불가능하다고

의주 변문. 김대건은 1842년 12월 23일에 밀사 2명과 함께 출발하여 변문에 도착하였다. 그는 변문 인근에서 사신 일행을 만났는데, 그 가운데는 조선교회의 밀사 김 프란치스코가 있었다.

대답하면서 다른 신자들과 만반의 준비를 갖출 때까지 인내심을 가지고 기다리라고 충고하였다. 김대건은 김 프란치스코로부터 앵베르 주교가 투옥되기 전까지 쓴 보고서와 모방 신부의 보고서, 모방과 샤스탕 신부의 편지를 건네받은 후, 그와 헤어졌다.

김대건은 변문으로 돌아와 하루를 지낸 후, 이튿날 홀로 조선에 입국하는 모험을 감행하였다. 그는 선교사들이 1년 후에나 조선에 입국할 수 있을 것이라고 생각하고, 그에 앞서 2월쯤 먼저 메스트르 신부를 조선으로 인도할 준비를 하기 위해 입국을 시도하였던 것이다. 그는 기지를 발휘하여 의주 변문을 통과하였으나 안내자가 없이는 무사히 서울까지 갈 수 없다는 사실을 절실히 깨달은

> **앵베르 주교의 보고서**
> 앵베르 주교의 보고서는 〈1839년 조선 서울에서 일어난 박해에 관한 보고〉(Relation de la Persécution de Sehoul en Corée en 1839)를 말한다. 앵베르 주교는 여기에 1838년 12월 31일부터 자신이 체포되기 4일 전인 1839년 8월 7일까지의 사실을 기록하였다.

김대건은 1843년 페레올 주교가 머물고 있던 만주의 소팔가자(사진) 교우촌으로 가서 최양업과 함께 신학 공부를 계속하였다. 그러면서도 선교사들을 조선에 입국시키기 위한 길을 찾기 위해 백방으로 노력하였다.

후 발길을 돌려 1843년 1월 6일 백가점으로 귀환하였다. 김대건은 그해 음력 3월과 9월경에 메스트르 신부의 지시에 따라 변문으로 가서 재차 김 프란치스코를 만나 조선에서 보내온 소식을 받았다.

3) 조선 동북방을 통한 입국 시도

변문을 통한 입국이 어렵다는 사실을 확인한 메스트르 신부와 김대건은 그 대안으로 경원(慶源)을 통한 동북방 입국로에 주목하였다. 당시 경원에서 조선과 청(淸)의 무역이 2년마다 열렸기 때문에 그 기회를 이용하여 조선에 입국하려 한 것이었다. 이러한 동북방 입국로에 대해서는 이전부터 선교사들이 관심을 가지고 있었다. 페레올 신부가 르그레즈와 신부에게 보낸 1840년 8월 1일자 서한에서, 앵베르 주교의 1838년 12월 3일자 서한을 보면 조선의 북쪽으로 가서 변문을 통하는 것보다 더 쉽고, 덜 위험한 연락망에 대해 조사할 것을 지시하는 내용이 있었다고 한 것이 대표적인 예이다. 이후에도 선교사들은 동북방 입국로에 대한 관심을 보이지만, 선뜻 그 입국로에 대한 본격적인 조사를 하지 못하였다.

동북방 입국로에 대한 조사는 1843년 5월(음) 조선 신자들에 의해 이루어졌다. 그들은 동북방 입국로가 가기에는 상당히 쉽지만, 국경에서 신자들이 있는 곳까지가 2,000리 길이기 때문에 너무 멀고 고통스럽다는 사실을 확인하였다. 메스트르 신부는 1843년 9월(음) 신자들의 편지를 통해 이 사실을 알게 되었다. 그럼에도 조선 신자들은 그해 겨울에 페레올 주교나 다른 선교사를 맞이하기 위해 동북방 국경 지역으로 사람을 보냈고, 안내자들은 20일을 여행하여 국경에 도착한 후 한 달 동안 기다렸다. 메스트르 신부는 조선으로 입국할 수 있을 것이라는 희망을 가졌으나, 페레올 주교의 반대로 결국 입국할 수 없었다. 페레올 주교가 반대한 이유는 동북방을 통해 선교사를 입국시킬 수 있으나 한두 번에 그칠 것이라는 점, 중국 쪽에서 동북방 국경까지 가려면 맹수밖에 없는 황야를 지나야 하고 밤에는 천막에서 지내야 하며 살림살이를 가지고 다녀야 하는 점 등 때문이었다. 그는 동북방 입국로를 활용하기 위해서는 먼저 선교사가 무사히 동북방 국경까지 갈 수 있는지 중국 쪽 상황을 알아볼 필요가 있다고 보았다. 이에 페레올 주교는 김대건을 파견하여 동북방 입국로의 중국 쪽 상황을 알아보도록 하였다. 당시 김대건은 1843년 12월 31일 양관에서 거행된 페레올의 주교 서품식에 참석한 후, 소팔가자(小八家子) 교우촌에 머물고 있었다.

그는 페레올 주교의 명을 받아 1844년 2월 5일 중국인 신자 1명과 함께 동북방 입국로를 탐색하기 위해 훈춘(琿春)으로 떠났다. 그는 하느님의 섭리를 굳게 믿으면서 한 달 동안 장춘(長春)·길림(吉林)·영고탑(寧古塔) 등을 거쳐 3월 초에 훈춘의 홍시개(Hong-si-kai) 촌락에 무사히 도착하였다. 그는 3월 9일(음력 1월 21일)에 교역이 개시되자, 중국인들 틈에 끼어 경원으로 들어가 한씨 성을 가진 사람을 비롯한 4명의 조선 신자들을 만났다. 신자들은 기해박해 이후 조선교회는 비교적 평온하다고 하였고, 선교사의 영입을 위해 최선을 다할 것이라고 하였다. 그리고 동북방으로 선교사를 영입하는 것은 국경을 넘어가는 어려움 이외에 함경도를 통과하여 먼 거리를 가야 하는 어려움도 있음을 알려 주었다. 동북방 입국로의 개척이 여의치 않음을 깨달은 김대건은 4월경에 무사히 소팔가자로 돌아왔다. 김대건은 소팔가자를 떠나 훈춘으로 가는 여정 동안 직접 관찰하고 다른 사람에게 물어 얻은 자료를 토대로 한문 서한 형식의 기행문을 작성하여 페레올 주교에게 보고하였다. 페레올 주교는 동북방 입국로를 이용하기 위해서는 맹수와 도둑들이 가득 찬 500리의 숲을 지나야 하고, 국경을 넘어가야 하기 때문에 많은 위험을 감수해야 한다고 여겼고, 이를 이용하여 조선에 입국하려는 계획을 단념하였다.

4. 해로를 통한 선교사 영입과 사제 수품

1) 선교사 영입을 위한 노력

김대건은 훈춘 여행에서 돌아온 후 최양업과 함께 신학 공부를 계속하여 1844년 부제품을 받았다. 그 후 얼마 되지 않아 김대건은 페레올 주교와 함께 조선 입국을 시도하였다. 페레올 주교는 이미 변문과 조선의 동북방 지역을 통한 입국로 개척의 경험을 가지고 있는 김대건과 함께 조선에 입국하고자 했다. 준비를 갖춘 페레올 주교와 김대건은 1845년 1월 1일 변문으로 가서 약속한 장소에서 조선의 밀사들을 만났다. 그러나 밀사들은 페레올 주교가 입국하는 데에 여러 가지 난관이 많다는 점을 알려 주었다. 이에 페레올 주교는 김대건을 먼저 조선에 파견하여 조선의 정세를 살피고, 자신의 입국을 주선하도록 하였다.

페레올 주교의 명에 따라 김대건은 밀사의 도움을 받으면서 1월 15일 서울에 도착하였다. 그는 박해의 위험을 막기 위해 자신이 돌아왔다는 사실을 신자 몇 명 이외에는 자신의 어머니를 포함하여 아무에게도 알리지 못하게 한 채 선교사들을 영입할 준비를 서둘렀다. 그러나 입국하는 과정이 고되었던 까닭에 몸이 심하게 아파 의원의 치료를 받으면서 보름 넘게 앓아누워 지내야 하였다. 병은 나았으나 몸이 허약하여 글씨를 쓸 수도 없었고, 다른 일도 원하는 대로 할 수 없었지만, 페레올 주교와 선교사들을 영입할 준비를 차질 없이 진행하였다. 그는 서울 석정동(石井洞, 돌우물골)에 선교사들이 거주할 집을 마련하였고, 상해에 있는 자신을 맞이하러 오라는 페레올 주교의 지시에 따라 배 한 척도 구입하였다.

이와 함께 김대건은 선교사들이 해로로 입국할 때 유용하게 활용할 수 있도록 1845년 〈조선전도〉(朝鮮全圖)를 작성하였다. 이 지도에는 선교사들이 알아 두어야 할 관부(官府)의 위치와 선교사들의 입국 통로, 즉 만주의 봉황성에서 의주 변문까지의 도로와 한강 하류를 포함한 서해안 일대의 해로 등이 자세히 표시되어 있다. 김대건은 이 지도를 여덟 폭의 병풍과 신부들의 유해, 누런 주머니 3개 등과 함께 리브와 신부에게 보냈다.

그는 선교사를 영입하기 위한 준비 이외에 14세가 된 학생 두 명을 가르쳤고, 최영수·현석문·이재의(李在誼, 토마스, 1785~1868) 등이 수집한 자료를 바탕으로 순교자들에 관한 자료를 정리하여 보고서를 작성하였다. 이 보고서는 '조선교회 창립에 관한 개요', '1839년 기해박해의 진상', '1839년에 순교한 몇몇 주요한 순교자들의 행적'으로 구성되어 있으며, 순교자들의 행적에는 앵베르 주교 이하 34명의 순교자들에 대한 약전과 함께 형벌에 대한 설명 및 삽화도 수록되어 있다.

선교사를 영입하기 위한 만반의 준비를 갖춘 김대건은 1845년 4월 30일(음력 3월 24일) 현석문·이재의·최형·임치화(任致化)·노원익(盧元益)·임성실(林聖實)·김인원(金仁元) 등 11명과 함께 마포에서 상해를 향해 출발하였다. 김대건과 동행한 이들 가운데 4명만이 사공이었고, 그 외는 바다를 구경조차 못한 사람들이었다. 가는 도중 김대건 일행은 폭풍우를 만나 배가 거의 침몰할 위기를 맞았고, 굶어 극도로 탈진한 상태에 이르는 등 온갖 어려움을 겪었다. 하지만 그들은 다행히 중국 강남성 해안에 도달하였고, 5월 28일 오송구를 거쳐 6월 4일 상해에 도착하였다. 오송구와 상해에서 중국 관리들이 그들을 조사하려 하였으나, 김대건이 영국 주둔군의 장교들을 방문해 도움을 요청하며 그들과 친밀함을 과시하였고, 또한 페레올 주교의 부탁

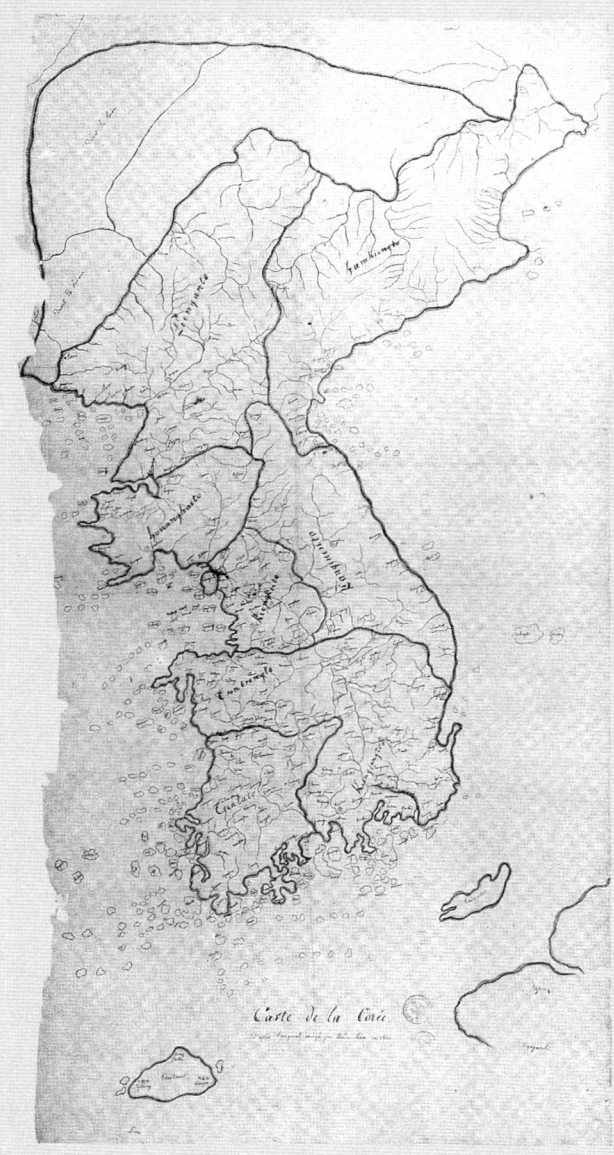

김대건이 1845년에 작성한 〈조선전도〉. 선교사들의 입국 시 활용할 수 있도록 관부의 위치 및 만주 봉황성에서 의주 변문까지의 도로와 한강 하류를 포함한 서해안 일대의 해로 등이 자세히 표시되어 있다.

을 받은 영국 영사가 도와준 결과 조사를 면하게 되었다. 상해에 도착하자, 강남 대목구 소속 예수회 선교사인 고틀랑(C. Gotteland, 1803~1856) 신부가 김대건 일행을 찾아와 고해성사를 주고, 미사도 봉헌하였다.

2) 사제 수품

> **김가항 성당**
> 명(明) 숭정제(崇禎帝, 1628~1644) 연간에 김씨 성을 가진 신자들이 처음 세웠다. 1840년대 초에는 남경 교구의 주교좌 성당으로서 강남 지역의 복음화에 중요한 구실을 담당하기도 하였다. 2001년 3월 30일 상해시의 도시 개발 계획에 따라 철거되었으나 상해 교구와 한국 신자들의 도움으로 새 성당이 세워졌다. 2004년에는 성당에 '성 김대건 신부 기념 경당'이 건립되었다.

김대건이 온갖 위험을 무릅쓰고 선교사를 영입하기 위해 배를 타고 상해로 왔다는 소식은 선교사들에게 놀라움과 기쁨을 주었다. 페레올 주교는 소식을 듣고 크게 감동하여 김대건 일행에게 가서 주교 강복을 주었고, 김대건에게 사제품을 주기로 결심하였다. 그리하여 김대건은 마침내 1845년 8월 17일 상해 푸동 지역에 있는 김가항(金家巷) 성당에서 신부들과 조선 신자들이 지켜보는 가운데 페레올 주교로부터 사제 서품을 받았다.

우리는 며칠 후 큰 위안을 가졌습니다. 주교(페레올 주교)는 안드레아에게 사제품을 주어야 한다고 생각하였습니다. 예식은 상해에서 20~30리 떨어진 교우촌 김가항 성당에서 거행되었습니다. 4명의 서양 신부, 1명의 중국인 신부가 참석하였고, 또 거기에 신자들이 무리를 지어 참석하였습니다. 우리는 이를 가능한 한 성대함을 보였습니다. 그러나 조선인 첫 사제를 볼 때 우리의 기쁨이 어떠하였는지 당신(바랑 신부)께 표현할 수가 없습니다(〈다블뤼

김대건은 1845년 8월 17일 상해 푸동 지역에 있는 김가항 성당(사진 1)에서 4명의 서양인 신부와 1명의 중국인 신부가 참석하고 한 무리의 조선 신자들이 지켜보는 가운데 페레올 주교(사진 2)로부터 사제 서품을 받았다. 그리고 7일 뒤인 8월 24일에는 상해에서 30리 정도 떨어진 횡당 신학교 성당(사진 3, 4)에서 첫 미사를 봉헌하였다.

제5장 조선인 사제의 등장

신부가 바랑 신부에게 보낸 1845년 8월 28일자 서한〉).

이와 같이 김대건 신부가 조선인으로서는 처음으로 사제품을 받게 된 것은 하느님의 섭리에 의탁하여 온갖 어려움을 무릅쓰고 조선교회와의 연락망을 복원하였을 뿐만 아니라 선교사들의 입국로를 개척함으로써 조선교회에 큰 봉사를 하였음을 인정받았기 때문이다.

사제 서품을 받은 후, 김대건 신부는 8월 24일 다블뤼(M.N.A. Daveluy, 安敦伊, 1818~1866) 신부를 복사로 횡당(橫堂) 신학교에서 첫 미사를 봉헌하였다. 김대건 신부 일행은 조선으로의 귀환을 위해 타고 온 배를 수리한 다음, 배의 이름을 여행자의 수호성인인 라파엘 대천사의 이름을 따서 '라파엘(Raphael) 호'라고 불렀다. 8월 31일 페레올 주교와 다블뤼 신부, 김대건 신부 등은 라파엘 호를 타고 출항하였으나 비가 자주 오고 맞바람이 세찬 까닭에 양자강 하구에 있는 숭명도(崇明島)에 정박하여 순풍을 기다린 후 9월 8일 조선으로의 항해를 다시 시작하였다. 조선으로 향하는 도중에도 폭풍우를 만나 키가 부러지고 돛이 찢어지는 등 어려움을 겪었고, 강한 역풍을 만나 9월 28일 제주도에 표착하였다. 그들은 그곳에서 잠시 머문 후 출발하여 10월 12일 충청도 강경포구에서 약간 떨어진 외딴 곳에 무사히 도착하였다. 이로써 김대건 신부는 서해 해로를 통해 페레올 주교와 다블뤼 신부를 조선에 맞아들이는 데에 성공하였다.

5. 병오박해와 순교

김대건 신부는 서울에 도착한 후, 서울과 용인 일대에서 사목 활동을 하였

십자가를 높이 들고 바다를 바라보며 서 있는 김대건 신부 동상(백령도 부근 소청도). 김대건 신부는 1846년 부활 대축일 미사를 마치고 선교사 입국로를 개척하기 위해 마포에서 배를 타고 백령도로 향했다.

다. 첫 사목 활동은 석정동을 중심으로 서울에서 이루어졌는데, 이때 복사인 이의창(李宜昌, 베난시오)의 도움을 받았다. 그의 주선으로 여러 신자들을 만났고, 미나리골 김 회장의 집, 무쇠막(즉 서강의 수철막) 심사민(沈士民)의 집, 서빙고, 쪽우물골(남대문로 남정동) 등지를 방문하여 신자들에게 성사를 주었다. 또한 용인의 은이·터골 등지도 방문하였다.

1846년의 부활 대축일 미사를 은이 공소에서 봉헌하고 서울로 올라온 김대건 신부에게 서해를 통한 선교사 입국로를 개척하라는 페레올 주교의 지시가 내려졌다. 이에 5월 13일(음력 4월 18일) 김대건 신부는 복사 이의창과 사공 및 일꾼 노언익·엄수(嚴秀)·김성서(金性西, 요아킴)·안순명(安順命)·박성철(朴性哲, 베드로) 등과 함께 임성룡(林成龍, 베드로)의 배를 타고 마포를 출발하여 백령도로 향하였다. 그는 배를 타고 한강을 따라 내려가면

제5장 조선인 사제의 등장 129

서 연안의 지도를 작성하였으나 강화도(江華島) 앞바다에 이르러 회오리바람 때문에 잃어버렸다. 하지만 그는 다시 강화도에서부터 지나는 곳마다 지도를 그리기 시작하였다.

김대건 신부는 연평도(延坪島)·순위도(巡威島) 등을 거친 후, 백령도 근처에서 닻을 내렸다. 그는 중국 어선들이 해마다 음력 3월 초에 고기잡이를 위해 이곳으로 모였다가 5월 말경에 돌아간다는 것을 알게 되었다. 그는 이 중국 어선들의 중개를 이용한다면 선교사들을 입국시키고 편지를 전달하는 것이 매우 유리할 것이라고 생각하였다. 이러한 판단하에 김대건 신부는 밤중에 중국 배를 찾아가 배의 주인과 이야기를 나누고 그에게 페레올 주교의 편지와 자신이 베르뇌·메스트르·리브와 신부에게 보내는 편지 및 중국 신자 두 사람에게 보내는 편지를 전해 달라고 부탁하였다. 아울러 황해 해안의 섬들과 바위와 그 밖에 주의해야 할 것들에 대한 설명과 함께 조선지도 두 장을 첨부해 보냈다. 이 당시 김대건 신부가 중국 배를 통해 전하려 했던 편지의 구체적인 내역은 이후 임성룡의 문초 기록 등을 통해서 자세하게 알 수 있다. 그에 따르면, 김대건 신부는 5월 28일(음력 5월 4일) 옹진(甕津) 마합포(馬蛤浦)에서, 다음 날인 29일에는 장연(長淵) 목동(牧洞)에서 중국 배에 편지를 전하였다고 한다. 이러한 진술에 따라 관원들이 중국 배에서 편지를 압수하였는데, 옹진 마합포에서 전달했던 편지는 상해로 보내는 것으로, 지도 1장과 라틴어 편지 6장이었다. 그리고 장연에서 전달했던 편지는 상해와 백가점으로 보내는 것으로 모두 3통이었다. 상해로 보내는 1통에는 지도 1장, 한문 편지 2장, 라틴어 편지 2장이 들어 있었고, 백가점으로 보내는 편지는 2통이었는데, 하나는 지도 1장, 한문 편지 1장, 라틴어 편지 1장이 들어 있었으며, 다른 하나는 한문 편지 2장이 들어 있었다.

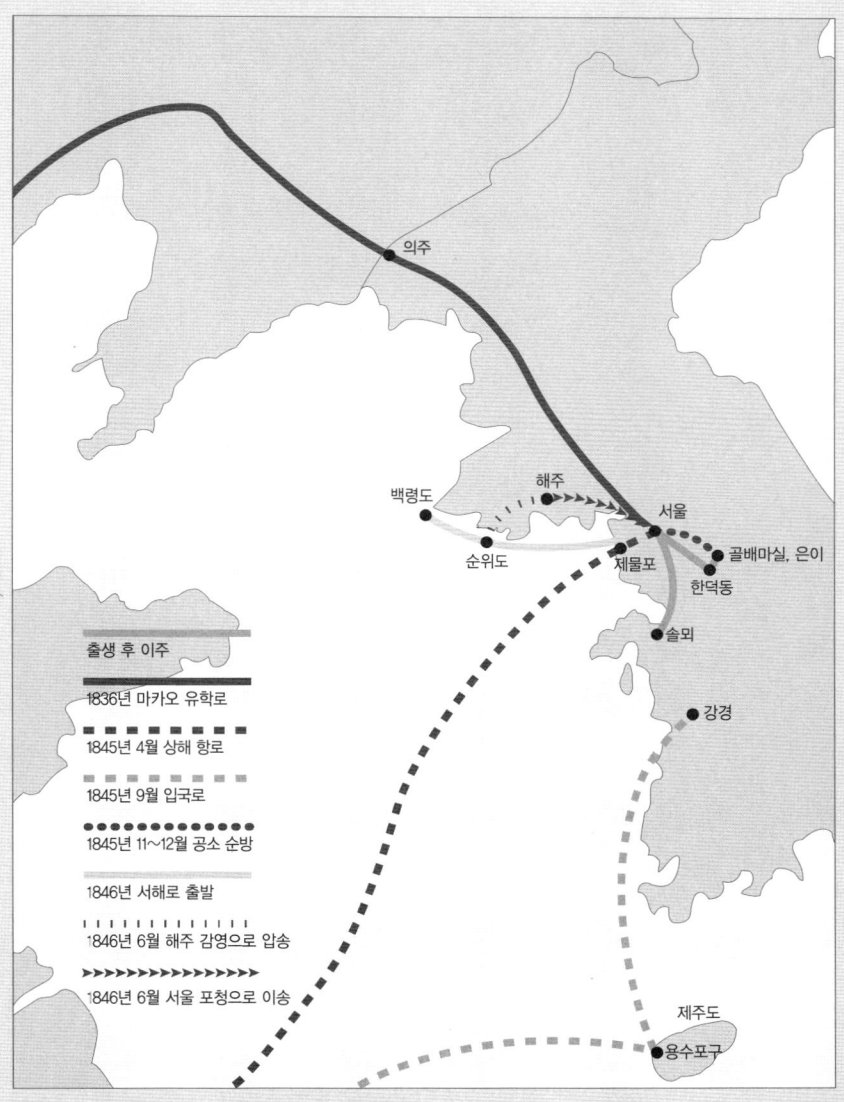

김대건 신부의 국내 활동도에서 볼 수 있듯이 김대건 신부는 조선에 입국하여 서울과 용인 일대에서 사목 활동을 하였다. 첫 사목 활동은 서울 석정동을 중심으로 이루어졌는데 바쁜 와중에서도 그는 선교사 입국로를 개척하기 위한 노력을 게을리하지 않았다(참조 : 성 김대건 신부 순교 150주년 기념 전기 자료집 제1집 《성 김대건 안드레아 신부의 서한》).

제5장 조선인 사제의 등장   131

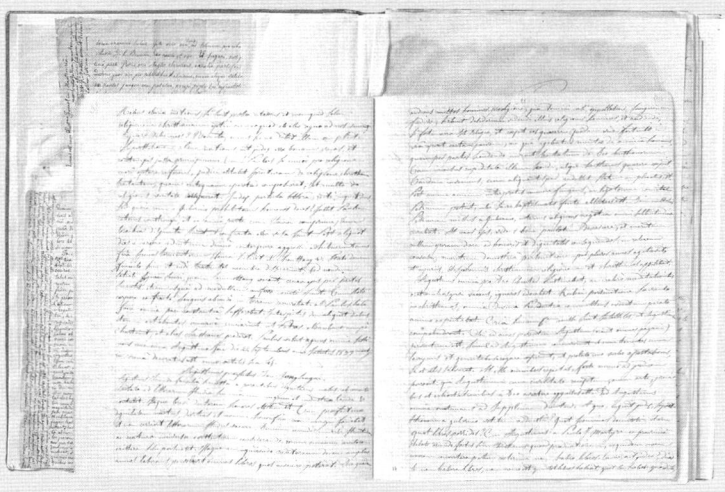

 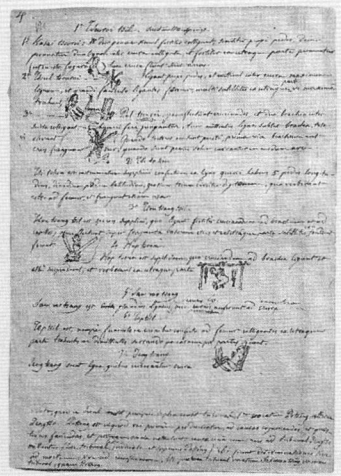

 김대건 신부가 남긴 서한과 작문 및 보고서는 모두 21통 3건이다. 이 중 두 번째 서한과 열다섯 번째 서한은 현재 유실되어 전하지 않는다. 따라서 내용을 알 수 있는 것은 19통 3건이다. 김 신부는 대부분의 서한을 라틴어로 작성하였지만 아홉 번째 서한은 한문으로, 마지막 스물한 번째 서한은 한글로 작성하였다. 이 스물한 번째 서한이 일명 〈조선 신자들에게 보내는 마지막 회유문〉이다. 김대건 신부로부터 서한이나 보고서를 받은 사람은 모두 7명으로, 페레올 주교와 리브와 · 르그레즈와 · 고틀랑 · 베르뇌 · 메스트르 신부, 그리고 조선의 모든 교우들이다.

중국 배와 접촉하여 편지와 지도 등을 전한 김대건 신부는 순위도 등산진(登山鎭)으로 귀환하였다. 그런데 6월 5일(음력 5월 12일) 그곳 진장(鎭將)이 부하들을 거느리고 김대건 신부가 타던 배로 와서 중국 배들을 물리치기 위해 배를 징발하겠다고 하자, 김대건 신부가 반대하였다. 이 문제로 시비가 발생하였고, 김대건 신부를 수상히 여긴 등산첨사(登山僉使)가 김대건 신부와 임성룡·엄수를 잡아 가두었다. 김대건 신부와 동행한 이들 가운데서 이의창과 노언익은 시비가 발생하기 전에 등산진을 떠나 상경하였고, 김성서·안순명·박성철은 김대건 신부 등이 체포되는 것을 보고 피신하였다. 관원들은 김대건 신부의 소지품에서 한글로 된 작은 천주교 서적 1권, 성모와 아기 예수상이 그려진 비단 조각과 예수성심상이 그려진 비단 조각이 들어 있는 붉은 비단 주머니 1개, 남색 명주 한 조각과 반이 삭았으나 길지 않았던 흔적이 있는 두발 등을 발견하고 그가 천주교를 믿는다는 사실을 확인하였다. 그리고 소지품 중에 중국 물건이 있었기 때문에 그를 중국인으로 오해하였다. 등산첨사는 이와 같이 조사한 내용을 황해감사(黃海監司)에게 알렸고, 이에 6월 10일경 김대건 신부 일행은 해주 감영(海州監營)으로 압송되어 신문을 받았다.

김대건 신부의 체포는 조정에서 큰 문제가 되었다. 조정은 외국인이 국경을 넘어 와서 변방의 진영에서 체포되었다는 점과 천주교를 믿는다는 점에 대해 민감하게 반응하였다. 그리고 그가 입국하여 활동하는 데에 도움을 준 사람이 있을 것이라고 확신하였다. 이에 김대건 신부가 중국 배에 전한 편지와 지도를 색출해 올리도록 황해감사에게 지시하고, 임성룡과 엄수의 문초에서 거론된 사람들을 체포하도록 하였다. 그 결과 임성룡의 부친 임치백(林致百, 일명 君執, 요셉, 1803~1846)과 김성서의 부친 김중수(金重秀)가 추

김대건 신부가 압송되어 신문을 받았던 해주 감영 옥터. 김대건 신부의 체포는 조정에서 큰 문제가 되었다. 애초에 김대건 신부를 중국인으로 오해한 탓에 외국인이 국경을 넘어와 변방의 진영에서 체포되었다는 점과 천주교를 믿는다는 점에 대해 민감하게 반응하였던 것이다.

가로 체포되었다.

이에 조정에서 엄하게 조사하도록 지시함에 따라 6월 21일(음력 5월 28일) 김대건 신부 일행은 포도청으로 압송되었고, 김대건 신부는 6월 23일부터 7월 19일(음력 윤5월 26일)까지 문초를 받았다. 김대건 신부는 처음 문초에서는 중국 광동 출신인 우대건(于大建)이라고 하다가 여섯 번째 문초 때 외국인이 아니라 용인 태생 김대건이며, 신학 공부를 위해 동료들과 함께 마카오에 유학한 사실을 실토하였다. 하지만 김대건 신부는 혹독한 고문에도 '하느님을 위해서 죽겠다'라고 하면서 신자들과 조선교회를 위태롭게 할 수 있는 답변을 하지 않았다. 그리고 함께 옥에 갇혀 있는 사람들에게 용기를 북돋아 주었으며, 임치백에게 세례를 주었다. 7월 30일(음력 6월 8일)에는 페레올 주교와 스승 신부들에게, 8월 26일에는 페레올 주교에게 보내는 편지를 썼다. 작성 시기를 정확히 알 수 없지만 조선 신자들에게 보내는 회유문(廻諭文)도 남겼다. 또한 대신들의 지시에 따라 영국의 세계지도 1장을 번역하여 채색된 2장의 사본을 만들었고, 작은 지리개설서를 편찬하기도 하였다.

한편 김대건 신부의 체포를 계기로 다시 천주교 신자들에 대한 박해가 시작되었으니, 이것이 바로 병오박해(丙午迫害)이다. 임성룡과 엄수의 진술로 김대건 신부의 석정동 집이 알려졌고, 남경문(南景文, 베드로, 1796~1846)·현석문·이재의·김순여(金順汝)·구순오(具順五) 등이 고발되었다. 조정에서는 주요 신자들을 체포하기 위해 이천·양지·은이, 그리고 충청도와 전라도에까지 포졸들을 보냈다. 신자들 가운데 남경문이 먼저 체포되었고, 7월(음)에는 한이형(韓履亨, 라우렌시오, 1799~1846)이 은이 마을에 들이닥친 포졸들에게 붙잡혀 서울로 압송되었다.

현석문은 김대건 신부가 체포되었다는 소식을 듣고 석정동의 김대건 신부 거처를 다른 사람에게 맡긴 뒤 그곳에 있던 여성 신자들을 장동(壯洞, 지금의 종로구 효자동·창성동·통의동에 걸쳐 있는 지역)에 있는 이간난(李干蘭, 아가타, 1814~1846)의 집으로 피신시켰다. 그는 사포서동(司圃署洞, 지금의 종로구 통인동)에 새 집을 장만한 후, 이간난의 집에 있었던 여성 신자들을 그곳으로 옮기도록 했다. 그러나 7월 15일(음력 윤5월 22일) 포졸들은 이간난의 집을 찾아내 우술임(禹述任, 수산나, 1803~1846)을 체포하였고, 그녀를 앞세워 사포서동으로 가서 현석문, 이간난, 김임이(金任伊, 데레사, 1811~1846), 정철염(鄭鐵艶, 가타리나, 1814~1846) 등을 붙잡아 포도청으로 압송하였다. 이때 체포된 신자들 대부분은 김대건 신부와 관련된 인물들이었다.

김대건 신부와 신자들이 옥에 갇혀 있는 동안인 8월 9일(음력 6월 18일)

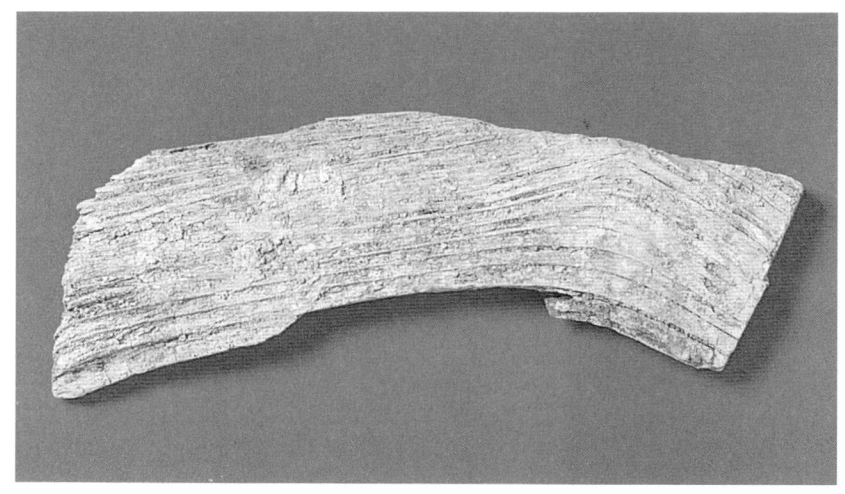

김대건 신부의 무덤 안에서 발견된 횡대의 한 부분. 횡대는 관을 묻은 뒤에 구덩이 위에 덮는 널조각으로 기해·병오박해 순교자들에 대한 시복 조사가 이루어지던 1886년, 교구 시복 재판 판사인 프와넬 신부가 미리내에 있던 봉분 중앙을 열었을 때 확인되었다.

중국에 있던 세실 함장이 이끄는 클레오파트르(Cléopâtre) 호·빅토리외즈(Victorieuse) 호·사빈느(Sabine) 호 등 군함 3척이 충청도의 외연도(外煙島)에 나타나 기해박해 때 3명의 프랑스 선교사들이 살해된 것에 대해 조선 정부에 항의하는 서한을 전하고 떠났다. 조정에서는 이 문제를 논의하였는데, 영의정 권돈인(權敦仁, 1783~1859)을 비롯한 대신들은 천주교 신자들이 프랑스 군함을 불러들였다고 하면서 김대건 신부와 신자들을 역적으로 다스려야 한다고 주장하였다. 헌종이 이를 받아들여 김대건 신부를 효수경중(梟首警衆)하도록 하였다. 이러한 결정에 따라 김대건 신부는 9월 16일(음력 7월 26일) 새남터로 끌려가 군문효수형으로 순교하였는데, 그의

효수경중
죄인의 목을 베어 높은 곳에 매달아 놓아 뭇사람을 경계하던 일.

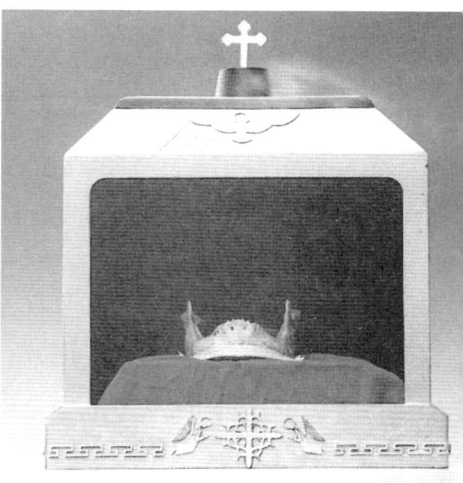

미리내 성지에 있는 김대건 신부 기념 경당(왼쪽)과 신부의 아래턱 뼈. 미리내에 있던 김 신부의 유해는 1901년 5월 23일 용산 예수성심신학교로 옮겨 안치되었다. 신부의 유해는 이후에도 수차례 옮겨졌고 1960년 7월 5일 혜화동 대신학교로 옮겨지면서 유해 일부가 절두산 순교성지 등에 분리·안치되었다.

나이 만 25세였다. 그의 뒤를 이어 9월 19일 현석문이 새남터에서 군문효수형을 받았고, 9월 20일에는 임치백·남경문·한이형·이간난·우술임·김임이·정철염 등도 순교하였다. 이로써 김대건 신부의 체포로부터 시작된 병오박해가 끝을 맺었다.

  순교 후 김대건 신부의 시신은 여러 신자들에 의해 와서(瓦署, 지금의 서울시 용산구 용산동 4~6가)에 묻혔다가 서 야고보·박 바오로(박순집의 부친)·한경선·나창문·신치관·이 사도 요한·이민식(李敏植, 빈첸시오) 등에 의해 미리내로 이장되었다. 그 후 기해·병오박해 순교자들에 대한 시복조사가 이루어지던 1886년, 교구 재판 판사인 프와넬(V. L. Poisnel, 朴道行, 1855~1925) 신부가 미리내에 있던 봉분 중앙을 헤치고 횡대(橫帶, 관을

〈표 1〉 병오박해 순교성인

성명	출생지	순교지	나이	주요 내용
김대건 안드레아	충청도 솔뫼	새남터	26세	조선인 최초의 사제
김임이 데레사	서울	포도청	36세	동정녀. 김대건 신부의 처소를 돌봄
남경문 베드로	서울	포도청	51세	회장으로 활동
우술임 수산나	경기도 양주	포도청	44세	이간난과 함께 신앙생활
이간난 아가다	서울	포도청	33세	유 파치피코 신부에게서 세례를 받았고 김대건 신부의 처소를 돌봄
임치백 요셉	서울	포도청	43세	임성룡의 부친. 옥중에서 김대건 신부로부터 세례받음
정철염 가타리나	경기도 수원	포도청	30세	김대건 신부의 처소를 돌봄
한이형 라우렌시오	충청도 덕산	포도청	48세	앵베르 주교 입국 후 회장으로 활동
현석문 가롤로	서울	새남터	50세	신유박해 순교자인 현계흠의 아들. 샤스탕 신부의 복사. 《기해일기》 완성

병오박해는 김대건 신부의 체포를 계기로 시작되었다. 김대건 신부를 비롯한 병오박해 순교자 9명은 1925년 7월 5일 복자가 되었고, 마침내 1984년 5월 6일 한국에서 교황 요한 바오로 2세에 의해 성인품에 올랐다.

묻은 뒤에 구덩이 위에 덮는 널조각)를 확인하였다. 그리고 1901년 5월 21일에는 시복 재판 판사 프와넬 신부와 기록 서기인 드망즈(F. Demange, 安世華, 1875~1938) 신부, 안성 본당의 공베르 (A. Gombert, 孔安國, 1875~1950)신부, 미리내 본당의 강도영(姜道永, 마르코, 1863~1929) 신부, 신자 30여 명이 참관한 가운데 김대건 신부의 유해를 발굴하였다. 그런 다음 횡대는 무덤 안에 다시 넣고 원상대로 봉분을 쌓았고, 발굴된 유해는 강도영 신부의 사제관에 안치하였다가 5월 23일 용산 예수성심신학교로 옮겨 안치하였다. 이후 유해는 1950년 9월 28일 경상남도 밀양 성당으로 옮겨졌다가 1951년에 다시 혜화동 소신학교로, 1960년 7월 5일 혜화동 대신학교로 옮겨졌다. 이때 유해 일부가 미리내, 절두산 순교성지 등에 분리·안치되었고, 이후에는 각 본당 및 단체에도 분배되었다. 김대건 신부를 비롯한 병오박해 순교자 9명은 1925년 7월 5일 복자가 되었고, 1984년 5월 6일 교황 요한 바오로 2세에 의해 성인품에 올랐다.

6. 김대건 신부의 영성

김대건 신부는 오늘날 한국 천주교회의 성직자와 신자들 사이에서 특별한 사랑과 존경을 받고 있다. 그 이유는 그가 첫 번째 한국인 사제라는 점 때문이기도 하겠지만, 그보다는 사제로서의 사명에 충실하였고, 혹독한 고초를 겪으면서도 굳은 믿음과 성덕의 모범을 보였다는 점 때문일 것이다.

김대건 신부는 인간 삶의 의미와 목적이 근본적으로 하느님의 섭리 안에 있음을 알고, 이에 대한 깊은 믿음을 보였다. 그는 인간과 천지만물을 창조하신 분을 '임자'라고 표현하였다. 즉 그는 하느님을 인간과 천지만물을 창조하신 주인이자, 아버지로 이해하였다. 그렇기 때문에 하느님을 알지 못하다면 태어난 보람이 없다고 보았고, 그 자신 역시 하느님의 뜻에 순명하는 태도를 보였다. 김대건 신부는 이러한 믿음을 바탕으로 어려운 일이 있더라도 하느님께서 자신을 보호해 주시고, 안배(按排)해 주실 것을 믿었기 때문에 온갖 난관을 기꺼이 받아들였다.

> 세상 온갖 일이 막비주명(莫非主命)이요, 막비주상주벌(莫非主賞主罰)이라. 고로 이런 군란도 역시 천주의 허락하신 바니, 너희는 감수 인내하여 위주(爲主)하고 오직 주께 슬피 빌어 빨리 평안함을 주시기를 기다려라(〈마지막 회유문〉).

또한 김대건 신부의 서한에서는 돈독한 성모 신심을 찾아볼 수 있다. 그는 하느님의 자비와 복되신 동정 마리아의 보호하심을 의지하는 자는 아무도 버림을 받지 않는다고 확신하였다. 그래서 고난을 겪을 때마다 하느님께 기도하고 성모 신심에 의탁하면서 극복해 나갔다. 이러한 모습은 1845년 4월 페레올 주교를 조선에 입국시키기 위해 신자들과 함께 상해로 가는 과정에서 폭풍우를 만나 생사의 갈림길에 놓였을 때 여실히 드러난다.

> 김 안드레아는 프랑스에서 온 바다의 별을 상징하는 상본(바다의 별이신 성모 마리아 상본) 한 장을 바다의 위험에서 보호를 받기 위해 가지고 배에 탔습니다. … 선장이 된 부제(김대건)는 곧 하늘의 특별한 보호에 대한 영웅적인 신뢰가 필요하게 되었습니다. 무서운 폭풍우가 경험이 없는 우리 항해자들을 공격하고 그들 배의 돛과 키를 부수었습니다. 배는 파도치는 대로 거의

김대건 신부의 〈마지막 회유문〉. 김대건 신부가 조선 교우들에게 보낸 서한으로 신자들에 대한 목자로서의 애틋한 마음과 한몸같이 주님을 섬기다가 사후에 한가지로 영원히 천주대전에 만나기를 바란다는 당부가 들어 있다.

침몰하게 되었습니다. 바로 이날 더 잘 만들어진 배들도 많이 침몰되었습니다. 위험에 처하자 선원들은 공포에 사로잡혀 모두의 시선이 안드레아에게로 향하였습니다. 용감한 이 젊은이는 같이 겁을 내면 그들이 더욱 두려워할 것을 알고 확신적인 태도와 이러한 말로 모두를 안심시켰습니다. 성모님의 상본을 보이며 "여기에 우리를 보호하시는 분이 계십니다. 두려워하지 마시오. 우리는 상해에 도착할 것이고 우리 주교님을 뵙게 될 것입니다"(〈고틀랑 신부가 예수회 장상에게 보낸 1845년 7월 8일자 서한〉).

이처럼 김대건 신부는 성모 마리아께서 위험과 고통 중에 있는 이들을 특별히 돌보신다고 굳게 믿고 절망에 빠진 사람들을 격려하였다. 이와 같이 성모 신심은 김대건 신부가 역경 속에서도 자신의 사명을 다할 수 있도록 용기를 북돋아 주었다.

주지하듯이 김대건 신부는 사목 활동 기간이 약 6개월밖에 되지 않을 정

새남터에 있는 김대건 신부 순교 기념 성당. 김대건 신부를 역적으로 다스려야 한다는 조정 대신들의 뜻을 받아들인 헌종은 김대건 신부를 '효수경중' 하도록 하였다. 이러한 결정에 따라 김대건 신부는 9월 16일 (음력 7월 26일) 새남터로 끌려가 군문효수형으로 순교하였는데, 그의 나이 만 25세였다.

도로 짧았다. 그러나 그가 남긴 서한 곳곳에서 조선 백성에 대한 선교 의지와 열정을 확인할 수 있다. 1842년 12월에 김 프란치스코를 통해 기해박해와 관련된 소식을 듣고 조선의 신자들이 마치 목자 없는 양 떼처럼 탄식하고 방황하고 있음을 안타까워하였고, 날마다 조선에 입국할 날을 고대하였다. 1845년 1월 조선에 입국한 후에는 박해에도 불구하고 신자 수가 오히려 증가하였을 뿐만 아니라 천주교의 진리를 듣고자 하는 이들이 적지 않음을 확인하였다. 그리고 용감히 나서서 그들에게 선교만 하면 천주교를 믿을 사람은 무수히 많을 것이라고 하면서 적극적인 선교 활동이 필요하다고 보았다. 그는 이를 위해 하느님께서 조속히 조선에 목자들을 보내시어 흩어진 양들을 모으시고, 한 목자 아래 한 양 무리를 이루게 되기를 간절히 희망하였다. 김대건 신부는 감옥에 갇힌 후에도 함께 갇혀 있는 신자들에게 고해성사로 신앙을 북돋아 주었고, 임치백 등에게는 세례를 주었다. 그리고 온몸이 묶여 있는 괴로운 상황에서도 주위 사람들에게 천주교의 도리를 설명하였다. 이처럼 김대건 신부는 선교에 대한 의지와 열정을 가지고 사람들에게 하느님의 말씀을 전하기 위해 모든 노력을 기울였다.

  김대건 신부의 영성 중에서 가장 두드러진 것은 순교 영성이라 할 수 있다. 순교는 스승이며 주님이신 예수 그리스도를 본받고 따르는 것이다. 김대건 신부는 순교가 하느님 앞에 참으로 영광스럽고 가치 있는 일임을 굳게 믿었다. 그는 "우리 주 예수 세상에 내려, 친히 무수한 고난을 받으시고 괴로운 데로조차 성교회를 세우시고 고난 중에 자라게 하셨기 때문"이라고 하면서 박해의 고통을 통하여 예수 그리스도를 더욱 가까이 본받고자 하였다. 그렇기 때문에 그는 혹독한 문초를 당하면서도 오히려 하느님의 사랑을 위해 고문을 받게 된 것을 감사하게 생각하였다.

  (관장이) 저를 고문하게 하였습니다. 관장이 "배교를 하지 않으면 곤장으로 쳐죽이게 하겠소" 하고 다시 말하였습니다. "좋을 대로 하시오. 그러나 나는 절대로 내 하느님을 배신하지 않을 것입니다. 내 교의 진리를 듣고 싶으면 들어 보시오. 내가 공경하는 하느님은 천지 신인 만물의 조물주이시고 상선 벌악하시는 분이오. 그러므로 사람이라면 누구나 그에게 공경을 드려야 하오. 관장님, 하느님의 사랑을 위해 고문을 받게 해 준 데 대해 감사하오. 그리고 내 하느님께서 당신을 더 높은 벼슬에 오르게 하여 그 은혜를 갚아 주기를 기원하오"(라고 하였습니다)(〈김대건 신부가 페레올 주교에게 보낸

성 김대건 신부는 한국교회 최초의 한국인 사제로, 또한 '열렬한 신앙심과 솔직하고 진실한 신심'을 가진 사제로 신자들의 존경과 사랑을 받고 있다.

1846년 8월 26일자 서한〉).

김대건 신부는 배교를 강요하는 관장의 위협에 "임금 위에 하느님이 계신데 그분이 자신을 공경하도록 명하시므로 그분을 배반하는 것은 임금의 명령이 정당화시킬 수 없는 범죄요"라면서 거부하였고, 동시에 당당하게 천주교의 진리를 설파하였다. 그리고 그는 마지막 순간까지 그리스도의 거룩한 이름을 고백할 수 있는 힘을 주시기를 기원하였다. 이처럼 복음의 증거자로서의 그의 모습은 새남터에서 순교를 앞두고 남긴 마지막 말에서도 잘 드러난다.

> 김 안드레아는 크게 소리쳤다. "나는 이제 마지막 시간을 맞이하였으니 여러분은 내 말을 똑똑히 들으십시오. 내가 외국인들과 교섭을 한 것은 내 종교를 위해서였고, 내 하느님을 위해서였습니다. 나는 하느님을 위하여 죽는 것입니다. 영원한 생명이 내게 시작되려고 합니다. 여러분이 죽은 뒤에 행복하기를 원하면 천주교를 믿으십시오. 하느님께서는 당신을 무시한 자들에게는 영원한 벌을 주시는 까닭입니다"(샤를르 달레 ; 안응렬·최석우 역주, 《한국천주교회사》 하, 1996, 119쪽).

김대건 신부가 순교한 후 페레올 주교는 "그가 사제직을 몇 년 동안만 더 하였더라면 지극히 유능한 신부가 되었을 것"이라며 아쉬워하였다. 비록 짧은 기간이었지만 페레올 주교의 평가처럼 김대건 신부는 '열렬한 신앙심과 솔직하고 진실한 신심'을 가진 사제로서 신자들의 존경과 사랑을 받았다.

제2절 최양업 신부의 생애와 선교 활동

1. 출생과 성장 과정

최양업(崔良業, 토마스, 1821~1861)은 1821년 3월 1일 충청도 홍주의 다락골 새터(지금의 충남 청양군 화성면 농암리의 다락골)에서 기해박해 순교자인 최경환(崔京煥, 프란치스코, 1805~1839)과 이성례(李聖禮, 마리아, 1800~1840) 사이의 장남으로 태어났다. 그의 본관은 경주(慶州)였다. 출생 이후의 성장 과정은 1836년 신학생으로 선발되기 전까지 자세한 기록이 없어 구체적으로 알 수는 없다. 다만 집안의 전승과 부친 최경환의 생애를 통해 간략하게나마 살필 수 있다.

최양업은 어려서부터 집안의 영향으로 천주교 신앙 속에서 생활하였다. 그의 집안이 천주교 신앙을 받아들인 것은 증조부 최한일(崔漢馹) 때의 일이었다. 최한일은 1787년 서울에 거주할 당시, 아우 최한기(崔漢驥)와 함께 '내포의 사도' 이존창에게서 교리를 배워 신자가 되었다. 그러나 그는 신앙을 받아들인 지 오래되지 않아 아들 최인주(崔仁柱)만을 둔 채 세상을 떠났다. 최인주는 부친이 죽은 후, 모친인 경주 이씨를 모시고 살다가 1791년 신해박해 때 고초를 겪었다. 최인주와 그의 모친은 더 큰 화를 피하기 위해 서울을 떠나 여러 지역을 전전한 끝에 오늘날의 청양 땅에 정착하였다. 그는 경주 이씨와 혼인하였는데, 셋째 아들이 최경환이었다. 최경환은 이성례를 아내로 맞이하여 1821년 장남인 최양업을 얻었다.

다락골은 최인주의 활동으로 인해 교우촌으로 변모하였다. 이러한 환경 속에서 최경환은 천주교 교리에 따라 열심히 신앙생활을 하였다. 그러나 비

최양업 신부는 아버지 최경환 성인과 어머니 이성례의 영향을 받아 어려서부터 깊은 신앙심을 가지고 성장하였다. 그가 부평에 살고 있을 때 모방 신부는 지도층 신자들에게 신학생이 될 소양을 갖춘 소년들을 추천하도록 하였는데, 가장 먼저 추천된 소년이 최양업이었다.

다락골(사진)은 최양업 신부의 조부인 최인주의 활동으로 교우촌으로 변모하였다. 최 신부의 부친 최경환 성인은 이러한 환경 속에서 천주교 교리에 따라 열심히 신앙생활을 하였으며 이는 최양업 신부에게도 이어졌다.

신자인 친척들과 교류하게 되고, 경제적으로 넉넉한 생활을 하게 되면서 집안의 신앙은 점차 식어 갔다. 이에 최경환은 고향을 떠나기로 결심하고 가족을 설득하여 모든 집안 식구들과 함께 서울의 낙동(駱洞, 지금의 중구 회현동)으로 이주하였다. 그런데 서울에서 신앙생활을 하는 동안 신자들이 최경환의 집에 자주 드나들었고, 이로 인해 천주교를 믿고 따른다는 사실이 발각되어 박해를 받을 위험에 처하게 되자 최경환의 형제들은 각각 다른 교우촌을 찾아가기로 결정하였다. 맏형인 영렬 가족은 목천(木川) 서덜골(일명 서들골, 지금의 충남 천안시 목천읍 송전리)로, 둘째인 영겸 가족은 용인 한덕동(지금의 경기도 용인시 처인구 이동면 묵4리)로 이주하였다. 최경환 가족은 강원도 김성과 경기도 부평의 산간 지대로 옮겨 생활하다가 1838년경 과천 수

최양업 신부의 아버지 최경환 성인 묘소(수리산 뒤뜸이). 성인은 1838년경 수리산으로 이주하여 산농을 일구며 신앙생활을 열심히 하였다. 이곳이 알려지면서 신자들이 이주해 왔고 뒤뜸이는 교우촌으로 변모하였다. 그 후 성인은 모방 신부에 의해 수리산 교우촌의 회장으로 임명되었다.

리산(修理山)의 뒤뜸이(지금의 경기도 안양시 만안구 안양9동의 담배촌)로 이주하여 정착하였다. 최경환 부부는 산농을 일구어 그곳을 살 만한 마을로 만들었고, 신앙생활도 열심히 하였다. 이 소식은 신자들의 입을 타고 널리 알려졌고, 얼마 되지 않아 신자들이 이주해 오면서 뒤뜸이는 교우촌으로 변모하였다. 그 후 최경환은 모방 신부에 의해 수리산 교우촌의 회장으로 임명되어 활동하다가 1839년 기해박해가 일어나자 붙잡혀 여러 차례 형벌을 받은 끝에 그해 9월 12일(음력 8월 5일)에 포도청에서 옥사하였다. 이성례 또한 최경환과 함께 붙잡혀 문초를 받은 후 1840년 1월 31일 서울 당고개에서 참수형으로 순교하였다.

최양업 신부의 어머니 이성례는 최경환 성인과 함께 붙잡혀 문초를 받은 후 1840년 1월 31일 서울 당고개(사진)에서 참수형으로 순교하였다.

2. 마카오 유학 생활

　최양업은 최경환과 이성례의 영향을 받아 어려서부터 깊은 신앙심을 가졌던 것으로 보인다. 그가 부평에 살고 있을 때 지도층 신자들에 의해 신학생으로 추천되었다는 것이 그러한 사실을 잘 말해 준다. 당시 모방 신부는 지도층 신자들에게 신학생이 될 소양을 갖춘 소년들을 추천하도록 하였는데, 가장 먼저 추천된 소년이 최양업이었다. 최양업은 1836년 2월 6일(음력 1835년 12월 20일) 서울의 후동(后洞)에 있는 모방 신부의 거처에 도착하여 라틴어를 배우기 시작하였다. 그의 뒤를 이어 같은 해 3월 14일에 최방제, 7월 11일에 김대건이 모방 신부의 거처에 도착하여 함께 공부하였다.

1836년 12월 3일 최양업을 비롯한 세 명의 신학생들은 파리 외방전교회 극동 대표부가 있는 마카오로 가기 위해 서울을 출발하였다. 그들은 12월 28일 변문에 도착하여 샤스탕 신부를 만난 후, 중국인 안내자들과 함께 중국 대륙을 가로질러 1837년 6월 7일(음력 5월 5일) 마카오에 도착하였다. 조선 신학생들은 극동 대표부 안에 임시로 설치된 '조선 신학교'에서 사제가 되기 위한 공부를 시작하였다. 그러나 신학교에서의 생활이 그리 순탄하지만은 않아 1837년 11월 27일에는 동료인 최방제가 위열병으로 사망하는 아픔을 겪어야 했고, 1839년 4월부터 11월까지는 마카오에서 아편 거래 문제로 일어난 소요 때문에 필리핀의 마닐라와 롤롬보이에서 피신 생활을 해야만 하였다. 최양업은 롤롬보이에 있는 동안 조선의 밀사인 조신철·유진길이 북경에서 보낸 1839년 3월 10일자(혹은 3월 11일자) 서한 1통을 받아 조선 교회의 상황을 대략적으로 알게 되었고, 부친 최경환에게 편지를 써서 조신철을 통해 전달하도록 하였다. 최양업은 여러 어려움 속에서도 "하느님께서 그의 건강을 허락해 주신다면 조선 선교지를 위해 유익한 몸이 될 것이 확실합니다"라고 할 정도로 스승 신부들의 기대를 받았다. 1839년 11월, 마카오에서의 소요가 진정됨에 따라 최양업과 김대건은 마카오로 귀환하여 학업을 계속하였다.

3. 조선 입국로의 탐색

　1842년 2월 15일 메스트르 신부가 김대건과 함께 프랑스 극동함대의 세실 함장이 지휘하는 에리곤 호에 승선하여 마카오를 떠난 뒤 최양업은 만주 대목구 선교사 브뢸리 드 라 브뤼니에르 신부에게서 신학 교육을 받았다. 그

> **파리 외방전교회 극동 대표부**
> 파리 외방전교회 극동 대표부는 보호권 문제로 인한 포르투갈과의 갈등을 피하고, 중국 및 그 이웃 국가들과의 연락도 좀 더 용이하게 하기 위해 1847년 마카오에서 홍콩으로 이전되었다.

러던 중에 같은 해 7월 프랑스 함대의 파즈(T.F. Page) 중령이 지휘하는 파보리트 호가 마카오에 머물면서 중국의 북쪽 지방으로 출범할 준비를 하고 있었다. 파즈 함장은 요동 해안을 방문하러 갈 계획이라면서 선교사 한 명과 통역 한 명을 데리고 같이 가고 싶다는 의사를 파리 외방전교회 극동 대표부에 전달하였다. 브뤼리 드 라 브뤼니에르 신부는 자신의 선교지인 만주로 갈 수 있는 좋은 기회라 여겨 이 제안을 받아들였다. 최양업은 브뤼리 드 라 브뤼니에르 신부와 동행하여 만주에서 조선으로의 입국을 시도하기로 하였다. 그리하여 7월 17일 브뤼리 드 라 브뤼니에르 신부와 최양업은 요동에서 온 연락원인 중국인 신학생 범 요한과 함께 파보리트 호에 승선하고 마카오를 떠나 8월 23일 양자강 입구의 오송구에 도착하였다.

그런데 파보리트 호가 당초의 계획을 수정하여 요동으로 가지 않고 진로를 바꾸어 급히 남경으로 떠나게 되었다. 이에 브뤼리 드 라 브뤼니에르 신부는 8월 27일 최양업과 함께 오송구에 머물고 있던 에리곤 호에 승선하여 메스트르 신부와 합류하였다. 그리고 자신들이 처한 상황을 알리기 위해 범 요한을 상해에 있는 산동 대목구장이자 남경 교구장 서리인 베시 주교에게 보냈다. 그러나 범 요한이 오랫동안 돌아오지 않자 브뤼리 드 라 브뤼니에르 신부와 최양업은 9월 10일 에리곤 호에서 하선하여 김대건 일행과 교제하고 있었던 비신자인 황세홍의 집에 머물렀다. 그런데 다음 날인 11일 범 요한이 베시 주교의 서한을 가지고 돌아왔다. 베시 주교는 브뤼리 드 라 브뤼니에르 신부에게 상해로 오라는 지시를 내렸고, 배 한 척과 옷가지들을 보내

홍콩 파리 외방전교회 극동 대표부 전경. 1847년 무렵 최양업은 파리 외방전교회 극동 대표부에 머물면서 페레올 주교가 보내 준 《기해·병오박해 순교자들의 행적》을 라틴어로 번역하였다.

주었다. 이에 브뤼리 드 라 브뤼니에르 신부는 최양업, 범 요한과 함께 오송구에 정박 중인 영국 배를 타고 상해를 향해 출발하였다. 그들은 상해에 도착한 후 베시 주교의 환대를 받았다. 그러는 사이 메스트르 신부와 김대건은 베시 주교가 마련해 준 배를 타고 9월 17일 상해에 도착하였다.

10월 12일 브뤼리 드 라 브뤼니에르 신부, 메스트르 신부, 최양업, 김대건, 범 요한 등은 베시 주교의 주선으로 중국 신자의 배를 타고 출발하여 10월 22일 요동 반도의 남단인 태장하에 도착하였고, 25일에는 백가점 교우촌의 두 요셉 회장 집에서 유숙하였다. 11월 메스트르 신부와 김대건은 백가점 교우촌에 남고, 브뤼리 드 라 브뤼니에르 신부와 최양업은 개주의 양관에 있는 교우촌으로 갔다. 그 후 최양업은 페레올 신부가 머물고 있던 북만주의 소팔가자 교우촌에 갔다. 그리고 1843년 12월 31일 최양업은 양관에서 거행

상해를 출발한 최양업이 1842년 10월 브뤼리 드 라 브뤼니에 · 메스트르 신부, 김대건, 범 요한 등과 함께 유숙하였던 백가점 교우촌.

된 페레올의 주교 서품식에 참석한 후, 백가점 교우촌에 머물고 있던 메스트르 신부와 함께 1844년 1월 14일 소팔가자로 돌아왔다. 이때부터 최양업은 브뤼리 드 라 브뤼니에르 신부 대신에 메스트르 신부에게서 신학을 배웠다.

1844년 최양업은 김대건과 함께 페레올 주교로부터 부제품을 받았다. 그러나 김대건은 1845년 8월 17일 상해의 김가항 성당에서 페레올 주교로부터 사제품을 받은 반면 최양업의 사제 수품은 뒤로 미루어졌다. 사실 페레올 주교는 1843년 2월 20일 르그레즈와 신부에게 보낸 서한에서 최양업의 사제 수품과 관련된 언급을 한 적이 있었다. 그는 최양업이 신학 공부를 계속하며 매우 규칙적인 생활을 하고 있다고 하면서 나이가 한 살 더 많았더라면 그해에 서품될 수 있었을 것이라고 하였다. 이는 곧 최양업이 1843년에 나이가 한 살 더 많았더라면 사제가 될 수도 있었다는 뜻이다. 하지만 교회

부제품을 받은 최양업은 1846년 1월 말경 조선 입국을 위해 메스트르 신부와 함께 훈춘(사진)으로 가서 두만강 국경 마을에 도착. 경원으로 들어가려 했지만 뜻을 이루지 못하고 소팔가자로 돌아와야만 했다.

법상의 나이 제한 때문에 최양업은 사제품을 받지 못하였다. 그러다가 페레올 주교는 1845년 6월 김대건이 온갖 어려움을 무릅쓰고 상해로 왔다는 소식을 듣고 크게 감동하여 김대건에게 먼저 사제품을 주었다. 반면 최양업의 사제 수품은 그 시기를 놓치면서 늦어지게 되었다.

최양업은 부제품을 받은 이후에도 소팔가자에 머물러 있다가 1846년 1월 말경 조선 입국을 위해 메스트르 신부와 함께 훈춘으로 갔다. 그들은 두만강 국경 마을에 도착하여 경원 개시(慶源開市)를 기다리고 있었는데, 개시가 있기 전날, 만주 관헌들이 그들의 거처를 포위하고 메스트르 신부와 최양업 등을 붙잡아 가두었다. 며칠 후 석방된 메스트르 신부와 최양업은 어쩔 수 없이 소팔가자로 귀환하였다. 최양업은 신학 공부를 계속하는 한편, 메스트르 신부와 함께 만주 대목구의 신학생들을 지도하였다.

그해 12월에 최양업은 메스트르 신부와 함께 다시 의주 변문을 통해 귀국을 시도하였으나 병오박해로 김대건 신부와 신자들이 순교하였으며, 국경의 감시가 엄중하다는 소식을 듣고 귀국을 포기하였다. 메스트르 신부는 육로를 통해 조선에 입국하는 것이 어려울 것이라 생각하여 페레올 주교와 다블뤼 신부가 한 것처럼 해로를 통해 입국하고자 하였다. 이를 위해 메스트르 신부와 최양업은 홍콩에 있는 파리 외방전교회 극동 대표부를 향해 떠나 1847년 초에 도착하였다.

이 시기에 최양업은 페레올 주교가 보내 준 프랑스어본 《기해·병오박해 순교자들의 행적》을 라틴어로 번역하였다. 이 순교자들의 행적에는 총 82명이 수록되었는데, 이 중에서 기해박해 순교자 73명의 행적은 최영수·현석문·이재의 등이 수집·정리한 원본 《기해일기》를 바탕으로 한 것이다. 기해박해 순교자 73명의 행적은 최양업이, 병오박해 순교자 9명의 행적은 메스트르 신부가 번역하였다. 이 순교자들의 행적은 르그레즈와 신부의 손을 거쳐 1847년 교황청에 제출되어 조선 순교자들의 시복 절차에 중요한 역할을 하였다.

1847년 7월 최양업과 메스트르 신부는 다시 한 번 조선으로 갈 수 있는 좋은 기회를 갖게 되었다. 1846년 8월 9일 세실 함장이 기해박해 때 3명의 프랑스 선교사들을 처형한 것을 조선 정부에 항의하는 서한을 보냈는데, 이듬해에 라 피에르(La Pierre) 함장이 이끄는 프랑스 군함 글로와르(la Gloire) 호와 리고 드 즈누이(C. Rigault de Genouilly) 함장이 이끄는 빅토리외즈 호가 이 서한에 대한 조선 정부의 회답을 확인하기 위해 조선으로 갈 예정이었다. 이에 최양업과 메스트르 신부는 글로와르 호에 승선하였고, 1847년 7월

28일 조선을 향해 출발하였다. 그러나 8월 10일 군함이 신치도(薪峙島)의 뒷쪽 바다에서 좌초되어 8월 12일 고군산군도(古群山群島, 지금의 전북 군산시 옥도면)에 상륙하였다. 그곳에 머무는 동안 그들은 조선의 관헌들로부터 음식물을 비롯하여 필요한 물품을 제공받았으나, 조선 정부로부터 아무런 회신도 받지 못하였다. 최양업은 프랑스인들과 조선인들의 회담에 통역으로 활동하는 한편, 신자들에 대한 소식을 듣기 위해 탐문하기도 하였다. 그는 어려움 끝에 조선에 왔기 때문에 고군산군도에 남아 있기를 원하였으나 라 피에르 함장의 반대로 결국 상해로 귀환하였다. 이에 대해 그는 다음과 같은 심경을 토로하였다.

저는 고군산군도에 남아 있기를 원하여 함장에게 여러 번 청하였으나 함장은 저의 뜻에 결코 동의하려 하지 않았습니다. 저는 서원까지 하면서 간절히 소망하여 마지않았고, 또 천신만고 끝에 가까스로 여기까지 왔는데, 이제 손안에까지 들어온 우리 선교지를 어이없이 다시 버리고 부득이 상해로 되돌아오지 않을 수 없게 되었으므로 저도 모르게 눈물을 줄줄 흘렸습니다(〈최양업 신부가 르그레즈와 신부에게 보낸 1847년 9월 20일자 서한〉).

4. 사제 수품과 선교 활동

1) 사제 수품

상해로 되돌아온 최양업은 메스트르 신부와 함께 다시 조선으로 갈 기회를 기다렸다. 그들은 고군산군도에 남아 있는 글로와르 호와 빅토리외즈 호의 잔유물을 회수하기 위해 조선으로 출항하게 될 프랑스 배에 승선하기를 희망하였으나 실현되지 못하였다. 최양업은 메스트르 신부와 함께 생활하다가 예수회의 서가회(徐家匯) 신학원에서 신학 공부를 마친 후, 1849년 4월 15일 남경 교구장 서리 마레스카(F.X. Maresca, 趙方濟, 1806~1855) 주교에게서 사제 서품을 받음으로써 김대건 신부에 이어 조선인으로서는 두 번째 사제가 되었다.

최양업 신부는 그해 5월에 메스트르 신부와 함께 재차 해로를 통한 귀국을 시도하였다. 그들은 페레올 주교와 약속되어 있던 백령도까지 갔으나 신자들이 타고 온 배와 만날 수 없었고, 결국 상해로 귀환하였다. 최양업 신부는 귀환하자마자 곧 상해를 떠나 요동으로 가서 만주 대목구 선교사 베르뇌 신부의 보좌로 활동하였는데, 첫 사목 중심지는 차쿠[岔溝] 성당(지금의 요녕성 장하시 용화산진)이었다. 그는 요동 지역의 신자들을 위해 병자성사를 집전하였고, 주일과 축일의 강론을 맡았으며, 어린이 교리와 고해성사를 담당하는 등 7개월 동안 보좌 신부로 활동하였다. 이와 함께 페레올 주교의 명을 받아 변문을 통해 조선에 입국할 준비도 하였고, 11월 3일에는 동행하기 위해 요동으로 온 메스트르 신부와 상봉하였다. 최양업 신부는 메스트르 신부와 함께 1849년 12월 봉황성 변문에서 페레올 주교가 보낸 조선교회의 밀사

1849년 4월 15일 남경 교구장 서리 마레스카 주교에게서 사제 서품을 받은 최양업 신부는 곧 요동으로 가서 만주 대목구 선교사 베르뇌 신부의 보좌로 활동하였는데, 첫 사목 중심지는 차쿠 성당이었다.

들을 만났다. 최양업 신부와 밀사들은 메스트르 신부의 입국에 대해 모색하였으나 적절한 방안을 찾지 못하였고, 결국 메스트르 신부를 요동에 남겨 둔 채 최양업 신부만이 밀사들과 함께 조선으로 입국하였다. 마카오로 가기 위해 서울을 떠난 지 13년 만에 다시 조선 땅을 밟은 것이었다.

2) 교우촌 순방

최양업 신부는 먼저 중병을 앓고 있던 다블뤼 신부를 찾아가 병자성사를 준 후, 충청도로 가서 페레올 주교를 만났다. 최양업 신부는 하루 동안 페레올 주교와 담화를 나눈 후, 잠시도 휴식을 취하지 못한 채 곧바로 전라도에서부터 공소 순방을 시작하였다.

이 당시 다블뤼 신부가 병중이었기 때문에 페레올 주교와 최양업 신부는 모든 지역의 공소들을 순회해야만 했다. 최양업 신부가 순방하였던 구역은 경기도·충청도 일부, 강원도·전라도·경상도 지역 등 5개 도에 걸쳐 있었던 것으로 여겨진다. 그는 순방을 하면서 신자 3,815명을 만났으며, 성인 181명에게 세례를 주었다. 같은 기간 전국의 신자 수가 11,000명, 성인 세례자 합계가 374명임을 고려할 때, 최양업 신부가 만난 신자는 전국 신자의 34.7%, 전국 성인 세례자의 48.4%에 해당하는 것이었다. 그는 이듬해 순방에서도 각 지역에 산재한 교우촌 127개를 방문하여 신자 5,936명을 만났고, 성인 197명에게 세례를 주었다. 그리고 1855년의 순방 때에는 성인 240명에게 세례를 주었는데, 이는 전국 성인 영세자(516명)의 46.5%를 차지하는 수치였다. 이처럼 최양업 신부의 사목 순방 지역이 넓고 신자 수가 많았던 가장 큰 이유는 선교사들이 크게 부족하였기 때문이다. 페레올 주교는 1851년부터 건강이 좋지 않았고, 1852년에는 중병을 앓아 순방을 하지 못하였다. 다블뤼 신부는 건강이 호전되기는 하였으나 페레올 주교의 위급한 상황을 대비하여 서울 인근 지역을 담당하고 있었다. 이러한 가운데 1852년 8월 메스트르 신부가 조선에 입국하여 순방에 가담함으로써 최양업 신부의 관할 구역은 이전에 비해 축소되었으나 여전히 5개 도에 흩어져 있는 교우촌을 방문해야만 하였다. 1854년 3월에 장수(F. Jansou, 楊, 1826~1854) 신부가 조선에 입국하였지만 불과 3개월만인 6월 18일에 선종하였다. 그 결과 1853년 2월 3일 페레올 주교가 선종한 후 1856년 3월 선교사들의 충원이 이루어질 때까지 메스트르·다블뤼·최양업 신부가 조선 천주교회를 책임져야 했

조선교회에 선교사 수가 절대적으로 부족하였기에 최양업 신부는 1855년 한 해에만 4,500명의 고해를 들어야 했다. 이와 같은 어려운 상황에서 1856년 3월에 제4대 조선 대목구장인 베르뇌 주교가 조선에 입국하였다. 그리고 같은 해 8월 베르뇌 주교가 서울과 경기도 지역을 순방하면서 경기도 지역이 최양업 신부의 관할 구역에서 분리되었다.

다. 이 때문에 그들은 사목 활동에 어려움을 겪었는데, 다음의 사료는 그러한 모습을 잘 말해 준다.

> 선교사들은 그들의 수효가 적은 것을 보충하기 위해 동분서주하였다. 그러나 아무리 열성이 지극하여도 인간의 힘에는 한계가 있는 것이다. 여러 해 전부터 몹시 쇠약해진 다블뤼 신부의 건강은 매우 불안한 것이었고, 비록 매우 튼튼한 체격을 타고 나기는 했어도 메스트르 신부는 무거운 짐을 지고 기진맥진하였으며, 최(양업) 토마스 신부 자신도 비록 이 나라의 기후와 음식에 익숙하지만 그래도 일에 찍어 눌려 있었다. 최(양업) 신부는 한 해(1855년)에 대부분의 신자를 찾아가 4,500명의 고해를 들어야 하였다(샤를르 달레 ; 안응렬·최석우 역주, 《한국천주교회사》 하, 1996, 213쪽).

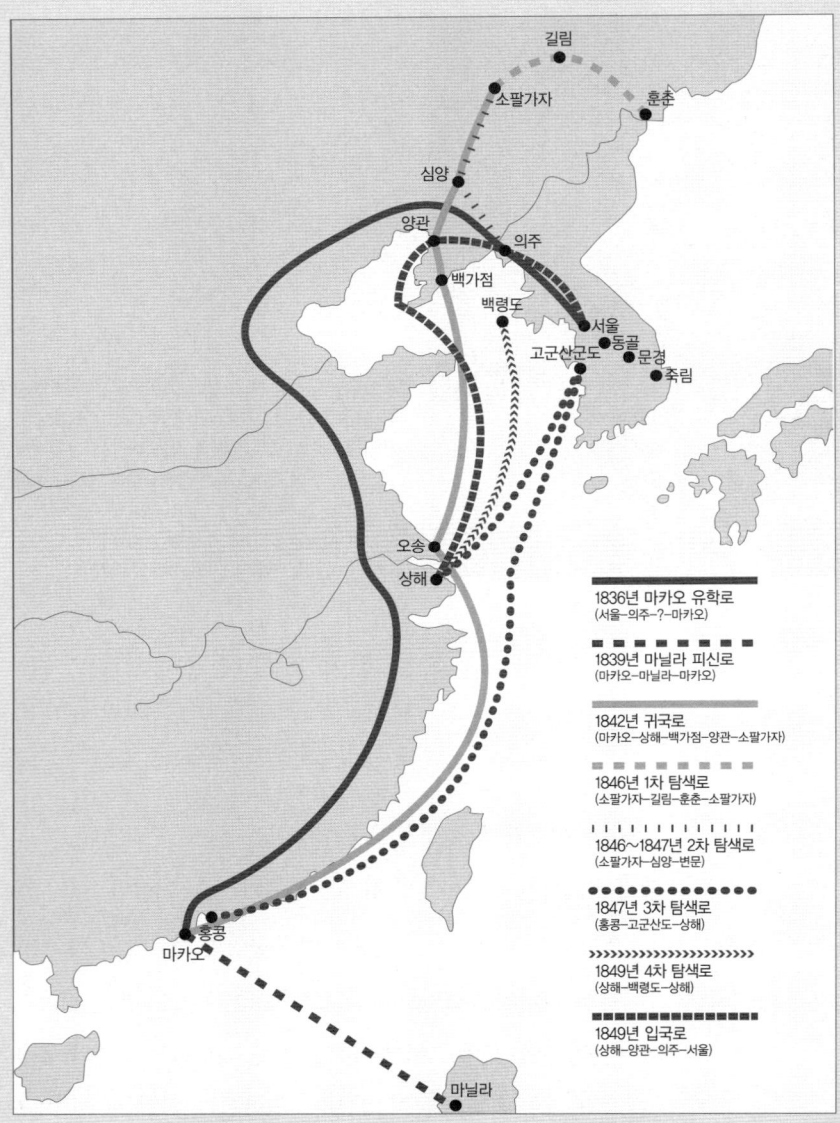

신학생으로 선발되어 김대건, 최방제 등과 함께 마카오 유학길에 올랐던 최양업 신부는 조선의 두 번째 신부로 사제 서품을 받고 1849년 12월, 13년 만에 고국으로 돌아왔다(참조 : 최양업 신부의 전기 자료집 제1집 《최양업 신부의 서한》).

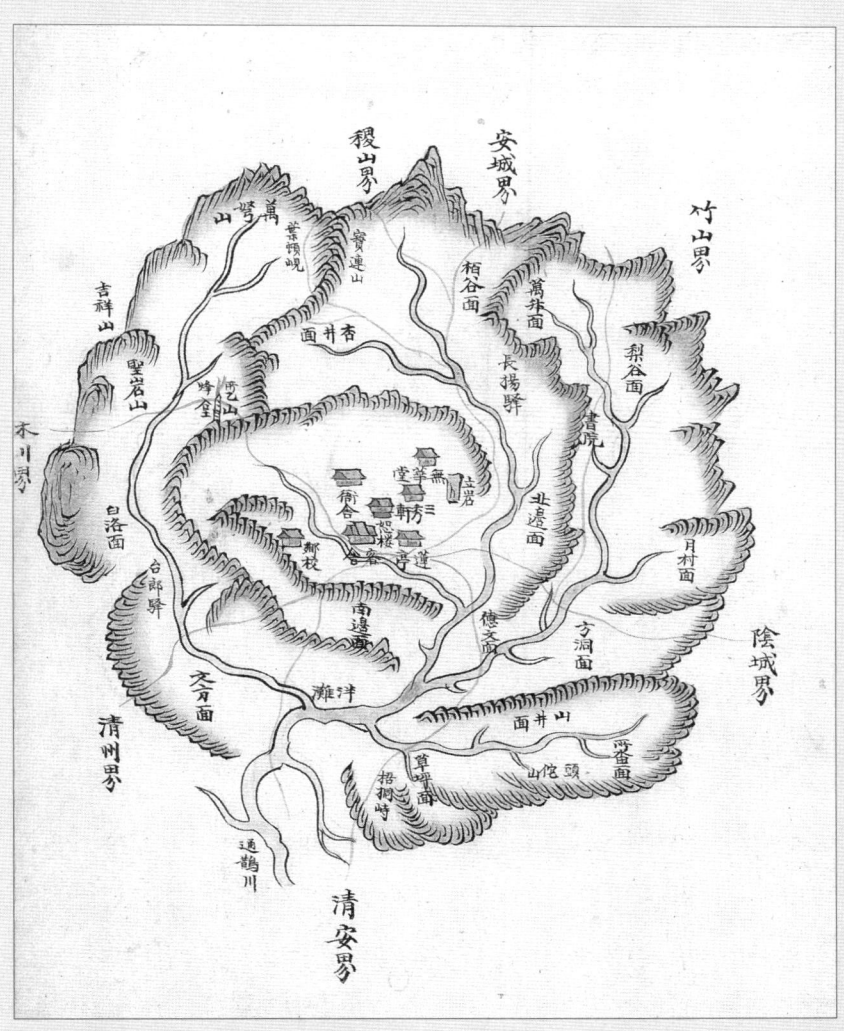

최양업 신부가 서한을 작성한 충청도 진천 백곡면. 그의 서한에는 교우촌 이름이 구체적으로 나타나는 경우가 극히 드문데, 그 이유는 서한이 발각될 것을 대비하여 이름을 밝히지 않았기 때문인 것으로 보인다(〈진천현도〉, 《해동지도》).

이와 같은 어려운 상황에서 1856년 3월에 제4대 조선 대목구장 베르뇌 주교와 프티니콜라(M.A. Petitnicolas, 朴德老, 1828~1866) 신부, 푸르티에(J.A.C. Pourthié, 申妖案, 1830~1866) 신부가 조선에 입국하였다. 이어 1857년 3월 페롱(S. Féron, 權, 1827~1903) 신부가 서울에 도착함으로써 사제는 모두 7명으로 늘어났다. 선교사들이 사목 활동에 참여함에 따라 최양업 신부의 관할 구역도 줄어들게 되었다. 1856년 8월 베르뇌 주교가 서울과 경기도 지역을 순방하면서 경기도 지역이 최양업 신부의 관할 구역에서 분리되었다. 그리고 1857년에는 경상도와 강원도 일부 지역이 페롱 신부에게, 1858년에는 경상도 북부와 강원도 일부 지역이 프티니콜라 신부에게 각각 이관되었다.

이와 같은 관할 구역의 조정에 따라 1857년 최양업 신부가 만난 신자 수는 전국 신자 수(15,206명)의 26.8%에 해당하는 4,075명, 성인 세례자 수는 전국 성인 영세자(518명)의 33%에 해당하는 171명으로, 이전에 비해 비율이 낮아졌다. 그러나 최양업 신부는 사람의 왕래가 잦아 눈에 띄기 쉬워 서양 선교사들이 방문할 수 없는 지역이나 멀리 떨어진 지방들을 순방해야만 하였다. 게다가 1859년에는 베르뇌 주교를 비롯하여 여러 선교사들이 질병을 앓아 순방을 하기에 여의치 않았다. 다블뤼 주교가 최양업 신부의 관할 구역 내에서 너무 넓거나 가장 멀리 있는 일부 공소들을 대신 맡아 순회 방문을 해 주었지만, 최양업 신부는 다음의 사료에서 보는 것처럼 고단한 순방길에 올라야 했다.

저(최양업)는 항상 건강하게 잘 지냅니다. 그러나 저 혼자 여행을 하기에는 너무 허약합니다. 하루에 고작 40리밖에 못 걷습니다. 그래서 갈 길이 먼 공소 순회 때에는 항상 말을 타고 갑니다. 멀리 떨어진 지방들은 다 제가 순방

합니다. 그래서 해마다 제가 다니는 거리는 7천 리가 넘습니다. 저의 관할 구역은 넓어서 무려 다섯 도(道)에 걸쳐 있고, 또 공소가 100개가 넘습니다(〈최양업 신부가 리브와 신부에게 보낸 1859년 10월 12일자 서한〉).

1860년 경신박해(庚申迫害)가 일어나자 베르뇌 주교는 박해와 관련된 편지를 다블뤼 주교에게 전했고, 다블뤼 주교는 파발꾼을 보내 신부들에게 피신하여 사태의 추이를 기다리라고 지시하였다. 최양업 신부도 박해를 피해 경상도 남쪽의 죽림 교우촌(지금의 울산시 울주군 상북면 이천리)에 피신하였다. 하지만 박해의 와중에도 밤을 틈타 교우촌을 방문하여 신자들에게 성사를 주었다. 그는 1860년에 자신의 관할 구역 내에서 세례를 받을 준비가 된 예비 신자가 거의 1,000명에 이를 것이라고 기대하였으나, 박해로 순방을 중단하면서 성인 203명에게 세례를 주는 것으로 만족해야만 했다.

이러한 순회 방문 기간 중에 최양업 신부가 담당하였던 구역 각지에는 교우촌이 산재해 있었다. 1851년에 방문하였던 교우촌은 127개였는데, 이후에도 여러 지역에 교우촌이 생겨났다. 이에 대해 베르뇌 주교는 최양업 신부의 관할 구역 내에서 1858년에만 교우촌이 8개가 생겼고, 이듬해에 7개가 새로 생겨날 것으로 기대하고 있다고 하였다. 그러나 그의 서한에 나타나는 교우촌의 이름은 극히 적은데, 그 이유는 서한이 발각될 것을 대비하여 이름을 밝히지 않았기 때문인 것으로 보인다. 먼저 최양업 신부가 서한을 작성한 교우촌으로는 도앙골(지금의 충남 부여군 내산면 금지리)·절골(지금의 충북 진천군 백곡면 용덕리)·동골(지금의 충북 진천군)·소리웃(미상)·불무골(지금의 충남 서천군 판교면 흥림2리)·오두재(지금의 전북 완주군 소양면 대흥리)·안곡(지금의 충남 부여군 외산면 혹은 경북 구미시 무을면 안곡)·죽림 등이 있었

제주 출신 순교자 김기량 순교현양비. 최양업 신부는 김기량이 진실하고 믿을 만한 사람이며, 제주도에 천주교를 전파할 훌륭한 사도가 될 것이라고 기대하였다.

다. 그리고 서한에 기록된 교우촌으로는 멍에목(지금의 충북 보은군 속리산면 구병리)·진밭들(지금의 충남 금산군 진산면 두지리)·만산리(지금의 강원도 화천군 상서면 구운리)·간월(지금의 울산시 울주군 상북면 등억리) 등이 있었다.

한편 최양업 신부는 직접 순방할 수 없는 지역에도 천주교 신앙을 전파하려는 노력을 기울였다. 1858년 3~4월에 최양업 신부는 배티 교우촌과 가까운 지역에 있었을 때, 제주도 출신 김기량(金耆良, 펠릭스 베드로, 1816~1867)을 만나게 되었다. 김기량은 1857년에 폭풍우로 인해 중국 광동 해역까지 표류하였다가 홍콩에서 조선인 신학생 이만돌(바울리노)을 만났다. 이 바울리노는 1854년 3월 임(任) 빈첸시오·김 요한과 함께 조선을 떠나 페낭 신학교에 입학하였으나 건강이 좋지 않자 신학교를 떠나 홍콩 파리 외방전교회 극동 대표부에서 휴양을 하고 있던 중이었다. 김기량은 루세이유(J.J. Rousseille, 1832~1900) 신부의 지도 아래 이 바울리노에게서 교리를 배웠고, 5월 31일 루세이유 신부에게서 세례를 받았다. 1858년 조선으로 귀국한 김기량은 이 바울리노가 전해 준 서한과 안내 정보를 가지고 배티 교우촌을 방문하였고, 그 인근에 있었던 최양업 신부와 페롱 신부를 만났다. 최양업 신부는 김기량이 진실하고 믿을 만한 사람이며, 제주도에 천주교를 전파할 훌륭한 사도가 될 것이라고 기대하였다. 최양업 신부에게 성사를 받은 후 제주도로 돌아간 김기량은 가족과 친지들을 중심으로 전교하여 1860년경 집안 식구 20명가량을 입교시켰다. 그러나 병인박해 때 거제도에서 체포되어 1867년 1월(음력 1866년 12월) 통영관아에서 순교하였다.

3) 순교자 행적 조사

최양업 신부는 바쁜 사목 활동 중에도 순교자들의 행적을 수집하기 위해 노력하였다. 그는 1847년 초에 페레올 주교가 보내 준 프랑스어본 《기해·병오박해 순교자들의 행적》을 라틴어로 번역한 적이 있었다. 그런데 최양업 신부는 페레올 주교의 프랑스어 순교록을 검토하면서 이를 좀 더 보완해야 할 필요가 있다고 생각하였는데, 그 이유는 다음과 같았다.

> 1847년에 페레올 주교님께서 1839년 박해 때에 순교한 조선 순교자들의 행적을 기록한 작은 책 한 권을 저에게 보내 주셨습니다. 이 책은 신자들이, 특

히 앵베르 주교님의 명을 받은 현석문 가롤로가 수집한 것을 벨린 명의의 주교님(페레올 주교)이 (프랑스어로) 기술한 것입니다. 앵베르 주교님은 현석문에게 순교자들의 행적을 정확히 수집하도록 특별히 분부하신 다음 당신도 순교하셨습니다.

이 책은 여러 신자들 사이에 구전으로 전해 내려오는 이야기들을 수집하여 그중에 진실로 여겨지는 것만 추려서 기록한 것입니다. 그러나 그 이야기들은 대체로 목격자들이나 중인들이 별로 없는 것입니다. 이 작은 책의 끝쯤에 가서는 많은 순교자들의 행적이 간략하게 기록되거나 어떤 것은 아예 몽땅 빠졌습니다. 그 이야기들 중에는 완전한 역사를 위해서나 신자들의 교화를 위하여 재미있고 중요한 것이 적지 아니할 것입니다. 그 밖의 것에 대하여는 아직 모든 중인들을 통하여 조사하거나 더 정확히 심사하지 못하였습니다. 그러나 저는 하느님의 자비로 오랫동안 서원으로 맹세했던 대로 저의 동료들에 대하여 더욱 주의 깊게 고찰하고, 저의 조상들의 순교 사실을 더욱 세심하게 조사하지 아니하고서는 도저히 스스로를 억제할 수 없었습니다. 더구나 위에 언급한 순교록을 보면 저의 아버지(최경환)에 대해서는 매우 신중하게 기록되어 있는 반면에 저의 어머니(이성례)에 대해서는 전혀 언급되어 있지 않기 때문에 더욱 그러합니다.

페레올 주교님께서 보내 주신 순교록을 중국에서 읽었을 때, 조국에 돌아가면 신부님들에게 그 보고서에 관하여 더 정확히 써 드려야겠다고 결심하였습니다(〈최양업 신부가 르그레즈와 신부에게 보낸 1851년 10월 15일자 서한〉).

이처럼 최양업 신부는 페레올 주교의 프랑스어 순교록이 신자들 사이에서 최양업 신부는 1847년 초에 페레올 주교가 보내 준 프랑스어본 《기해·병오박해 순교자들의 행적》을 라틴어로 번역하였다. 최 신부는 입국 후인 1851년 이 자료에 들어 있는 조선 순교자들의 행적에 대한 기록이 미비하다며 좀 더 보완해야 할 필요가 있다는 자신의 생각을 르그레즈와 신부에게 적어 보냈다.

구전되어 온 이야기들을 수집·정리한 것인데도, 대체로 목격자나 증인이 별로 없었고, 순교자들에 대한 기록이 너무 간략하거나 혹은 모두 빠져 있다는 점을 알게 되었다. 그래서 조선으로 돌아가면 더욱 세심하게 조사해서 순교자들의 행적을 보다 정확하게 작성하리라 다짐하였던 것이다.

그러나 귀국한 이후 성무를 집행하느라 분주했기 때문에 순교자들의 행적에 관한 조사를 진척하지 못하였다. 그러던 중 1851년에 연례 공소 순회를 일찍 마쳐 잠시 동안 휴가를 얻게 되자, 최양업 신부는 그 기회를 이용하여 순교자들의 행적을 여러 증언들을 토대로 정확하게 기록하려 하였다. 그는 부친 최경환과 모친 이성례의 순교 행적을 조사하여 1851년 10월 15일자 서한을 통해 르그레즈와 신부에게 보고하였다. 이어 기해박해 순교자인 최해성의 순교 행적도 조사하여 1856년 9월 13일자 서한을 통해 르그레즈와 신부에게 알렸다. 르그레즈와 신부는 다른 순교자들과 그 밖의 주목할 만한 사건에 대해서도 조사할 것을 지시하였고, 이에 최양업 신부는 지속적으로 증인들을 찾아 순교 사실을 확인하였다. 하지만 최양업 신부는 부친과 모친, 최해성 외에 다른 순교자들의 행적을 보완하지 못하였는데, 필요한 증인이나 확실한 증거를 찾기가 어려워 조사 작업이 더디게 진행되었기 때문이다. 이러한 가운데 다블뤼 주교가 베르뇌 주교의 지시에 따라 1856년부터 정식으로 순교자들의 행적 조사에 착수함으로써 최양업 신부는 조사 작업을 중지하고 수집한 자료들을 다블뤼 주교에게 넘겼다.

4) 한글 교회 서적 편찬 및 천주가사 저작

최양업 신부는 신자들에게 교회의 가르침이나 교리를 가르칠 수 있는 방법에 관심을 가졌다. 신자들 중에는 기본 교리나 기도문 등을 열심히 익힌 이들도 있었지만, 대부분은 무지하였고, 익히는 데에도 어려움을 겪었다. 이에 대해 최양업 신부는 "사본문답(四本問答) 전체를 완벽하게 익혀서 세례 준비를 마치는 사람은 소수에 불과합니다. 사본문답을 전부 배우자면 몇 해가 걸려야 하는 사람이 대다수입니다. 심지어는 죽을 때까지 교리 공부를 하여도 사본문답을 다 떼지 못하는 사람도 있습니다"라고 하면서 안타까워하였다. 그래서 그는 신자들이 교리를 쉽게 이해하고 암송할 수 있는 방법에 관심을 가졌는데, 특히 한글이 교리 공부하는 데에 매우 유용하다는 점에 주목하였다. 그는 한글이 신부들의 부족을 메우고, 강론과 가르침을 보충해 주며, 한글 덕분에 산골에서도 신자들이 빨리 천주교 교리를 배우고 구원을 위한 훈계를 받을 수 있다고 하였다. 이처럼 한글의 유용성을 인식한 최양업 신부는 한글로 된 교회 서적의 편찬 작업에 참여하였다.

> **사본문답**
> 세례성사 · 성체성사 · 고해성사 · 견진성사 등 네 가지 근본 교리를 문답식으로 설명한 교리서.

1861년 베르뇌 주교는 한글로 된 교회 서적의 보급을 위해 서울에 목판 인쇄소를 설립하였다. 이 목판 인쇄소는 1864년에 이르러 두 곳으로 확대되어 각종 교리서와 기도서, 신심서 등을 간행하였다. 한글이 선교와 교리 공부에 큰 도움이 된다고 생각했던 최양업 신부는 1859년경 다블뤼 주교와 함께 기도서인 《천주성교공과》(天主聖教功課)와 교리서인 《성교요리문답》(聖教要理問答)의 번역 및 편찬 사업에 참여하였다. 그의 손을 거친 《천주성교공과》는 1862~1864년 사이에 4권 4책으로 간행되어 한국 천주교회의 공식 기도서로 사용되었다. 또한 《성교요리문답》도 1864년에 1권 1책으로 간행되어 한국 천주교회의 공식 교리서로 사용되었다.

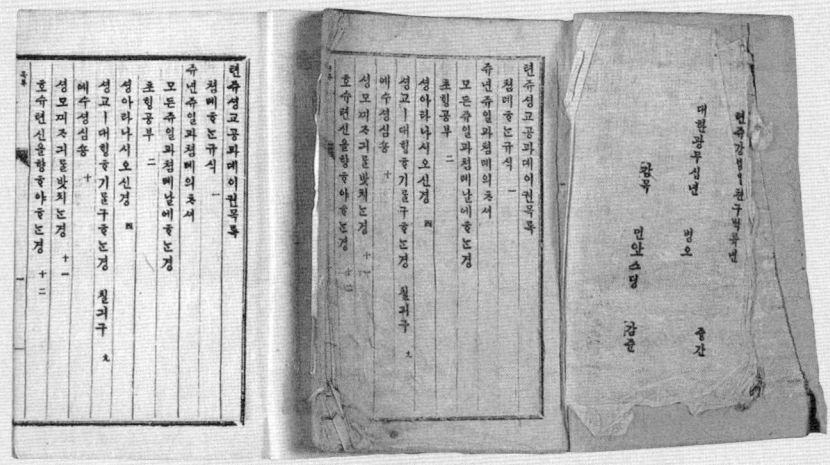

한글이 선교와 교리 공부에 큰 도움이 된다고 생각했던 최양업 신부는 1859년경 다블뤼 주교와 함께 기도서인 《천주성교공과》와 교리서인 《성교요리문답》의 번역 및 편찬 사업에 참여하였다. 그의 손을 거친 《천주성교공과》는 1862~1864년 사이에 4권 4책으로 간행되어 한국 천주교회의 공식 기도서로 사용되었다. 또한 《성교요리문답》도 1864년에 1권 1책으로 간행되어 한국 천주교회의 공식 교리서로 사용되었다.

최양업 신부는 한글로 된 교회 서적의 편찬 작업에 참여함과 동시에 천주가사(天主歌辭)를 지어 신자들에게 암송하도록 하였다. 천주가사는 일반 신자들, 특히 문맹자들이 교리와 신앙을 쉽게 이해할 수 있도록 만든 가사를 뜻한다. 최양업 신부가 천주가사에 주목한 것은 1850년에 접어들면서 글을 읽지 못하는 여성 신자와 하층민 신자들이 크게 증가하였고, 당시의 교리 교육이 부전자습(父傳子習)·모전여습(母傳女習)이란 표현처럼 주로 구송(口誦)을 통해 이루어졌다는 점 때문이었다.

> **천주가사**
> 최양업 신부의 천주가사 저작에 대해 유보적인 입장을 취하는 견해도 있다. 최양업 신부의 저작설은 '구전 방식'이라는 작품의 전승 형태에 대한 검토나 관련 문헌과의 관계, 작품에 내재된 구조 등 모든 것이 검토될 때까지 일단 유보하는 것이 좋다고 보는 것이다(김영수, 〈천주가사 연구의 성과와 전망〉, 《천주가사 자료집》 하, 가톨릭대학교 출판부, 2001).

최양업 신부가 지은 것으로 여겨지는 천주가사에는 사말(四末, 죽음·심판·천당·지옥)을 노래한 〈선종가〉(善終歌)·〈사심판가〉(私審判歌)·〈공심판가〉(公審判歌)·〈사향가〉(思鄕歌) 등이 있다. 그 내용을 간략하게 정리하면, 〈선종가〉에서는 현세에서 고신극기(苦身克己)의 노력만이 선종의 지름길임을 권고하고 있다. 〈사심판가〉에서는 사람이 죽은 뒤에 받게 되는 하느님 앞에서의 개인적인 심판을 대비하여 신앙생활을 충실히 할 것을 강조하고 있고, 〈공심판가〉에서는 세상의 종말이 왔을 때 육신이 부활하여 영혼과 더불어 공개적으로 받는 최후의 심판을 생각하며 죽음을 예비할 것을 권고하고 있다. 〈사향가〉는 원죄에서 기인한 '체읍지곡'(涕泣之谷, 소리 없이 눈물을 흘리고 슬피 우는 골짜기, 즉 힘들게 사는 인생을 비유)인 현세를 벗어나 영생과 영복을 누리는 천당에 들어가기 위해서는 고신극기하여 죄를 벗고 구원을 받도록 온 힘을 다해야 한다는 내용을 담고 있다. 이 천주가사에서는 유교의 표현과 내용을 빌려 천주교 교리를 설명하고 있다. 〈선종가〉·〈사심판가〉·〈공심판가〉가 순수 교리적인 측면에 중점을 두고 있다면, 〈사향가〉는 천주교 교리서의 문답 형식이나 천당영복(天堂永福)·지옥영고(地獄永苦), 현세[竄流所]·천향[本鄕], 삼구(三仇)·칠도(七盜)와 칠극(七克)·사추덕(四樞德)·삼덕(三德)과 같은 대립 구조로 이루어져 있다는 점이 특징이다. 뿐만 아니라 당시 신자들이 외우고 배우던 주요 교리와 기도문의 내용을 함축적으로 표현하고 있으며, 현실적으로는 당위(當爲, 유교 윤리)와 존재(存在, 천주교 교리) 사이의 갈등이 생생하게 반영되어 있다.

최양업 신부는 이러한 천주가사를 통해 새 세례자들을 가르치고, 일반 신자들을 교화시키고자 하였다. 특히 일반 신자들에게는 재교육의 측면에서 주요 교리를 다시 한 번 주지시켜 주고, 이를 통해 그들 스스로 묵상과 교리 실천, 신심 함양에 힘쓰도록 하려는 데 목적이 있었다. 이와 함께 박해와 순교라는 조선 천주교회의 현실을 중시하였고, 그 자신이 따르고자 했던 순교자의 교리 실천과 신심, 순교의 용기를 천주가사로 표현하고자 하였다.

5. 최양업 신부의 선종

1859년 여름 최양업 신부는 7,000리에 걸친 고단한 순방을 마치고 페롱 신부의 관할 구역인 안곡에서 휴식을 취하고 있었다. 그런데 그해 9월 말부터 전국 각 지역에 콜레라가 창궐하여 많은 희생자들이 발생하였다. 신자들은 박해의 위험을 무릅쓰고 죽음을 준비하기 위해 베르뇌 주교의 처소나 그가 성사를 집전하는 교우촌을 찾아왔다. 이에 병환에서 갓 회복된 베르뇌 주교는 몇 주일 동안 1,500명 이상의 고해를 들었고, 지방에 있는 신자들을 위해서 11월 초에 순회 방문을 떠났다. 신부들도 각자의 관할 구역에서 신자들에게 성사를 주기 위해 동분서주해야 했다. 이러한 상황에서 박해로 냉담했던 신자들이 다시 교회로 되돌아왔고, 세례를 받고자 하는 이들도 크게 늘어났는데, 베르뇌 주교는 그해 11월 초에 예비 신자를 1,200명 이상으로 추산하였다. 이 숫자는 더욱 늘어 2개월 뒤에 2,000명이 되었고, 그 중에서 절반가량이 세례를 받을 것으로 예상되었다. 최양업 신부도 1860년에는 자신의 관할 구역에서 세례를 받을 준비가 된 예비자가 거의 1,000명에 이를 것이라고 기대하였다.

그러나 1859년 말부터 시작된 경신박해는 이러한 기대를 물거품으로 만들었다. 관할 구역 가운데 특히 베르뇌 주교와 최양업 신부의 구역이 박해로 인한 피해가 컸다. 박해가 일어나자 최양업 신부는 선교사들과 연락이 두절된 채 경상도 남쪽의 죽림 교우촌으로 피신하였다. 그러나 최양업 신부는 이러한 상황에서도 낮에는 교우촌을 찾아 나섰고, 밤에는 신자들에게 성사를 들고 날이 새기 전에 떠났다. 그러다가 1861년도 성사 집전 상황을 베르뇌 주교에게 보고하기 위해 서울로 가던 중, 과로에 장티푸스까지 겹치면서 위중한 상태가 되었고, 결국 6월 15일 선종하였다. 선종지에 대해서는 확실한 기록이 남아 있지 않아, 경상북도 문경, 배티, 충청북도 진천군 내 어느 장소 등으로 의견이 분분하다. 선종 직전에 푸르티에 신부가 도착하여 그에게 종부성사와 임종 전대사를 주었다. 그해 11월 초 푸르티에 신부는 선종지에 임시로 묻혀 있던 최양업 신부의 시신을 배론 신학교 뒷산으로 옮겨 안장하였다. 최양업 신부의 선종에 대해 페롱 신부는 안타까움을 표하면서 다음과 같이 말하였다.

최양업 신부는 1861년도 성사 집전 상황을 베르뇌 주교에게 보고하기 위해 서울로 가던 중, 과로에 장티푸스까지 겹치면서 위중한 상태가 되었고, 결국 6월 15일 선종하였다. 그러나 선종지에 대한 확실한 기록이 남아 있지 않아, 경상북도 문경, 배티, 충청북도 진천군 내 어느 장소 등으로 의견이 분분하다.

1. 배티 2. 문경새재 제1 관문 3. 박해 당시 관헌의 눈을 피해 들고나던 수문(水門) 4. 배론에 있는 최양업 신부 묘소.

그(최양업 신부)의 죽음은 조선교회 전체의 초상입니다. 또 우리를 난처하게 만들었는데, 우리는 종교 자유가 선포될 때까지는 이 곤경에서 벗어날 수가 없을 것입니다. 왜냐하면 그가 남쪽의 오지에서 방문하던 지역들은 지금까지 서양 선교사들이 갈 수 없는 곳이었기 때문입니다. 뿐만 아니라 그의 한문 지식과 조선인으로서의 장점은 우리에게 매우 필요한 책을 번역하는 일에 그를 누구보다도 적격자로 만들었습니다. 그는 벌써 이 분야에서 많은 일을 하였습니다. 그러므로 우리 중에서 유일하게 이 일에 종사할 만큼 이 말을 잘 아는 다블뤼 주교는 그를 잃음으로써 그의 오른팔을 잃게 되었습니다(〈페롱 신부가 르그레즈와 신부에게 보낸 1861년 7월 26일자 서한〉).

6. 최양업 신부의 영성

최양업 신부가 선종한 지 몇 달 후, 베르뇌 주교는 파리 외방전교회 신학교장 알브랑(F.-A. Albrand, 1804~1867) 신부에게 보낸 1861년 9월 4일자 서한에서 최양업 신부를 "굳건한 신심과 영혼의 구원을 위한 불같은 열심, 훌륭한 분별력을 가졌던 귀중한 존재"라고 평가하였다. 최양업 신부가 귀국한 직후부터 선종할 때까지 박해의 위협과 고단한 생활에도 전국 각지의 교우촌을 찾아 복음과 신앙을 전한 것은 이와 같은 굳건하고 뜨거운 신심과 열심이 있었기에 가능한 것이었다. 이러한 정신과 신앙이 최양업 신부에게 자리 잡기까지는 부모의 신심과 스승 신부들의 가르침이 큰 영향을 끼쳤을 것으로 여겨진다.

부친인 최경환은 박해시대의 순교자들이 그러하였던 것처럼 《칠극》의 가르침을 신심의 기초로 삼고 열심히 신앙생활을 하였다. 최양업 신부는 훗날

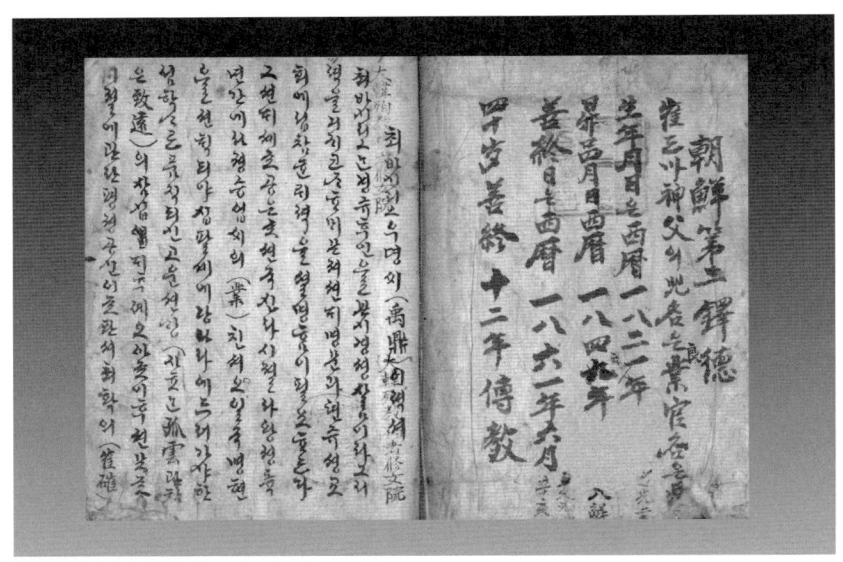

최양업 신부의 셋째 동생 최우정의 전기인 《최 바시리오 우정(禹鼎) 씨 이력서》. 최양업 신부 일가의 내력이 적혀 있다.

이러한 부친의 신앙생활에 대해 기록하기를, 첫째 교리에 대한 지식이 해박한데다가 묵상과 독서를 통한 신심 함양에 힘썼고, 둘째, 이웃과의 나눔과 극기의 실천에 뛰어났으며, 셋째, 평소에 예수 그리스도와 성인·순교자들의 모범을 따르고자 노력하였고, 넷째, 회장으로서 교우촌 신자들의 신앙생활은 물론 경제적인 측면에도 많은 관심을 보였다고 한다. 최경환은 이처럼 교회의 가르침을 따라 본분을 지키는 데 충실하였고, 아울러 순교 원의도 가지고 있었다. 그는 1839년 기해박해 때 체포된 후에도 신자들을 끊임없이 격려하였고, 심한 형벌을 받으면서도 굳게 신앙을 지켜 결국 바라던 대로 순교의 길에 들어섰다. 모친인 이성례도 최경환 못지않은 굳은 신심을 가지고 있었다. 비록 체포되었을 당시 두 살짜리 막내 때문에 배교하고 석방되었으나 다시 체포된 뒤에는 배교를 취소하였고 1840년 1월 31일 참수형을 받을 때까지 순교 원의를 잃지 않았다. 이러한 부모의 신앙은 어린 최양업에게 많은 영향을 주었으며, 그의 신앙에서 중요한 위치를 차지하였을 것이다.

최양업 신부는 신학생이 된 후에는 스승 신부들로부터 큰 영향을 받았다. 어린 시절 부모로부터 기본적인 신앙교육을 받았다고 하더라도 신학교 입학 후에 스승 신부들로부터 배운 신앙과 영성이 그의 신앙에 중요한 역할을 하였을 것이다. 스승 신부들 가운데서는 특히 르그레즈와 신부로부터 많은 가르침을 받았는데, 현존하는 서한 21통 가운데 14통을 르그레즈와 신부에게 보냈다는 사실은 이를 잘 말해 준다. 이외에 리브와 · 브뤼리 드 라브뤼니에르 · 메스트르 신부 등도 최양업 신부에게 적지 않은 영향을 끼쳤을 것이다.

최양업 신부가 스승 신부들로부터 구체적으로 어떠한 가르침을 받았고, 그것이 그의 신앙과 영성에 어떠한 영향을 끼쳤는지에 대해서는 자료가 미비하여 자세히 파악하기 어렵다. 그러나 당시 파리 외방전교회 선교사들은 해외 선교에 대한 열정과 순교 신심을 지니고 있었고, 전교회 설립 정신인 현지인 성직자의 양성, 새 신자들에 대한 사목, 복음 전파 활동을 실천하는 데에 노력하였다는 점을 고려해 볼 때, 최양업 신부도 이들 선교사들의 신앙과 선교 열정에서 많은 영향을 받았을 것으로 여겨진다.

최양업 신부는 어려운 환경 속에서도 자신에게 주어진 사제로서의 소명을 헌신적으로 수행하다가 선종함으로써 사제로서 훌륭한 영성적 삶의 모범을 보였다. 그는 하느님 안에서 깊은 사랑과 일치를 이루었고, 그분의 섭리를 따르려고 노력하였으며, 어려움이나 곤경에 처하였을 때 하느님의 자비를 구하였다. 이는 1847년 7월 메스트르 신부와 함께 프랑스 군함을 이용하여 조선 입국을 시도하였다가 실패한 후에 작성한 서한에도 잘 드러난다.

> 우리는 아직도 희망을 잃지 않고 아직도 낙담하지 않으며, 여전히 하느님의 자비를 바라고 하느님의 전능하시고 지극히 선하신 섭리에 온전히 의지하고 있습니다. 저도 하느님 안에서 항상 영원히 희망을 가질 것이고, 하느님의 영광을 위해 일하려고 저 자신을 온전히 하느님의 손에 맡겼으니, 그분을 언제나 믿을 것입니다(〈최양업 신부가 르그레즈와 신부에게 보낸 1847년 9월 20일자 서한〉).

그리고 최양업 신부는 예수 그리스도만을 유일한 모범으로 본받기를 원하였다. 1861년 6월 선종하기 직전 푸르티에 신부가 마지막 성사를 주기 위해 찾아왔을 때 의식이 없던 최양업 신부가 오로지 했던 말이 '예수 마리아'였다는 점은 그가 예수 그리스도에 대해 얼마나 깊은 믿음을 가지고 있었는가를 잘 말해 준다. 또한 그는 조선교회의 순교자들과 박해의 고초를 겪고 있던 신자들이 예수 그리스도를 따르고 그분을 위해 헌신하는 사람들이라고 믿었다. 그래서 그는 조선교회의 순교자들을 "그리스도의 용사들"이라고 하였고, 감옥에 갇힌 신자들을 "그리스도를 위해 갇힌 사람들"이라고 불렀다.

최양업 신부는 이와 같은 하느님에 대한 사랑을 바탕으로 겸손과 순명, 인내의 덕행은 물론 예수 성심 신심, 성모 신심, 성인 신심도 지녔다. 최양업 신부는 신학생 때 성모 성심회에 가입하려고 했고, 1846년 12월에는 르그레즈와 신부로부터 성인들의 유해를 받아 간직하고 다녔다. 이후에 그는 어려움이나 곤경에 처할 때마다 성모와 성인들에게 기도하고 그들의 도움으로 난관을 극복하고자 하였다. 또한 그는 스승 신부들에게 신자들에게 나누어 줄 묵주나 성인들의 성패와 상본들을 보내 줄 것을 부탁하였는데, 이는 신자들에게 성모 신심과 성인 신심을 장려하기 위함이었다.

이러한 성인들에 대한 신심은 조선교회의 순교자들에 대한 공경심으로 이어졌던 것으로 보인다. 1844년 그는 중국에서 조선의 박해 소식과 신자들의 순교 소식을 듣고 그들의 장렬한 전쟁에 동참하지 못한 것을 부끄러워하였다.

> 저의 부모들과 형제들을 따라갈 공훈을 세우지 못하였으니 저의 신세가 참으로 딱합니다. 그리스도의 용사들의 그처럼 장렬한 전쟁에 저는 참여하지 못하였으니 말입니다. 저는 정말 부끄럽습니다! 이렇듯이 훌륭한 내 동포들이며, 이렇듯이 용감한 내 겨레인데, 저는 아직도 너무나 연약하고 미숙함 속에 허덕이고 있습니다(〈최양업 신부가 르그레즈와 신부에게 보낸 1844년 5월 19일자 서한〉).

이후 최양업 신부는 자신에게 순교가 닥쳐올 것이라고 생각하고 순교를 다짐하는 동시에 순교자들의 삶에 감명 받아 그들의 행적과 증언을 수집하는 데에 노력을 기울였다. 그는 비록 순교의 길을 걷지는 못하였지만, 고난과 순교를 각오하고 생활한 '백색(白色) 순교자'였다.

최양업 신부는 그의 사목 활동에서도 알 수 있듯이, 선교에 대한 열망과 사명감을 가지고 있었다. 그는 신학 공부를 마친 후 조선에 입국하지 못하고 중국에 머물러야만 하는 자신의 처지를 괴로워하였다. 이러한 선교 열정을 가진 최양업 신부는 귀국한 직후인 1850년 1월부터 9월까지 거의 5,000리를 최양업 신부가 1846년 12월 22일 중국 심양에서 르그레즈와 신부에게 보낸 친필 서한.

걸어 다니면서 교우촌을 순방하였다. 그는 순회 방문 중에 비참하고 궁핍한 처지에 있는 신자들을 자주 목격하였는데, 그럴 때마다 도와줄 능력이 없는 자신의 한계와 부족함을 안타까워하였다. 그리고 그는 천주교를 믿고 싶어도 박해로 신앙을 선택하지 못하는 사람이 많다는 사실에 마음 아파하였다.

> 이들에게 신앙의 자유가 조금이라도 있다면 틀림없이 기뻐 용약하면서 그리스도의 양 무리 안에 들어올 것입니다. 주님, 저희를 불쌍히 여기소서. 바싹 말라 버린 저희 땅에 당신 자비의 소낙비를 퍼부어 주소서. 진리에 목말라 목이 타고 있는 저희에게 당신 구원의 물을 실컷 마시게 해 주소서(〈최양업 신부가 르그레즈와 신부에게 보낸 1851년 10월 15일자 서한〉).

최양업 신부는 굳건한 신심과 선교에 대한 열정을 가졌지만, 서한에서 자신을 "항상 사슬에 묶여 있는 것이나 진배없는 상태"라고 표현한 것처럼 많은 제약과 어려움을 겪으면서 선교 활동을 하였다. 하지만 그는 이러한 가운데서도 복음 선교를 위해 모든 것을 바쳤고, 결국 과로로 선종하였다. 그는 "12년간 거룩한 사제의 본분을 지극히 정확하게 지킴으로써 사람들을 감화하고 성공적으로 영혼 구원에 힘쓰기를 그치지 않았다"라는 베르뇌 주교의 평가처럼 훌륭한 증거의 삶을 산 사제의 모범이었다.

참고 문헌

제1절

1. 연구서

Claude Charles Dallet, *Histoire de L'Église de Corée*, 1874 ; 안응렬·최석우 역주, 《한국천주교회사》 하, 한국교회사연구소, 1996.

한국교회사연구소 편, 《성 김대건 안드레아 신부의 서한》(전기 자료집 제1집), 한국교회사연구소, 1996.

한국교회사연구소 편, 《성 김대건 신부의 활동과 업적》(전기 자료집 제2집), 한국교회사연구소, 1996.

한국교회사연구소 편, 《성 김대건 신부의 체포와 순교》(전기 자료집 제3집), 한국교회사연구소, 1997.

한국가톨릭대사전편찬위원회 편, 《한국가톨릭대사전》, 한국교회사연구소, 2006.

2. 논문

최석우, 〈김대건의 '조선전도'〉, 《한국 교회사의 탐구》 I, 한국교회사연구소, 1982.

정두희, 〈김대건〉, 《조선시대 인물의 재발견》, 일조각, 1997.

조 광, 〈19세기 중엽 서세동점과 조선 — 김대건 순교의 역사적 배경〉, 《교회사연구》 12, 한국교회사연구소, 1997.

이원순, 〈김대건 가문의 신앙 내력과 순교 전통〉, 《교회사연구》 12, 1997.

차기진, 〈김대건 신부의 활동과 업적〉, 《교회사연구》 12, 1997.

조규식, 〈성 김대건 신부의 영성〉, 《교회사연구》 12, 1997.

하성래, 〈성 김대건 신부와 굴암 및 은이―그 주변 교우촌들〉, 《교회사연구》 23, 한국교회사연구소, 2004.

문지애, 〈김대건 신부의 조선 입국과 체포〉, 서강대학교 대학원 사학과 석사학위논문, 2005.

정종득, 〈박해시대 순교자와 성모공경의 전통〉, 《교회사학》 3, 수원교회사연구소, 2006.

서종태, 〈김대건 신부의 활동과 업적에 대한 연구〉, 《교회사학》 5, 수원교회사연구소, 2008.

조현범, 〈중국 체류 시기 페레올 주교의 행적과 활동〉, 《교회사학》 5, 2008.

차기진, 〈강도영 신부와 김대건 신부 현양〉, 《교회사학》 5, 2008.

김규성, 〈19세기 전·중반기 프랑스 선교사들의 조선 입국 시도와 서해해로―1830~50년대를 중심으로〉, 《교회사연구》 32, 한국교회사연구소, 2009.

제2절

1. 연구서

Claude Charles Dallet, *Histoire de L'Église de Corée*, 1874 ; 안응렬·최석우 역주, 《한국천주교회사》 하, 한국교회사연구소, 1996.

김옥희, 《최양업 신부와 교우촌》, 학문사, 1983.

배티 사적지 편,《최양업 신부의 서한》(전기 자료집 제1집), 천주교 청주교구, 1996.

배티 사적지 편,《증언록과 교회사 자료》(전기 자료집 제3집), 천주교 청주교구, 1996.

배티 사적지 편,《스승과 동료 성직자들의 서한》(전기 자료집 제2집), 천주교 청주교구, 1997.

류한영·차기진,《교우촌 배티와 최양업 신부》, 양업교회사연구소, 2000.

《최양업 신부의 선교활동과 천주가사》, 양업교회사연구소, 2003.

《'하느님의 종' 윤지충 바오로와 동료 순교자 123위》, 한국천주교주교회의 시복시성 주교특별위원회, 2003.

김영수,《교주 천주가사》, 한국교회사연구소, 2005.

한국가톨릭대사전편찬위원회 편,《한국가톨릭대사전》, 한국교회사연구소, 2006.

《최양업 신부의 사목 지역과 선종지 연구》, 한국천주교주교회의 시복시성 주교특별위원회, 2007.

《땀과 꿈의 사제 최양업》(땀의 순교자 최양업 신부 서품 160주년 및 사제의 해 기념 학술 포럼 자료집), 2009.

청주교구 배티성지·양업교회사연구소,《하느님의 종 최양업 토마스 신부의 서한집》, 천주교 청주교구, 2009.

2. 논문

류병일, 〈천주가사를 통해 본 최양업 신부의 신앙〉,《사목》91(1984. 1), 한국천주교중앙협의회, 1984.

정양모, 〈최양업 신부의 사목과 사상〉,《한국 가톨릭 문화활동과 교회사》, 한국교회사연구소, 1991.

김영수, 〈천주가사 연구의 성과와 전망〉,《천주가사 자료집》하, 가톨릭대학교 출판부, 2001.

정종득, 〈박해시대 순교자와 성모공경의 전통〉,《교회사학》3, 수원교회사연구소, 2006.

서종태, 〈김대건 신부의 활동과 업적에 대한 연구〉,《교회사학》5, 수원교회사연구소, 2008.

조현범, 〈중국 체류 시기 페레올 주교의 행적과 활동〉,《교회사학》5, 수원교회사연구소, 2008.

제6장 교회의 정비와 발전

제1절 병오박해 이후의 조선교회

1. 선교사들의 활동 재개

병오박해(丙午迫害) 당시 조선에서 활동하던 선교사는 페레올 주교와 다블뤼 신부, 그리고 김대건 신부였다. 1845년 10월 김대건 신부의 안내로 입국한 후 페레올 주교는 서울, 다블뤼 신부는 충청도, 김대건 신부는 경기도 지역에서 사목을 시작하였다. 그러나 1846년 병오박해가 일어나 김대건 신부·현석문·한이형 등이 순교하면서 조선교회는 다시 한 번 커다란 위기에 빠지게 되었고, 이에 페레올 주교와 다블뤼 신부도 교우촌 순방을 중지하고 피신할 수밖에 없었다.

> 우리는 감방이나 다름없는 초라한 오막살이에 함께 있었습니다. 제일 더운 때인 7월(양력)이었습니다. 부엌 아궁이로 끊임없이 불을 때는 방에 있을 수는 없는 것입니다. 여러 번 방 안에서 밤을 지내려 해 보았습니다만, 물것이 어떻게나 많은지 눈을 붙일 수가 없을 지경이었습니다. 할 수 없이 밖

에 나가 집 뒤꼍에 자리 잡을 수밖에 없었습니다. 넓이 석 자쯤 되는 돗자리가 2개월 동안 밤낮으로 우리 침대노릇을 하였습니다. 그 돗자리는 축축한 땅 위에 깔려 있고, 이 계절에 자주 내리는 큰비가 오는 동안에는 다른 돗자리 또 한 장이 차양(遮陽)노릇을 하였습니다(〈1846년 10월 26일자 다블뤼 신부의 서한〉).

이 서한의 내용처럼 1846년 7월부터 9월까지 초라한 오막살이에서 궁핍하게 생활하던 선교사들은, 박해가 끝난 9월 하순부터 활동을 재개하기로 결심하였다. 이때는 피신했던 신자들도 돌아와 있었으므로 사목 순방 여행을 계속할 수 있었기 때문이다. 그러나 김대건 신부가 순교한 뒤 두 명의 선교사가 조선 전 지역을 모두 담당하기에는 어려움이 많았다. 이에 페레올 주교는 중국에 있는 메스트르 신부와 최양업 신부의 입국을 계획하였는데, 그 결과 최양업 신부는 1849년 12월 3일 조선으로 들어올 수 있었고, 최양업 신부와 함께 입국을 시도했던 메스트르 신부는 1852년 8월에 조선 땅을 밟을 수 있었다. 하지만 1853년 2월에 페레올 주교가 사망하고, 1854년 3월에 입국한 장수 신부마저 3개월 만인 6월 18일에 뇌염으로 봉천에서 사망함으로써, 조선교회의 선교사 부족은 계속되었다.

> **봉천에서 선종한 장수 신부**
> 장수 신부의 선종지에 대해서는 기존에 공주의 둠벙이(공주시 신풍면 조평리)로 알려져 왔으나, 오늘날의 지명으로 서울시 관악구에 속하는 봉천동 일대가 맞다(방상근, 〈장수 신부의 선종지〉 1·2).

페레올 주교가 세상을 떠난 후 조선교회는 임시로 메스트르 신부가 지휘하였다. 그것은 메스트르 신부의 나이가 다블뤼 신부 보다 많았기 때문이다. 이후 1856년 제4대 교구장인 베르뇌 주교가 입국할 때까지, 조선교회는 2명의 선교사와 1명의 한국인 신부에 의해 운영되었다.

2. 성모 성심회의 설립

1846년 병오박해가 일어나자, 페레올 주교와 다블뤼 신부는 조선에서 처음 체험하는 박해로 말미암아 상당한 위기의식을 느끼게 되었다. 그래서 그들은 다시 순방 여행을 떠나기에 앞서 전능하신 분의 보호 아래 활동을 재개하고자 했다. 특히 1841년 8월 22일 교황청에서 '원죄 없이 잉태되신 동정 마리아'를 조선의 주보로 정한 것과, 김대건 신부가 라파엘 호를 타고 위험한 여행을 할 때 성모 마리아께 의지함으로써 보호를 받았던 일을 상기하면서, 성모 마리아의 도움으로 모든 위험을 면할 수 있다고 믿었다. 이에 페레올 주교와 다블뤼 신부는 자신들도 성모 마리아의 도움 아래 활동하기 위해 1846년 11월 2일 수리치골(지금의 충남 공주시 신풍면 봉갑리)에 '성모 성심회'(聖母聖心會)를 설립하였다.

> **성모 성심회**
> 이 신심회의 본래 이름은 "죄인들의 회개를 위한 지극히 거룩하고 티없으신 마리아 성심회"(Confraternitas Sanctissimi et Immaculati Cordis Mariae pro convertione peccatorum)이다.

이 신심회는 1836년 12월 16일 프랑스 파리에 있는 '승리의 성모'(Notre-Dame-des-Victoires) 대성전의 주임인 데쥬네트(Charles Eleonore Dufriche Desgenettes) 신부가 설립한 것으로, 성모 마리아를 공경하고, 마리아의 전구(轉求)로 하느님께 죄인들의 회개를 청하는 것을 목적으로 하였다. 이 회에 들고자 하는 신자들은 신부에게 청해서 자신의 이름을 회의 명부에 기록하여야 하며, 회원이 된 뒤에는 날마다 성모 마리아께 "죄인의 의탁, 저희를 위하여 빌어주소서" 하고 기도한 후에 성모송을 한 번 외워야 했다. 그리고 '기적의 패'를 몸에 지니고, "원죄 없이 잉태되신 동정 마리아님, 저희를 위하여 빌어주소서"라고 기도하며, 회에서 정해 준 날에 영성체해야 하였다.

페레올 주교와 다블뤼 신부는 자신들도 성모 마리아의 도움 아래 활동하기 위해 1846년 11월 2일 수리치골에 성모 성심회를 설립하였다. 수리치골 전경.

회원들은 신심회에 가입한 날, 사순절 3주간 전 주일, 예수 할손례(割損禮) 축일(지금의 1월 1일 천주의 성모 마리아 대축일), 주님 봉헌 축일(2월 2일), 주님 탄생 예고 대축일(3월 25일), 성모 승천 대축일(8월 15일), 동정 마리아 탄생 축일(9월 8일), 고통의 성모 마리아 기념일(9월 15일), 원죄 없이 잉태되신 동정 마리아 대축일(12월 8일), 성녀 마리아 막달레나 기념일(7월 22일), 회원의 세례일, 성 요셉 대축일(3월 19일) 등에 고해와 영성체를 하고 교황의 뜻대로 기도하면 전대사를 얻었다. 또 임종 때 영성체하거나 혹 못하여도 마음으로 예수를 열심히 부르면 전대사를 얻을 수 있고, 매월 두 날을 정하여 고해·영성체하고 성당이나 공소에 가서 조배하며 교황의 뜻대로 기도하면 전대사를 얻었다. 그리고 병자는 성당에 가서 조배를 못하므로, 고해 신부에게 다른 기도로 바꾸어 주기를 청한 뒤 기도하면서 고해·영성체하고 교황의 뜻대로 기도하면 전대사를 얻었다. 이 밖에 기도를 할 때, 죄인을 회개

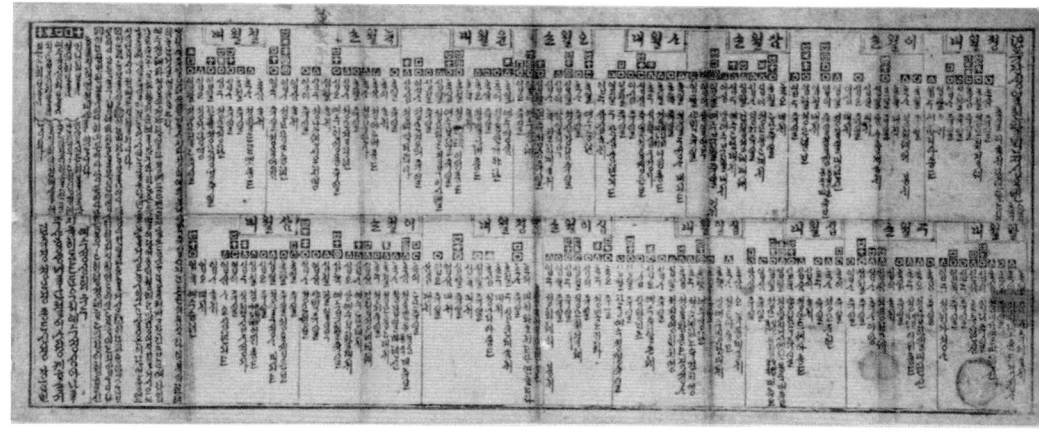

1865년 을축년 〈첨례표〉. 당시 첨례표에는 성모 성심회와 관련된 날에 회원들이 전대사를 얻을 수 있는 방법이 수록되어 있었다(사진 왼쪽 부분).

시킬 뜻으로 하면 100일의 한대사를 얻고, 죄인의 회개를 위하여 기도하는 예절에 참여하면 500일의 한대사를 얻을 수 있었다.

성모 성심회의 설립 후 선교사들은 곧바로 데쥬네트 신부에게 편지를 보내 수리치골에 세워진 이 신심회를 그의 명부에 올려 달라고 청하였고, 그런 다음 성사를 주기 위해 다시 교우촌 순방에 나섰다.

한편 최양업 신부는 신학생 때 이미 성모 성심회에 가입했는데, 이러한 사실은 이 단체가 조선에 설립되기 이전부터 조선교회와 관계를 맺고 있었음을 말해 준다. 아울러 1865년과 1866년의 〈첨례표〉(瞻禮表)에 성모 성심회 회원들이 전대사를 얻는 방법이 수록되어 있는 것으로 보아, 성모 성심회는 1866년 병인박해가 발생하기 직전까지도 유지되고 있었음을 알 수 있다.

3. 철종의 즉위와 천주교

최양업 신부가 입국한 이후 여러 명의 선교사들이 조선으로 들어와 활동함으로써 조선교회는 상당한 발전을 이루게 되었다. 그리하여 기해박해(1839) 직전 10,000명이었던 신자 수는 기해박해로 수많은 사람들이 희생되었음에도 불구하고, 베르뇌 주교의 입국 직후인 1857년에는 15,206명까지 증가할 수 있었다.

이러한 교회의 발전은 이 시기에 일어난 정치 변화와 밀접한 관련이 있었다. 즉 1849년에 헌종이 사망하고 철종(哲宗, 1849~1863)이 새로운 왕으로 즉위하면서 천주교에 대한 박해가 소강상태를 유지하였던 것이 중요한 이유가 되었다.

아래의 세계표에서 알 수 있듯이, 철종은 1801년에 순교한 송 마리아의 손자이자, 신 마리아의 조카이며, 철종의 할아버지인 은언군(恩彦君)은 비록 신자는 아니었지만 부인과 며느리 때문에 죽임을 당하였다.

이러한 정황에서 철종이 즉위하자 대왕대비는 은언군과 관련된 기록들을 없애라는 명령을 내렸고, 1851년 초에는 '은언군이 사교(邪敎, 천주교)에 물들었기 때문에 처형되었다'라는 것이 잘못된 사실임을 중국에 상주(上奏)하여 허락을 받기도 하였다.

따라서 이 시기 천주교에 대해 적극적으로

> **은언군과 관련된 기록**
> 황사영의 추안(推案)에 실린 〈백서〉에는 은언군과 관련된 기록이 의도적으로 삭제되어 있다. 즉 〈백서〉의 내용 중 69행인 '先王有庶兄一人, 其子逆謀而 死, 先王放之江島, 擧國請誅, 而先王不許, 其妻及子婦留 在 舊宮'(인용문 중 □는 삭제되지 않은 글자이다)과 70행 중 은언군의 처와 며느리인 송 마리아와 신 마리아에게 사약을 내렸다는 '사약'(賜藥)이라는 표현과 은언군을 지칭하는 강도죄인(江島罪人) 중 강도 및 그에게 사약을 내렸다는 사약이라는 표현이 삭제되어 있는데, 이것은 철종의 즉위와 관련해서 내려진 조치가 1801년의 기록에도 적용되고 있음을 보여 준다(방상근, 〈황사영 백서의 분석적 이해〉).

철종의 세계표(世系表)

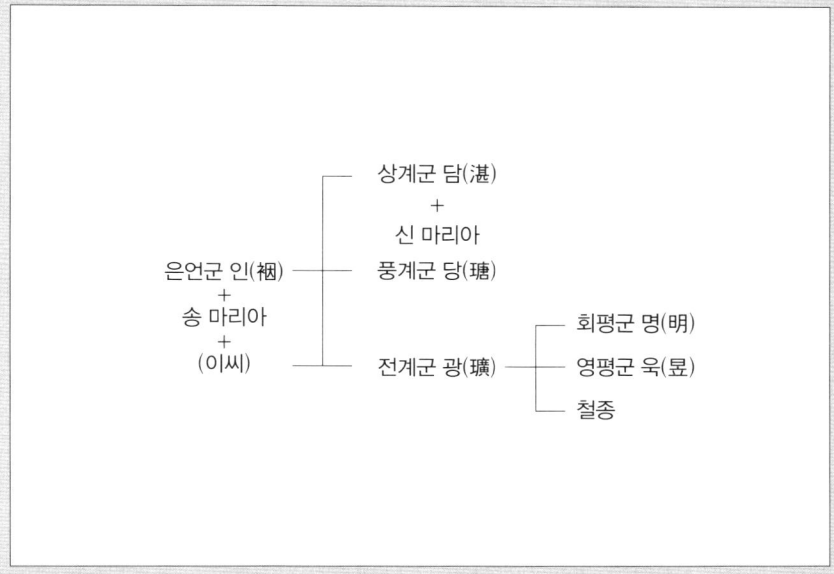

1849년 헌종이 후사 없이 승하하자 철종이 왕위에 올랐다. 철종은 정조의 이복동생인 은언군 인의 손자이자 전계군 광의 아들이다. 은언군 인은 신자가 아니었으나 천주교 신자인 부인 송 마리아와 며느리 신 마리아가 신유박해 때 순교하였기에, 이 시기 천주교에 대한 박해는 문제가 될 소지가 있었다. 때문에 철종 재위기에 천주교 박해는 소강상태를 유지하였고 조선교회는 상당한 교세 발전을 이룰 수 있었다.

박해를 가하는 것은, 은언군이 천주교와 무관하다는 것을 밝혔다고는 하지만, 왕의 할머니와 숙모가 천주교로 인해 사약을 받은 일이 남아 있었기 때문에 문제가 될 수 있었고, 이에 적극적인 박해가 일어나지 않았다고 할 수 있다. 그 결과 교세는 1857년 이후에도 계속 증가하여 1859년에는 16,700명, 1861년에는 18,035명, 1865년에는 23,000명까지 늘어났다.

4. 영해회의 활동과 규식

1) 어린이 구호 사업

페레올 주교가 세상을 떠난 후 조선교회를 지도하던 메스트르 신부는 1854년경부터 영해회(嬰孩會, 즉 聖嬰會) 사업을 시작하였다. 영해회는 1843년 프랑스 파리에서 장송(Holbon Janson)에 의해 설립되었는데, 설립 목적은 죽을 위험에 처한 어린이에게 대세(代洗)를 주고, 버려진 아이들을 거두어 양육하는 데 있었다. 당시 프랑스에서는 산업혁명의 여파로 많은 사람들이 심각한 빈곤에 처해 있었기 때문에 버려지는 아이들이 적지 않았다. 이러한 상황에서 장송은 영해회를 통해 어린이 구호 사업을 전개하였고, 이후 영해회는 프랑스 국내뿐만 아니라 선교 지역에까지 확대되어 많은 성과를 얻었다.

한국에서 처음 영해회 사업을 시작한 메스트르 신부는 버려진 어린아이들을 신자 가정에 맡겨 양육하도록 하였고, 대세(代洗)를 줄 사람을 임명하였으며, 아이들이 장성하면 신자들이 생업을 가르치고 일자리를 알선해 주도록 하였다. 메스트르 신부에 이어 영해회 사업을 보다 체계화시킨 사람은

영해회는 1854년경 메스트르 신부가 한국에서 처음 시작한 사회복지사업으로, 버려지는 어린아이들을 거두어 신자 가정에서 양육하도록 하였다. 1899년 무렵의 성영회 여자아이들.

제4대 조선 대목구장인 베르뇌 주교였다.

그는 1857년 3월 26~28일에 조선교구 최초의 시노드를 개최하면서 **영해회의 규칙**도 논의했는데, 이 규칙은 1857년 5월 6일 베르뇌 주교에 의해 작성되어 전국 각처의 공소 회장에게 전해졌다.

그 결과 **영해회 사업**은 전국적으로 실시되었는데, 서울의 경우 정의배(丁義培, 마르코, 1795~1866) 회장은 버려진 아이들이 있으면 신자들에게 데려오게 하고, 데려온 아이는 먼저 자기 집에 두었다가 젖 있는 신자를 찾아 맡겼으며, 맡길 사람을 얻지 못하면 열흘이나 이십여 일을 자기 집에서 길렀다고 한다.

영해회의 규칙
〈영해회 규식〉은 1857년 8월 2일에 반포된 〈장주교윤시제우서〉(張主教輪示諸友書)와 박해시대의 저술로 알려진 〈회장규조〉에 수록되어 전해진다.

영해회 사업
기록에 의하면 1856년에는 52명, 1859년에는 43명의 고아가 영해회 본부의 지원을 받아 양육되었고, 이러한 영해회 본부의 원조는 1866년 병인박해가 일어날 때까지 계속되었다.

영해회 문서

■ 영해 외인(비신자)에게서 데려올 때 받을 문서

우 명문사단은 간난소치로 나 (아무)가 몇 살 된 (아무)를 양육할 도리가 없어, 우인 앞에 영영 찾지 못할 줄로 알고 두오니, 만일 일후에 찾는 폐단이 있거든, 이 아이 먹인 값을 물어 주기로 작정하오니, 한 달 먹인 데 두 냥씩 물어 주고야 찾아갈 것이요, 그렇지 아니하면 이 문서 가지고 고관변정하옵소서.

년 월 일
부모 성명 (아무)
교우증인 성명 (아무)

■ 영해 맡을 때 신사(신부)께 바칠 문서

죄인 (아무)가 몇 살 된 영해 (아무)를 맡아 집에서 기르오니, 영해 규식대로 온전히 시행하옵기로 문서하여 바치오니, 일후에 무슨 사정이 있더라도 다 명령대로 하옵겠나이다.

년 월 일
맡은 이의 성명 (아무) 쓰다

* 이 영해회 문서는 《장주교윤시제우서》에 실려 있는 것으로, 우 명문사단(右明文事段)은 '이 문서를 작성하는 것'이라는 뜻이며, 이 표현은 계약서를 작성할 때 첫머리에 쓴다. 간난소치(艱難所致)는 '가난하여', 우인(右人) 앞에는 'OO에게', 일후(日後)는 '뒷날', 고관변정(告官辨正)은 '관청에 알려 옳고 그름을 가리다'라는 뜻이다.

영해회 사업을 보다 체계화시킨 사람은 베르뇌 주교이다. 그는 《장주교윤시우제서》에 〈영해회 규식〉을 첨부하여 각 지역 공소로 보냄으로써 영해회 사업을 전국적으로 알리는 동시에 신자들로 하여금 그 활동에 참여하도록 유도하였다.

2) 〈영해회 규식〉

〈영해회 규식〉에서는 먼저 영해회의 목적을 설명하고, 이어서 아이의 양육과 관련된 세부규칙을 자세히 기록하고 있다. 즉 양육할 아이의 대상, 양육하는 사람들의 의무, 양육 절차, 필요한 금전[要錢]의 문제, 양육과 관련된 여러 문서 양식을 수록하고 있다.

이에 따르면 당시 아이를 거두어 기르려는 사람은 아이의 부모나 거주하는 집 주인에게 양육 포기 문서를 받아 회장에게 주고 그 사본을 신부에게 보내도록 하였다. 또한 회책(會冊)에 영해로 치부(置簿)한 후에야 비로소 도와주는데, 치부하는 것은 다만 신부나 권한을 위임받은 회장만이 할 수 있고 다른 회장은 하지 못하였다. 그리고 아이를 맡은 사람은 이 회칙대로 시행할 것을 약속한 문서를 작성하여 신부에게 바치고, 사본을 회장에게 두도록 하며, 필요한 금전은 달마다, 또는 몇 달마다 신부가 안배하여 준다고 하였다. 따라서 당시 한국의 영해회 사업은 각 지역을 맡고 있던 신부들의 책임 하에 공소 회장 중 어떤 사람을 정해 고아들의 선정 및 관리를 맡기고, 각 공소 회장은 이의 지시에 따라 그 지역 영해회 사업을 전개한 것으로 생각된다.

한편 1886년에 필사된 《미과수원》(美果收園)에는 영해회의 목적과 입회 자격, 회원의 의무, 이를 통해 얻는 은사 등이 수록되어 있다. 이에 따르면 영해회의 회원은 신자 자녀만이 될 수 있고, 이들이 21세가 되면 전교회에 가입할 것을 권고하고 있다. 그리고 회원들은 날마다 성모송과 회에서 정한 기도문을 외워야 하며, 매년 은 6푼씩을 바쳐야 회의 은사를 얻을 수 있다고 되어 있다.

5. 신학교의 설립과 변화

조선 대목구가 설정된 이후 조선 지역을 맡게 된 파리 외방전교회는 현지인 성직자 양성을 첫 번째 목적으로 삼았다. 즉 현지인 성직자를 양성하여 그들의 힘으로 교회 유지가 가능해지면, 그들에게 교회의 운영을 맡긴다는 것이었다. 그 결과 1836년 첫 번째 선교사가 진출하자마자 김대건·최양업·최방제 등 3명의 소년을 마카오로 유학 보냈고, 앵베르 주교도 정하상 등을 신학생으로 선발하여 교육하였다. 그러나 이 시기 국내의 신학생 양성 계획은 기해박해(1839)로 선교사와 신자들이 순교함으로써 결과를 보지 못한 채 끝이 났다.

한편 김대건 신부는 부제 때인 1845년 1월에 조선으로 들어와 4월 말 선교사들을 입국시키기 위해 중국으로 떠날 때까지 14세 된 2명의 학생들을 가르쳤고, 또 다른 2명의 아이를 지명해 두고 있었다. 그리고 1845년 10월에 입국한 페레올 주교는 입국 후 사제 양성을 위한 여러 가지 방안들을 모색하였는데, 만주에 신학교를 세워 사제를 양성하거나, 조선 내에서 신학생들을 교육하거나, 국내에서 신학생을 양성하면서 유학을 보내 사제 교육을 받게 하는 것 등이었다.

이러한 계획 속에 페레올 주교와 다블뤼 신부는 1850년 이전에 이미 신학생을 선발해서 사목 순방 중에 데리고 다니며 라틴어 등을 지도하였고, 1850년경에는 일정한 곳에 신학교를 마련하여 병으로 사목 순방을 하지 못하는 다블뤼 신부에게 병이 나을 때까지 신학생들을 맡아보게 하였다. 그리고 1852년 초에는 배티에서 교육받은 신학생 2명을 말레이 반도의 **페낭(Penang) 신학교**로 유학을 보내려다 실패하였다. 그러나 2년 뒤

> **페낭 신학교**
> 파리 외방전교회가 1808년 말레이반도의 페낭 섬 풀라우 티쿠스(Pulau Tikus)에 세운 신학교. 박해 때문에 신학교를 세울 수 없었던 중국과 조선 등 동양 10여 개국에서 온 학생들이 신학교육을 받았다. 신학생들뿐만 아니라, 조선에 파견된 선교사들도 페낭 신학교와 일정한 관계가 있었다. 즉 제2대 조선교구장인 앵베르 주교는 1821년 3월 페낭에 도착한 후 신학교에서 몇 달 동안 라틴어와 신학을 가르쳤고, 샤스탕 신부는 1828년 이래 4년간 이곳에서 학생들을 가르쳤다. 그리고 초대 조선 교구장인 브뤼기에르 주교는 1829년 6월 주교 서품식을 가진 후 페낭 섬으로 파견되어 1832년 7월까지 사목하였다.

인 1854년 3월에는 이만돌(바울리노)·김 요한·임 빈첸시오 3명의 신학생을 페낭 신학교로 유학 보낼 수 있었다.

이만돌 등은 1855년 6월 12일 페낭 신학교에 도착하여 공부를 시작하였다. 하지만 건강이 좋지 않았던 이만돌은 1년 만인 1856년 10월에 페낭을 떠나 홍콩으로 왔다가 1861년 4월 7일에 랑드르(J.M.P.E. Landre, 洪, 1828~1863)·조안노(P.M. Joanno, 吳, 1832~1863)·리델(F.C. Ridel, 李福明, 1830~1884)·칼레(A.-N. Calais, 姜, 1833~1884) 신부와 함께 조선으로 귀국하였고, 나머지 2명은 신학교의 전 과정을 마치고 1862년 2월에 페낭을 떠나 1863년 6월 23일에 오메트르(P. Aumaître, 吳, 1837~1866) 신부와 함께 귀국하였다.

한편 조선 내의 신학생 교육은 유학생 파견 이후에도 계속되었는데, 1855년 1월경에는 메스트르 신부에 의해 배론에 성 요셉 신학교가 개설되었고, 다블뤼 신부는 예비 학교(école préparatoire)를 맡아 신학교 입학 준비생들을 교육하였다. 배론 신학교의 교사(校舍)는 장주기(張周基, 요셉, 1803~1866)가 제공했는데, 그는 1843년경부터 배론에 거주하다가 신학교가 설립된 후 신학교의 경리를 맡았고, 학생들에게 한문을 가르치기도 하였다.

이후 배론 신학교는 1856년에 새로 입국한 푸르티에 신부가 교장으로 임명되어 학생들을 지도하였고, 1861년에는 프티니콜라 신부가 교사로 합류하였다. 그리고 1861년과 1863년에는 페낭으로 유학 갔던 3명의 신학생이

1854년 3월에 이만돌·김 요한·임 빈첸시오 3명의 신학생이 페낭 신학교로 유학간 이후 1855년 1월경 배론(사진 위)에 신학교가 세워졌다. 메스트르 신부에 의해 개설된 이 학교는 장주기가 제공한 3칸짜리 초가 살림집을 교사로 썼다.

1856년에는 새로 입국한 푸르티에 신부가 배론 신학교 교장으로 임명되었고, 1861년에는 프티니콜라 신부가 교사로 합류하였다. 그리고 1861년과 1863년에는 페낭으로 유학 갔던 3명의 신학생이 편입하였다. 그러나 병인박해로 선교사가 순교하면서 학교도 폐쇄되었다(배론에 복원된 성 요셉 신학교).

편입하였다.

이러한 과정 속에 신학교 교육은 점차 체계를 잡아 갔다. 하지만 신학생들은 박해의 위험을 피하기 위해 몇 명씩 나뉘어 각기 다른 마을에 기숙하며 학교를 오가야 했고, 신학교의 열악하고 위험한 환경은 신학생들의 건강을 해치기도 하였다.

> 빈약하기 짝이 없는 이 신학교의 학생들은 거의 환자들이며, 우리는 병으로 그들을 점차 잃어 가고 있습니다. 4명의 신학 과정 학생 모두 폐병을 앓고 있습니다. 이러한 병의 원인은 신선한 공기의 산과 장소의 협소함에 있기보다,

신학교 지원 문서

■ 아이를 학당[신학교]에 드릴 때에 받을 문서

죄인 (아무)가 내 아들 (아무)를 연수하는 공부하기로 자원하여 바치오니, 공부하는 햇수와 지방은 신사[신부]네 안배하시는 대로 대령하며, 다시 찾지도 아니하고 나오기로 권하지도 아니할 것이요, 일후에 무슨 사정을 의논하지 않고, 혹 도로 찾거든 그 사이에 허비한 것을 세세히 물어 바치오리다.
이 문서 아래 부모의 이름을 쓰고 수결[手決] 두라.

년   월   일

조선 선교지를 맡은 파리 외방전교회는 현지인 성직자 양성을 첫 번째 목적으로 삼았다. 즉 현지인을 성직자로 양성하여 그들에게 교회의 운영을 맡긴다는 것이었다. 그 결과 1836년 첫 번째 선교사가 진출하자마자 김대건·최양업·최방제 등 3명의 소년을 마카오로 유학 보냈고, 앵베르 주교도 정하상 등을 신학생으로 선발하여 교육하였다. 이 신학교 지원 문서는 《장주교윤시제우서》에 수록되어 있는 문서로 작성한 후에는 도장 대신 자기 성명이나 직함 아래 자필로 쓰던 일정한 자형(字形)인 수결을 받도록 되어 있다.

운동과 활동의 부족에 있다고 봅니다. 우리 신학교는 위험한 환경에 말려 있는데, 우리는 가난한 농부의 집과 나란히 연결되어 있으며, 우리의 모든 건물들이 그 집의 굴뚝에 의지하고 있는 형상이며, 또한 가능한 한 가장 작은 공간에서 생활하고 있는데, 나의 불쌍한 학생들은 낮이나 밤이나 문을 굳게 닫고, 병에 걸린 상태에서 공부합니다. 학생들은 자기들 옆에 길게 땋아 내린 머리를 넓게 펼쳐 놓은 채 작은 방에서 생활하고 있습니다. 이웃의 비신자들로부터 주목받고 있다는 걱정이 우리들로 하여금 자유롭게 나가는 것을 억제하게 하며… (〈1865년 4월 2일자 푸르티에 신부 서한〉).

이러한 어려움에도 불구하고 조선의 신학생 교육은 꾸준히 이어졌고, 1864년 11월에는 배론을 방문한 베르뇌 주교가 이만돌에게 삭발례, 임 빈첸시오에게 소품(小品)을 주기도 하였다. 그러나 10년간 신학생들을 교육하던 배론 신학교는 1866년 병인박해가 발생하면서 폐쇄되고 말았다.

제2절 교세의 확대

1. 교회 체제의 재정비—사목 서한 반포

페레올 주교가 사망한 후 1854년 8월 공석으로 있던 조선 대목구장에 만주 대목구의 부주교로 지명된 베르뇌 신부가 임명되었다. 이것은 페레올 주교가 이미 1845년에 그를 부주교로 지명하여 자신의 교구장직을 승계토록 했고, 교황청에서 페레올 주교의 뜻을 받아들인 결과였다.

베르뇌 신부는 1854년 12월 24일에 임명 칙서를 받았다. 그러나 베르뇌 신부는 이미 만주 대목구의 부주교로 임명되어 사흘 뒤 주교품을 받기로 되어 있었다. 이러한 상황에서 베르뇌 신부는 주교품은 받되, 사목지는 조선을 선택하였다. 그리하여 1854년 12월 27일 요양(遼陽) 북서쪽에 있는 사령(沙嶺)에서 주교품을 받고 이듬해 9월 상해로 가서 푸르티에 신부·프티니콜라 신부를 만나 함께 1856년 3월 조선에 입국하였다.

조선으로 떠나기에 앞서 부주교를 선택할 수 있는 권한을 받은 베르뇌 주교는, 입국 후 다블뤼 신부를 부주교로 임명하고 1857년 3월 25일에 주교 서품식을 거행하였다. 이 서품식은 서울의 주교 거처에서 밤중에 이루어졌으며, 메스트르 신부, 프티니콜라 신부, 최양업 신부와 서울의 회장들, 그리고 몇 명의 신자들이 참석하였다.

주교 서품식 다음 날에는 조선교회 최초의 시노드가 개최되었다. 3일(3월 26~28일) 동안 지속된 이 회의에서는 선교사들의 행동 규칙과 활동 계획이 수립되었고 신자들의 신앙생활에 대한 지침과 영해회 규정 등이 논의되었다. 그리고 이 시노드에서 결정된 영해회 규정은 베르뇌 주교에 의해 1857년

5월 6일에 작성되었고, 신자들의 신앙생활에 대한 지침은 1857년 8월 2일에 〈장주교윤시제우서〉란 이름으로 신자들에게 반포되었으며, 선교사들이 지켜야 할 행동 규칙은 1858년 4월에 라틴어로 작성되어 선교사들에게 보내졌다. 〈장주교윤시제우서〉는 최초의 공식 사목 지침서로, 신자들이 평소 힘써야 할 행동과 도리(道理), 성사(세례·견진·성체·고해·종부·혼인) 및 영해회 규칙 등이 수록되어 있다.

즉 평상시나 미사 또는 모든 예절 때에 신자들이 갖추어야 할 복장, 몸가짐, 태도, 남녀 간에 조심해야 할 사항 등이 규정되어 있으며, '도리'에서는 교리를 모르는 자는 구원할 방법이 없다고 전제한 뒤, 노소(老少)를 막론하고 교리 공부에 힘쓸 것을 당부하고 있다. 특히 자식을 가르치는 것이 부모의 본분임을 강조하는 가운데, 삼본문답(三本問答)과 아침·저녁기도[早晩課]를 가르칠 것을 권하고 있다. 또 '성사'에서는 성품성사를 제외한 여섯 가지 성사를 설명하고 있는데, 세례와 관련해서 삼본문답과 십자가의 길 기도를 익힐 것, 신부가 없을 때는 회장(會長)이 대세(代洗) 주는 권한이 있음을 밝히고 있다. 그리고 견진을 위해서는 견진문답을 배울 것을, 성체성사 때에는 성체를 받아 모시는 법을 잘 배울 것을, 고해 때에는 고해하는 방법과 이단(異端)의 물건을 두는 자는 고해를 못할 뿐만 아니라 공소에도 오지 못한다고 경계하고 있다. 이어 종부 때에 집주인이 해야 할 행동을 설명하고 있으며, 혼인과 관련해서는 자녀의 의사를 존중할 것과 과부의 재혼을 권고하는 등 당시 조선 사회의 관습과는 다른 내용들을 담고 있다. 그리고 마지막에 영해회 규칙을 수록하여 영해회에 대한 내용과 몇 가지 서식(書式)들을 소개하였다.

> **삼본문답**
> 교리문답 중에서 가장 기본이 되는 세 가지 문답, 즉 세례문답, 고해문답, 성체문답을 가리킨다.

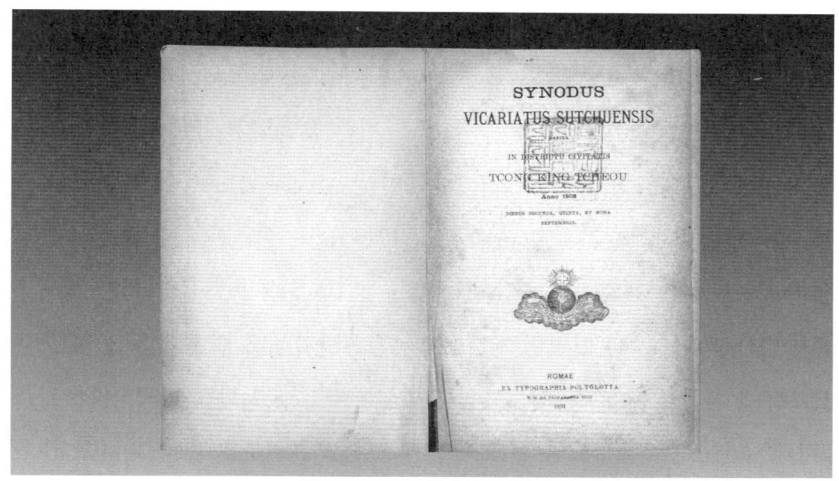

사천 시노드 자료집. 이 사천 시노드의 결정 사항은 조선교회의 체제를 정비하고 다져 나가는 데 중요한 역할을 하였다.

또한 성직자들에게 보낸 1858년 4월의 사목 서한(Lettre pastorale de Mgr. Berneux)에서는, 시노드 이후 조선교회의 규칙서를 만들려고 노력했으나 1803년 중국 사천성에서 개최된 시노드의 교령을 따르는 것이 가장 효과적인 방법이라고 생각했다는 것과 이에 그 교령에 수록되어 있는 규칙, 권유, 훈시를 철저히 준수할 것을 명령하고 있다. 아울러 조선의 사정에 맞지 않는 조목은 삭제하고, 추후에 개정하겠다는 뜻도 밝히고 있다. 이어 선교사들이 사제직을 수행할 때 지녀야 할 마음가짐과 자세, 성사를 집전할 때 주의해야 할 사항들이 서술되어 있으며, 사천 시노드의 교령 중에 조선교구에 적용 가능한 것, 그리고 그것을 적용할 때의 주의 사항 및 새로이 추가된 내용들을 수록하고 있다. 이 중 조선교구에 적용 가능한 교령의 내용과 새로 추가된 것으로는, '선교사들은 부동산을 매입할 수 없고 신자들과 금전 거래를 하지 말 것, 성물 분배와 출판물 배포 시의 유의점, 관할 구역 밖의 여행 및 성사 집전, 신자들과의 접촉에 따른 위험 문제, 공소 방문 시의 주의점, 중매 금지, 미사 때의 복장 문제, 휴가 기간 동안의 저술 활동 권고, 보고서 작성 요령, 영해회 운영과 보고, 관면의 남용 금지, 신부들이 생활하고 남은 재물과 돈은 교구로 반환' 등인데, 선교사들은 이러한 것들을 선교활동 중에 실천해야만 했다.

결국 1857년 3월에 있었던 시노드와 이의 결과로서 반포된 사목 서한은 신자들의 신앙생활과 성직자들의 선교 활동에 지침서가 되었으며, 이러한 지침에 근거한 신앙생활과 선교 활동은 조선교회의 체제를 정비하고 다져 나가는 데 중요한 역할을 하였다.

2. 경신박해와 북경 함락

시노드가 끝난 직후인 1857년 3월 31일 페롱 신부가 서울에 도착하였다. 그 결과 1857년 3월 말 당시 조선에는 주교 2명, 외국인 선교사 4명, 조선인 신부 1명이 있게 되었다. 하지만 다블뤼 주교는 조선의 순교자들에 대한 자료를 수집하고 있었고, 푸르티에 신부는 신학생 교육을, 프티니콜라 신부는 건강 때문에 다블뤼 주교의 일을 도와주고 있었다. 이에 7명의 선교사 가운데 선교 활동을 할 수 있는 인원은 4명에 불과했는데, 그나마 1857년 12월 20일에는 성모 승천 구역을 담당하던 메스트르 신부마저 병

> **성모 승천 구역**
> 성모 승천 구역은 충청도 서부와 경상도 서부 지역이다. 메스트르 신부 선종 이후 그가 담당했던 구역은 1857년 3월에 입국한 페롱 신부가 담당하였다. 페롱 신부는 이외에 성모 성탄 구역(홍주 일대)도 함께 맡았다(차기진, 〈최양업 신부의 사목 중심지에 대한 연구〉, 〈최양업 신부의 사목지역과 선종지 연구〉).

으로 선종하고 말았다.

이러한 상황에서 1860년에 경신박해가 일어났다. 달레 신부의 《한국천주교회사》에 의하면, 이 박해는 1859년 12월부터 시작되어 이듬해 8월까지 진행되었으며, 좌포도대장이 주도하였다. 즉 좌포도대장은 천주교의 교세가 날로 확대되자 서울과 지방의 천주교 신자들을 체포하기 시작했는데, 그 결과 서울에서는 여러 명의 유력한 신자들이 체포되었고, 지방의 경우는 서너 군데의 교우촌이 습격을 받아 30명가량의 신자들이 체포되어 서울로 압송되었다. 교우촌을 습격한 포졸들은 신자들의 집을 약탈하고 온 마을을 불사르거나 파괴하였다. 이에 신자들은 한겨울임에도 불구하고 박해를 피해 산골로 피신할 수밖에 없었고, 그 과정에서 많은 신자들이 굶주림과 추위로 죽어 갔다. 그러나 1860년의 박해에 대해 조정은 포도대장의 행위를 좋게 여기지 않는 분위기였다. 오히려 포졸들이 신자들을 체포하는 과정에서 재산을 약탈하거나 방화한 사실이 문제가 되었고, 이에 조정에서는 더 이상의 체포를 금지하는 한편 9월에는 투옥된 신자들을 석방하였다.

경신박해가 마무리될 즈음, 중국에서는 1860년 10월에 수도 북경이 영국과 프랑스 연합군에 의해 함락되는 사건이 벌어졌다. 이것은 1856년 10월 애로우 호 사건을 계기로 벌어진 제2차 중영전쟁(1856~1860)의 결과였다. 즉 1857년 11월 군대를 파견한 영국과 프랑스가 태고(太沽)를 점령하고 천진을 위협하자, 중국은 1858년 6월에 양국과 천진조약(天津條約)을 맺고 화

> **좌포도대장**
> 당시 좌포도대장은 임태영(任泰瑛), 우포도대장은 신명순(申命淳)이었다. 임태영은 1860년 윤3월 23일에 물러나고 신명순이 좌포장직을 겸임하였다. 그러다가 1860년 5월 10일에 허계(許棨, 좌포도대장)와 신관호(申觀浩, 우포도대장)가 새로 임명되었다.
>
> **애로우 호 사건**
> 1856년 10월 광동항에 있던 애로우(Arrow) 호에 중국 관헌이 올라와 영국기를 끌어내리고 중국인 선원 12명을 해적 용의로 체포한 사건.

의하였다. 그런데 천진조약에 의하면 조약의 비준서는 1년 이내에 북경에서 교환하도록 되어 있었다. 그러나 청국은 상해에서 비준서를 교환하기를 원하였다. 이 문제로 중국과 영국·프랑스는 다시 군사적으로 충돌하게 되었고, 결국 영국과 프랑스 연합군은 1860년 10월 북경에 입성하였다.

북경이 함락된 소식, 즉 궁궐이 불타고, 황제가 도망가며, 서양 국가에 종교와 통상의 자유를 주었다는 소식은 1860년 말경에 조선에 알려졌고, 1861년 2월에 귀국한 사신을 통해 좀 더 구체적으로 전해졌다. 천하의 중심이요, 만방(萬邦)의 종주국으로 자처하던 중국이 패배한 이 사건은 조선에 커다란 충격으로 작용했으며, 이에 조선인들은 서양에 대한 두려움이 더욱 커졌다.

> 서울에서 시작하여 전국으로 퍼진 공포로 말미암아 모든 일이 중단되었고, 부자나 넉넉한 집안들은 산골로 도망하였다. … 높은 관직에 있는 관리들이 신자들에게 겸손되이 보호를 부탁하고 위험의 날에 대비하여 종교 서적이나 고상(苦像)이나 성패(聖牌)를 장만하려는 교섭을 벌였다. 어떤 관리들은 공공연하게 천주교의 이 표지들을 허리에 차고 다니기까지 하였다. 포졸들은 그들이 모인 자리에서 제각기 천주교 신자들에 대한 수색에 조금이라도 협력한 것과 그들에게 가한 고문을 변명하였다. 온 백성이 이성을 잃을 만큼 당황한 것 같았다(샤를르 달레; 안응렬·최석우 역주, 《한국천주교회사》 하, 1980, 318쪽).

달레 신부의 《한국천주교회사》에 수록된 위의 내용처럼, 중국의 패배 소식은 조선 사람들을 공포로 몰아넣었고, 이에 조선인들 중에는 서양인들의 조선 침입에 대비하여 천주교에 의탁하려 성물(聖物)을 구입하거나 기도문과 교리문답을 배우는 사람들도 있었다. 그러나 얼마 뒤 북경 함락에 대한 공포가 사라지면서 이러한 현상은 수그러들었고, 조선교회의 상황도 경신박해 이전의 상태로 다시 돌아갔다.

3. 새 선교사들의 입국과 사목 구역의 설정

북경 함락 이후 조선 조정이 서양의 침입에 대비하여 여러 가지 준비를 하던 1861년 4월 초, 중국에서 랑드르 신부, 조안노 신부, 리델 신부, 칼레 신부가 서울에 도착하였다. 이들은 1861년 3월 19일 체푸[芝罘]를 출발하여 2일 뒤 백령도 근처의 메린도(Merinto)에 도착하였고, 거기서 베르뇌 주교가 보낸 김 안토니오를 만나 서울로 들어왔다.

이들의 입국으로 조선에는 대목구가 설정된 이래 가장 많은 10명의 성직자가 있게 되었다. 그리하여 베르뇌 주교는 비록 6월에 최양업 신부가 문경에서 선종하기는 했지만, 늘어난 선교사들을 토대로 10월에 조선 전 지역을 8개 구역으로 나누고 각 선교사들의 사목 구역을 정해 주었다.

최양업 신부는 베르뇌 주교에게 보고하기 위해 서울로 가던 중 과로에 장티푸스가 겹쳐 1861년 6월 15일 선종하였다. 배론에 있는 최양업 신부의 묘비.

제6장 교회의 정비와 발전 213

〈표 1〉 1861년 10월 선교사들의 관할 지역

지역	성모 축일 이름	담당 선교사
서울	성모 무염시태	베르뇌 주교
충청도 홍주(상부 내포)	성모 성탄	다블뤼 주교
충청도 서부(하부 내포)	성모 왕고	랑드르 신부
성 요셉 신학교		푸르티에 신부 · 프티니콜라 신부
충청도 동북부	성모 자헌	리델 신부
공주와 인근 지방	성모 영보	조안노 신부
경상도 서북부	성모 승천	페롱 신부
경상도 서부	성모 취결례	칼레 신부

1861년 4월 초에 랑드르 · 조안노 · 리델 · 칼레 신부가 입국함으로써 조선 대목구가 설정된 이래 가장 많은 10명의 성직자가 사목 활동을 하였다. 그리하여 베르뇌 주교는 비록 6월에 최양업 신부가 문경에서 선종하기는 했지만, 늘어난 선교사들을 토대로 10월에 조선 전 지역을 성모 축일 이름을 따서 8개 구역으로 나누고 각 선교사들의 사목 구역을 정해 주었다.

〈표 2〉 1847~1866년의 조선 대목구 성직자 활동시기

성직자	활동시기
페레올 주교	1845년 10월 입국~1853년 2월 선종
다블뤼 주교	1845년 10월 입국~1866년 3월 순교
최양업 신부	1849년 12월 입국~1861년 6월 선종
메스트르 신부	1852년 8월 입국~1857년 12월 선종
장수 신부	1854년 3월 입국~1854년 6월 선종
베르뇌 주교	1856년 3월 입국~1866년 3월 순교
푸르티에 신부	1856년 3월 입국~1866년 3월 순교
프티니콜라 신부	1856년 3월 입국~1866년 3월 순교
페롱 신부	1857년 3월 입국~1866년 10월 탈출
칼레 신부	1861년 4월 입국~1866년 10월 탈출
리델 신부	1861년 4월 입국~1866년 7월 탈출
조안노 신부	1861년 4월 입국~1863년 4월 선종
랑드르 신부	1861년 4월 입국~1863년 9월 선종
오메트르 신부	1863년 6월 입국~1866년 3월 순교
브르트니에르 신부	1865년 6월 입국~1866년 3월 순교
볼리외 신부	1865년 6월 입국~1866년 3월 순교
도리 신부	1865년 6월 입국~1866년 3월 순교
위앵 신부	1865년 6월 입국~1866년 3월 순교

1847년부터 1866년 사이에 조선에서 활동한 선교사는 모두 18명이었으며 그 가운데 3명은 주교였다. 선교사 중 6명은 질병이나 과로로 선종하였고 9명이 병인박해로 순교하였으며, 3명은 병인박해를 피해 중국으로 탈출하였다. 조선에서 가장 오랫동안 활동한 선교사는 다블뤼 주교로 21년간 활동하면서 조선 교회사 및 조선 순교자들에 대한 자료를 정리하였다.

조선으로 오기 전 동료 선교사들과 함께한 도리 신부(앞줄 왼쪽)와 위앵·볼리외·브르트니에르 신부(뒷줄 왼쪽부터)이다. 이들은 모두 병인박해 때 순교하였다.

 한편 1863년 4월 13일에 조안노 신부가 세상을 떠났고, 6월 말에는 오메트르 신부가 새로 입국했으며, 9월 16일에는 랑드르 신부가 선종하였다. 이러한 변화 속에 베르뇌 주교는 1864년 여름에 다시 사목 구역을 조정하여, 오메트르 신부는 경기도 서남부와 충청도 일부 지역을, 페롱 신부는 선종한 조안노 신부가 담당했던 공주와 인근 지역을, 칼레 신부는 페롱 신부의 이전 사목지를 포함한 지역을 맡도록 하였다. 그리고 1865년 6월에는 브르트니에르(S.-M.-A.-J. Ranfer de Bretenières, 白, 1838~1866)·볼리외(B.-L. Beaulieu, 徐沒禮, 1840~1866)·도리(P.H. Dorie, 金, 1839~1866)·위앵(M.L. Huin, 閔, 1836~1866) 신부가 입국하여 서울·경기도·충청도 지역에서 사목 활동을 전개하였다.

4. 저술·출판 활동

1857년 11월 11일 베르뇌 주교가 파리 외방전교회 본부에 보낸 서한에는 다음과 같은 내용이 있다.

> 선교사 수가 너무 부족하여 각 신자에게 일 년에 15분 이상을 할애할 수 없었습니다. … 가장 긴급하고 필요한 일의 하나는 교육입니다. 그런데 지금 우리가 몰린 처지에서는 책으로밖에 가르칠 수 없는데 책이 없습니다. 그러므로 몇몇 선교사는 일체의 성무집행을 포기하고 말을 배우는 데 전념하여 그리스도교 교리의 우리 책들을 번역할 수 있게 하는 것이 필요합니다.

위의 인용문에 따르면, '당시 조선교회에 있어 가장 긴급하고 필요한 일은 교육인데, 선교사들이 적기 때문에 신자들에 대한 교육은 책으로밖에 할 수 없다. 그러나 책이 부족하다'는 것이다. 이에 선교사들은 선교 여행을 쉬는 여름철을 이용하여 교리와 윤리에 관한 소책자를 집필하였고, 이를 보급하기 위해 1859년에는 서울에 인쇄소까지 마련 중에 있었다.

선교사들의 저술 활동은 이전부터 이루어지고 있었다. 즉 다블뤼 신부는 1853년 여름에 신자들이 사용할 책을 하나 끝마쳤다고 하였고, 1854년경에는 한문 - 한글 - 프랑스어 사전[漢韓佛辭典]을 준비하고, 조선의 역사와 관련된 책들을 번역하고 있었다. 이 중 사전 편찬은 1857년부터 푸르티에 신부가 맡은 듯한데, 그는 이 사전 외에 한글 - 한문 - 라틴어[韓漢羅] 사전도 편찬하였고, 배론에 함께 있던 프티니콜라 신부는 라틴어 - 한글[羅韓] 사전을 편찬하였다. 그리고 최양업 신부도 1859년경에는 기도서의 번역을 마쳐

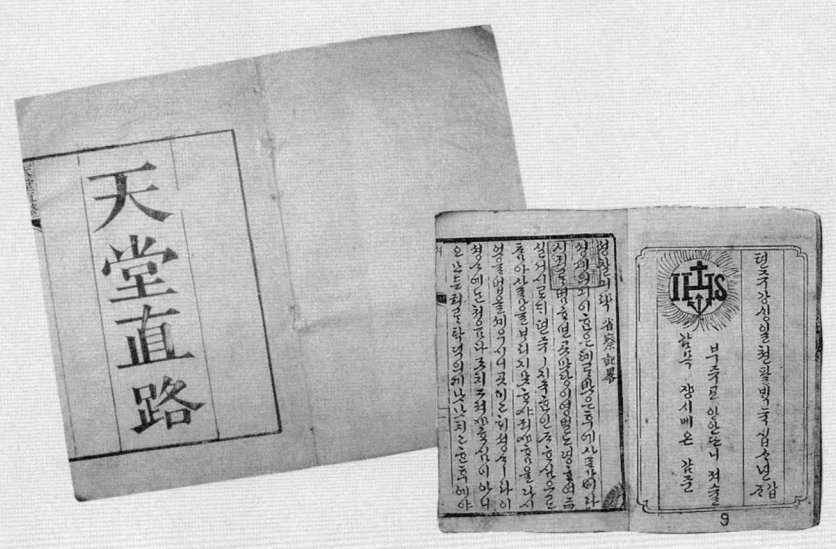

선교사들은 조선교회에서 가장 시급한 일은 교육이며, 이를 위해 책을 보급하는 것이 무엇보다 필요하다고 보았다. 선교사들은 선교 여행을 쉬는 여름철을 이용하여 교리와 윤리에 관한 소책자를 집필하는 한편, 이를 보급하기 위해 1861년 서울에 인쇄소를 세우고 《천당직로》, 《성찰기략》, 《천주성교예규》, 《성교절요》, 《주년첨례광익》 등의 책을 펴냈다.

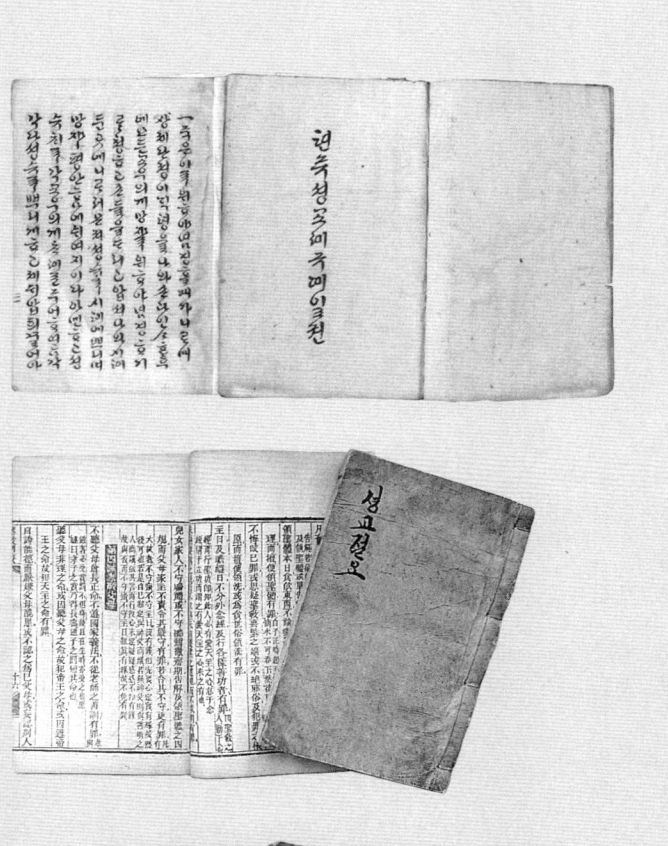

제6장 교회의 정비와 발전

〈표 3〉 간행 서적과 내용

서적	내용
성교일과	예수회 소속 중국 선교사 롱고바르디(N. Longobardi) 신부가 저술한 연중 기도서로 《천주성교일과》의 한글 번역본
성찰기략	고해성사 준비를 위한 성찰서
성교요리문답	세례성사, 고해성사, 성체성사, 견진성사 등 네 가지 근본 교리를 154조목으로 나누어 문답식으로 설명한 교리서
천주성교공과	기도서. 1972년 《가톨릭기도서》가 나오기 전까지 한국 천주교회의 공식 기도서로 사용
신명초행	영적인 생명인 신명(神命)을 얻고 보존하기 위해 행하는 묵상을 위한 서적
회죄직지	신자들이 자신이 범한 죄를 성찰하고 통회하는 것을 돕는 묵상서
영세대의	세례 준비서. 세례를 통해 받는 은혜와 그 은혜를 보존하는 방법, 세례를 받은 사람들이 지켜야 할 본분 등으로 구성
주교요지	1801년 순교자 정약종이 저술한 한글로 된 최초의 교리서. 상·하 두 편으로 되어 있으며, 천지창조·강생구속·삼위일체·상선벌악 등을 중심으로 천주교 교리를 일목요연하게 서술
천당직로	파리 외방전교회 소속 중국 선교사 모예(J.-M. Moyë) 신부가 저술한 한문서학서의 한글 번역본. 신자들이 하느님의 나라로 갈 수 있는 방법을 제시
천주성교예규	천주교의 장례 예식서
성교절요	천주교의 주요 기도문과 칠성사 등 주요 교리를 설명
주년첨례광익	연중 교회 축일 중 주요한 것을 선별하여 수록한, 축일에 대한 해설서이자 신심서

가는 중이었으며, 다블뤼 주교는 새 신자들의 교육을 위한 여러 가지 중요한 서적 출판을 준비하고 있었다.

이러한 과정 속에서 1861년에 드디어 서울에 인쇄소 두 곳이 설립되었다. 이의 책임은 최형(崔炯, 베드로, 1814~1866)이 맡았는데, 1864년 8월까지《성교일과》·《성찰기략》·《성교요리문답》·《천주성교공과》·《신명초행》·《회죄직지》·《영세대의》·《주교요지》·《천당직로》가, 1865년에는 《천주성교예규》·《성교절요》·《주년첨례광익》 등이 베르뇌 주교의 지시하에 인쇄소에서 간행되었다.

5. 순교자 시복 준비 작업

1857년 9월 24일 기해·병오박해 순교자 82위가 가경자(可敬者)로 선포되었다. 그러나 이것은 시복시성의 절차에 따라 이루어진 것이 아니었다. 조선 대목구에서는 당시 박해 때문에 시복을 위한 조사 수속을 할 수가 없었다. 그렇지만 순교자들에 대한 순교 전기, 즉〈1839년과 1846년에 조선 왕국에서 발생한 박해 중에 그리스도의 신앙을 위하여 생명을 바친 순교자들의 전기, 현 가롤로와 이 토마스가 수집하고, 페레올 주교가 프랑스어로 번역한 것을 최 토마스 부제가 라틴어로 옮긴 것〉이라는 제목의 문헌을 작성하여 로마로 보냈다.

이 문헌은 1847년 봄 홍콩에서 입국 기회를 기다리던 최양업 부제가 페레올 주교로

가경자
가히 공경할 만하다는 뜻. 시복 전 단계에서 복자 후보자에게 잠정적으로 주어지던 경칭(敬稱).

라틴어로 번역
병오박해 순교자 9위에 대한 번역은 메스트르 신부가 관여하였다.

부터 전해 받아 **라틴어로 번역**한 것인데, 그 후 파리 외방전교회 본부로 보내졌다가 10월 15일 파리에서 다시 예부성성(지금의 시성성)으로 보내진 것이다. 예부성성에서는 조선의 박해 사정을 고려하여, 그 문헌으로 조사 수속을 충분히 대신할 수 있다고 판단하고, 마침내 여기에 수록된 82명을 가경자로 공포하기에 이르렀다. 그러나 이들 중 정 아가타, 김 바르바라, 한 안나는 증거 부족으로 탈락하고 79위만이 1925년에 복자위에 올랐다.

가경자 선포 이후 조선 교회는 이들의 시복(諡福)을 위한 조사를 시작하라는 지시를 기다렸다. 그 사이 다블뤼 주교는 1858년에 순교자 360명 중 보다 확실한 210명을 뽑은 《조선 주요 순교자 선정》을 파리로 보냈고, 1859년에는 좀 더 많은 자료를 수집한 후 〈보유편〉 작업에 착수하였다.

그 과정에서 다블뤼 주교는 황사영의 〈백서〉가 수록되어 있는 이기경(李基慶)의 《벽위편》(闢衛編)을 발견하였고, 이순이와 이경도의 옥중서한을 발견하였으며, 또 증언을 수집하기 위해 3개월간 먼 지방으로 여행을 떠나기도 하였다. 그리고 이때 정리한 순교 보완 자료, 조선사 서설, 교우들의 옥중 서한, 순교자들의 결안(結案), 1846년 병오 순교자들의 보완 자료, 연대순 순교자 명단 등을 토대로 〈보유편〉 120쪽을 완성하여 1862년 10월에 파리로 보냈다.

그렇지만 국한문(國漢文)으로 된 순교자들의 원자료와 그동안 다블뤼 주교가 수집한 여러 귀중한 서적들은 1863년 봄 다블뤼 주교의 숙소에 화재가 나면서 불타 없어졌다.

6. '전교회' 활동

1857년경 기도와 모금을 통해 선교사들의 선교 활동을 원조하는 전교회가 한국에 도입되었다. 이 회는 프랑스 리옹에 본부를 두고 있었고, 각지의 회원들로부터 수합된 회비를 선교 지역에 보냄으로써 천주교의 선교 활동

> **전교회**
> 1816년 자리코(P. Jarico)에 의해 프랑스 리옹에서 시작되었고, 1822년 5월 3일 전교회라는 정식 단체로 발족하면서 1823년에 교황 비오 7세로부터 인준을 받았다.

에 지대한 영향을 미쳤다. 조선교회의 경우도 프랑스 선교사들이 입국하면서 전교회와 관련을 맺는데, 베르뇌 주교 시대에 전교회로부터 받은 지원 내역을 보면 〈표 4〉와 같다.

전교회와 관련해서 주목되는 점은, 전교회로부터 지원을 받는 조선교회에 전교회 회원이 존재했다는 사실이다. 즉 최양업 신부의 1857년 9월 14일자 서한에는 1년 동안 181명의 신자를 전교회에 가입시켰다고 하였고, 1857년 중국 광동에 표류했다가 세례를 받은 김기량과 그의 선교로 신앙을 받아들인 고씨도 전교회에 입회하기를 원했다고 한다. 결국 지원 대상지인 조선의 신자들이 선교지를 돕는 전교회에 가입한 것은 조선 신자들이 지녔던 나눔의 정신을 잘 보여 주는 사례라고 하겠다.

〈표 4〉 전교회의 지원 내역(1856~1866년)

단위 : 프랑

연도	1856	1857	1858	1859	1860	1861
금액	14,620.00	19,780.42	23,990.00	29,765.00	30,781.00	24,763.00
연도	1862	1863	1864	1865	1866	총계
금액	24,830.10	23,341.00	25,906.00	26,789.00	21,711.00	266,276.52

* 출전 : 장동하, 〈배론 신학교 교육 과정에 관한 연구〉

1857년경 기도와 모금을 통해 선교사들의 선교 활동을 원조하는 전교회가 한국에 도입되었다. 전교회는 1816년 프랑스 리옹에서 자리코(사진)가 설립하였으며, 1822년 5월 3일 전교회라는 정식 단체로 발족하면서 1823년에 교황 비오 7세로부터 인준을 받았다.

    조선 교회의 전교회와 관련하여, 정의배 회장에 대한 피영록(皮永祿)의 증언 중에, "전교회는 장 주교께서 맡으매, 신자들이 이 회에 들면 대사(大赦)를 받는 중요한 교리[要理]를 가르치고, 가입한 신자는 회비[會錢]를 거두는데 매년 돈 내고 아니 낸 문서를 작성하여 (정의배 회장이) 주교께 드렸다"라는 내용이 있다. 이에 따르면 전교회 사업은 베르뇌 주교와 관련이 있고, 회원을 모집하고 회비를 관리하는 일은 정의배 회장이 맡았음을 알 수 있다.

7. 선교사들의 생활

병인박해 직전 조선에는 12명의 성직자가 사목하고 있었다. 이들은 이른 새벽에 기상해서 묵상과 미사 봉헌을 하고 저녁까지 활동했으며, 순방 기간에는 신자들의 교육, 고해성사, 예비 신자들의 시험, 그리고 여러 가지 문제들을 해결하기 위한 활동을 하였다. 교우촌 순방은 1년에 두 번 하였는데, 매년 9월경에 시작하여 성탄 전에 끝냈다가, 성탄 후에 다시 재개하여 이듬해 부활절 전까지 계속하였다. 그리고 5월부터 8월까지는 휴식을 취하는 시기였다.

한편 철종이 즉위한 이후 천주교회에 대한 조선 정부의 공식적인 탄압은 없었다. 그리하여 선교사들은 이전보다는 안정된 생활을 할 수 있었고, 또 홍콩에 있던 파리 외방전교회 극동 대표부와 정기적으로 연락을 주고받으면서 선교 자금과 생활에 필요한 여러 물품들을 반입할 수 있었다.

병인박해 때 순교한 오메트르 신부가 사용하던 회중시계와 제병기(면병 제조용 틀).

〈표 5〉 베르뇌 주교의 반입요청 물품 목록(1856~1865년)

날짜	수신인	반입요청 물품(성물 · 전례용품 · 서적 · 일용품 및 선교 자금)
1856. 11. 5	알브랑	· 좋은 전사석판 인쇄기(신임 선교사들은 사용법을 알고 있어야 함) · 미사용 촛대 작은 것, 최대 4푸스(1pouce=2.7cm)짜리 6개 · 메달 10그로스(1grosse=12다스), 특히 성모 칠고(七苦) 메달 · 1~4푸스짜리의 십자가 10그로스 · 5~6푸스짜리의 그리스도 상 1다스 · 50~60cm짜리 상본 200개 ; 주님, 성모님, 사도들 또는 세례명으로 자주 쓰이는 성인들 · 야자 열매로 만든 묵주(묶어 놓지 않은 것) 5그로스 · 단단히 묶은 묵주 5그로스
1856. 11. 6	리브와	· 2천 테일의 돈(우리는 궁핍하며, 반드시 필요한 비용도 막대하다) · 포도주 200리터짜리 50통과 궤짝으로 4다스, 코냑 2다스 · 표백하거나 고무풀을 칠하지 않은 광목 20필을 한 꾸러미로 하여 200필 · 파란색과 보라색 광목 20필 · 마찬가지로 표백하지 않은 능직 무명 20필 · 바늘 백만 개. 여기서는 작은 바늘을 팔지 않음. 모델로 5 종류의 바늘을 보냄. 그러니 각 모델당 20만개 · 가능한 한 제일 진한 박하 향유 10 내지 15리브르(1 livre=500그램)
1856. 11. 9	리브와	· 이하 각 서적 5권씩 ; Cheng king tché kié(聖經直解), Cheng nien koang i(聖年廣益), Chen kiao tze tchen(聖敎自證), Cheng kiao ming tcheng(聖敎明證), Cheng kiao tsié iao(聖敎切要), Tsi kŏ(七克), Chen se tche nan(愼思指南), 올리브 기름 1병
1857. 11. 17	알브랑	· 보라색 주교용 구두 2켤레 · 주교들이 가슴에 십자가를 매달기 위해서 사용하는 보라색 리본 3개 · 작년에 부탁한 라틴어 번역본 · 질 좋고 접히는 작은 칼 1다스, 주머니칼 1다스 · 습자 교본 1권 · 질 좋고 작으면서 잠 깨우는 용도로만 쓰는 6~8프랑짜리 자명종 6개 · 연필 2다스, 신학교에서 펜으로 사용할 거위깃 300개, 철필 6상자 · 세례명으로 자주 쓰이는 성인의 성 유물

날짜	수신인	반입요청 물품(성물·전례용품·서적·일용품 및 선교 자금)
1858. 8. 22	리브와	· 선교사들 각각에게 코냑 2~3다스 · 수단 5~6벌을 만들 수 있는 검정색 비단, 있으면 보라색 비단도 같은 양으로
1859. 1. 31	그레즈와르	· 오르골(최양업 신부의 부탁)
1859. 11. 4	알브랑	· 단단히 묶은 묵주 10개, 묶지 않은 묵주 2개 · 주님과 성모님 상본 각 50개, 사도들과 성인 상본 400개 · 1푸스짜리 묵주용 십자가 10그로스, 2~4푸스짜리 묵주용 십자가 10그로스 · 2~3푸스의 구리를 박아 넣은 십자고상 4개 · 4~6푸스의 구리를 박아 넣은 십자고상 50개 · 칠고(七苦)의 메달 2그로스, 충분히 크고 두꺼운 성모 메달 4그로스
1860. 3. 6	리브와	· 백포도주와 적포도주 각 50병씩 2통, 코냑 4다스 · 커피 40리브르, 흑설탕 100리브르 · 돈은 충분히 있으므로 필요 없음
1861. 9. 30	리브와	· 돈은 보내지 말라 · 미사용 포도주 50병 짜리 2~3통, 코냑 3상자 · 커피 50리브르, 설탕 50리브르
1861. 11. 27	리브와	· 다음의 서적을 10권씩 보내 달라 ; Xeng kiao ming tcheng(聖敎明證), Tchen tao tze tcheng(眞道自證), Tsi kŏ(七克), 한문으로 된 복음서 해설집
1862. 11. 18	알브랑	· 장백의 4~5벌을 지을 수 있는 튼튼하고 부드러운 천 · 장백의 허리띠 5개 · 아주 튼튼한 반복 타종 시계 · 가능한 작은 크기의 튼튼한 휴대용 추시계 2개 · 우리 네 명의 동료들이 가져온 자명종들에 갈아 넣을 태엽 · 색깔 있는 무명으로 된 손수건 1다스
1863. 11. 24	알브랑	· 신임 선교사들이 사용할 면병 제조용 틀 2개 · 모제트(성직자들의 두건 달린 외투) 1벌 · 알브랑 신부의 신학 서적 2권, 부비에 주교의 저서 2권 · 신학교에서 사용할 라틴어 서적들 ; 락탄티오와 아르노비오 발췌집, 아우구스티노의 고백록, 테르툴리아노의 호교론, 셀렉태 에 프로파니스, 코르넬리우스 네포스, 퀸투스 쿠르수스, 살루스티우스 선집, 티투스 리비우스, 타키투스, 베르길리우스 등 저서들 각 5권, 그리고 라틴어로 된 교회사 1권

날짜	수신인	반입요청 물품(성물·전례용품·서적·일용품 및 선교 지금)
1863. 11. 24	리브와	· 장백의를 만들기 위한 질 좋은 중국산 천 1필 · 중국어 복음서 혹은 Xéng king tche kiai(聖經直解) 15권, Tchen tao tze tcheng(眞道自證) 30권, Xeng kiao ming tcheng(聖敎明澄) 15권, Xeng xe tchoa iao(盛世芻蕘) 15권, Tsi kŏ(七克)(올해 보내 준 것처럼 작은 것이 아니라 큰 것으로) 15권, Tsouen tchoa xeng fan(遵主聖範) 10권, Jesou ien hing(예수言行) 10권, Xeng mo hing xe(聖母行實) 10권, Xeng kiao tsié iao(聖敎切要) 10권, Xeng kiao li kouei(聖敎禮規) 10권 (당신이 올해 책값을 많이 올렸다. 좀 낮추도록 해 달라) · 편지지 4련(rame, 500장 묶음) · 커피 50catis(paquet), 설탕 50catis, 병마개 100개 · 코냑 3다스, 초콜릿 30리브르, · 질 좋은 포도주 4다스, 미사용 포도주 50병짜리 3궤짝 · 요동에서 보관하고 있는 1,200 피아스터
1864. 8. 11	리브와	· 다리미(20년 전 당신이 요동에 보냈던 것, 구리로 되고 속이 비어 숯을 넣는 다리미)
1864. 8. 18	알브랑	· 아주 공들인 질 좋고, 비늘 혹은 나전 장식의 손잡이가 달린 작은 칼 2다스 · 성작 모양으로 생기고 다리가 달린 유리잔 1다스
1864. 11. 25	알브랑	· 성모님과 성인들 등의 상본, 30~40cm짜리 1,000개, 1~4푸스 높이의 십자가 세트 5그로스 · 코코넛 열매로 된 묵주 묶은 것 10그로스, 아주 좋은 묵주 1그로스 · 신학교 공부에 필요한 램프 1개, 준주성범이 들어 있는 신약성경 10권, Memoriale vitae sacerdotalis 5권 · 색이 있는 손수건 6다스, 튼튼한 괘종시계 1개 · 질 좋고 비늘이나 나전 장식을 한 손잡이가 달린 칼 24개, 발 달린 유리잔 12개, 물병 4개, 리큐르 술병을 놓는 쟁반 1개, 프리즘 (각기둥) 20개
1865. 12. 4	리브와	· 면병 제조용 올리브 기름 5병, 알로에 3리브르 · 미사용 포도주 50병짜리 3궤짝, 보르도산 적포도주 4다스, 코냑 2궤짝, 설탕, 커피 각 100리브르

날짜	수신인	반입요청 물품(성물 · 전례용품 · 서적 · 일용품 및 선교 자금)
1865. 12. 15	알브랑	· 흑단목에 구리를 박아 넣은 십자고상 1다스에 60프랑짜리 2다스, 18프랑짜리 10다스, 15프랑짜리 10다스, 그리고 10프랑짜리, 8프랑짜리, 4프랑짜리 20~30다스 · 묵주에 달기 위한 구리로 된 십자고상, 각기 다른 크기로 10그로스 · 은제 십자고상 1개당 1~2프랑짜리 50개, 3~4프랑짜리 1다스 · 일곱 고통의 성모 메달 큰 것 5그로스, 중간 것 10그로스 · 기적의 성모 메달 큰 것 5그로스, 각기 다른 모델로 20그로스, 은으로 된 중간 크기 5다스 · 코코넛 열매로 만든 묵주, 알이 작고 붉거나 검은 녹슬지 않는 놋쇠줄로 된 것 20그로스, 은줄로 된 아주 좋은 것 5다스 · 주님, 성모님, 성인 상본 100장에 25프랑짜리 컬러로 1,500장, 흑백 1,000장 · 위와 같은 상본이면서 보다 큰 것 컬러와 흑백 100개, 35~40프랑짜리 500장 · 보라색 비단 천 5미터 · 주교용 모자 1개(나는 머리가 작은 편이므로, 모자 사이즈는 다블뤼 주교의 것보다 작아야 한다. 내부 둘레 52cm) · 튼튼한 자명종 5개 ; 동료 선교사들에게 줄 목적임 · 볼리외 신부를 통해 그의 삼촌 블래즈 씨(지롱드의 랑공에서 시계상을 하고 있음)에게 회중시계 5개를 주문하였음 ; 동료 선교사들이 사용할 것들임

* 출전 : 조현범, 《조선의 선교사, 선교사의 조선》

〈표 5〉는 1856년부터 1865년 사이에 베르뇌 주교가 서한을 통해 파리와 홍콩에 요청한 물품 목록이다. 여기에는 미사용 촛대와 포도주, 성사용 올리브 기름, 면병 제조용 틀 등 미사 봉헌과 성무 집행을 위해 필요한 물품, 주교용 구두와 모자, 모제트(성직자들의 두건 달린 외투), 수단이나 장백의를 만들기 위한 비단과 천, 장백의 허리띠와 같은 의복류, 메달(성모 칠고 메달), 십자가, 십자고상, 그리스도상, 여러 가지 상본, 묵주 등 신자들의 신앙생활을 돕기 위한 성물 및 신자들의 교리 교육과 신학생들을 위한 많은 서적들, 그리고 포도주, 코냑, 커피, 설탕, 초콜릿, 칼, 시계(자명종, 휴대용 추시계, 괘종시계), 바늘, 다리미, 유리잔, 물병, 쟁반, 편지지, 펜과 같은 생활용품 등이 있다. 이러한 물품들은 당시 선교사들의 생활 모습을 일부나마 보여 주고 있는데, 특히 개인용 포도주, 코냑, 커피, 설탕, 초콜릿 등과 같은 물품들은 선교사들이 조선의 의식(衣食) 생활과 함께 서구식 생활 방식도 이어 갔음을 보여 주는 자료라고 하겠다.

제3절 신자들의 신앙생활과 지역·경제 기반

1. 입교 동기와 과정

《포도청등록》(捕盜廳謄錄)에는 병인박해 당시에 체포된 신자들의 입교 동기가 일부 드러나 있다. 이에 따르면 "천주교를 믿으면 천당에 오른다"라는 내세 지향적인 동기와 병을 치료하기 위한 목적, 그리고 우수한 서양 학문을 배우거나, 경제적으로 어떤 이득을 얻고자 하는 것이 이들의 동기였다. 이 중 내세 지향적인 동기로 천주교 신앙을 받아들인 사람들이 가장 많았는데, 여성 신자의 경우는 특히 이러한 동기로 신앙을 받아들인 비율이 더욱 높았다.

물론 내세 지향적인 입교 동기는 모든 종교에서 공통적으로 나타나는 현상이다. 하지만 당시 조선의 일반 백성들은 사회·경제적인 변화, 특히 지배층의 수탈 때문에 가난을 면치 못하고 있었다. 따라서 내세 지향적인 입교 동기가 가장 많았다는 것은, 사람들이 이러한 현실을 벗어나고자 하는 바람이 일정하게 작용한 것으로 생각된다. 아울러 여성 신자의 비율이 높은 것은 남성 중심의 사회에서 차별받던 여성들의 처지가 반영된 것으로 볼 수 있다. 그리고 입교 동기가 내세 지향적인 사람들은 병을 치료한다거나, 서양의 농서(農書)·의서(醫書)에 대한 관심, 그리고 경제적 이익이라는 현세적인 동기에서 입교한 사람보다 배교하는 비율도 낮았다.

신자들의 입교 과정은 부모를 통해 신앙을 받아들인 사람이 가장 많았고, 또 가족과 친척 등 혈연적인 관계가 신앙의 전파에 중요한 역할을 하고 있었다. 그리고 이웃이나 회장을 통해 신앙을 받아들인 사람도 상당수 있었는데,

〈표 6〉 입교 동기 분석

	남				여				합계			
	신교	배교	미상	소계	신교	배교	미상	소계	신교	배교	미상	소계
내세 지향성	9	8		17	3	9		12	12	17		29
치병(治病)	2	6		8		1		1	2	7		9
서양학 탁월	2	10		12					2	10		12
경제적 이익		1		1		1		1		2		2
사유 미상	93	150	20	263	45	35	13	93	138	185	33	356
계	106	175	20	301	48	46	13	107	154	221	33	408

* 출전 : 고흥식, 〈병인교난기 신자들의 신앙〉

《포도청등록》에는 병인박해 당시에 체포된 신자들의 입교 동기가 일부 드러나 있는데 이 중 내세 지향적인 동기로 천주교 신앙을 받아들인 사람들이 가장 많았으며, 여성 신자의 경우는 특히 이러한 동기로 신앙을 받아들인 비율이 더욱 높았다.

당시 조선의 일반 백성들은 사회·경제적인 변화, 특히 지배층의 수탈 때문에 가난을 면치 못하고 있었음을 생각할 때, 내세 지향적인 입교 동기가 가장 많았다는 것은, 사람들이 이러한 현실을 벗어나고자 하는 바람이 일정하게 작용한 것으로 생각된다. 아울러 여성 신자의 비율이 높은 것은 남성 중심의 사회에서 차별받던 여성들의 처지가 반영된 것으로 볼 수 있다. 그리고 입교 동기가 내세 지향적인 사람들은 병을 치료한다거나, 서양의 농서·의서에 대한 관심, 그리고 경제적 이익이라는 현세적인 동기에서 입교한 사람보다 배교하는 비율도 낮았다.

이러한 현상은 천주교 신앙이 혈연 공동체뿐만 아니라, 교회의 조직에 의해서도 전파되고 있었음을 보여 주고 있다. 다만 부모 등 가족으로부터 믿음을 갖게 된 사람들은 신앙을 계속 유지하는 경우가 많은 반면, 다른 사람을 통해 신앙을 받아들인 사람 중에는 배교하는 사람이 많았다. 아울러 부부의 경우 부인이 남편을 천주교로 인도하는 것보다 남편이 부인을 인도하는 경우가 많은 것으로 나타났다.

한편 신자들 중에는 자발적으로 신앙을 받아들인 사람들도 있었다. 최양업 신부에 따르면, 비신자들에게는 직접 교리를 설교함으로써 선교하는 일은 거의 없었다고 하며, 그들은 천주교의 진리에 관하여 떠도는 소문을 듣거나 신자가 당한 어떤 환난 등의 사건을 통하여 마음속으로 감동을 받고, 이것이 계기가 되어 스스로 신앙을 갖게 되는 것이 보통이라고 하였다.

2. 신앙생활

《포도청등록》과 《추안급국안》(推案及鞫案) 등의 자료를 보면, 당시의 신자들은 성호경·천주경(주님의 기도)·성모경(성모송)·사도신경·회죄경(반성기도)·삼종경(삼종기도)·조만과(아침·저녁 기도)·십계명 등을 포함하는 《십이단》(十二端)과 〈삼본문답〉·〈사본문답〉·《성상경》(聖像經)·《진도자증》·《칠극》 등의 교회 서적을 읽고 외웠음을 알 수 있다. 그러나 이것이 당시 신자들이 알고 있던 기도문과 서적의 전부는 아니었다. 예를 들어 1868년에 체포되어 순교한 한성임(韓成任, 바르바라, 1814~1868)의 진술 중에는 위에서 언급한 기도문 외에 상당히 많은 기도문들이 열거되어 있고, 또 1862~1865년에는 기도서인 《천주성교공과》를 비롯하여 《성교일

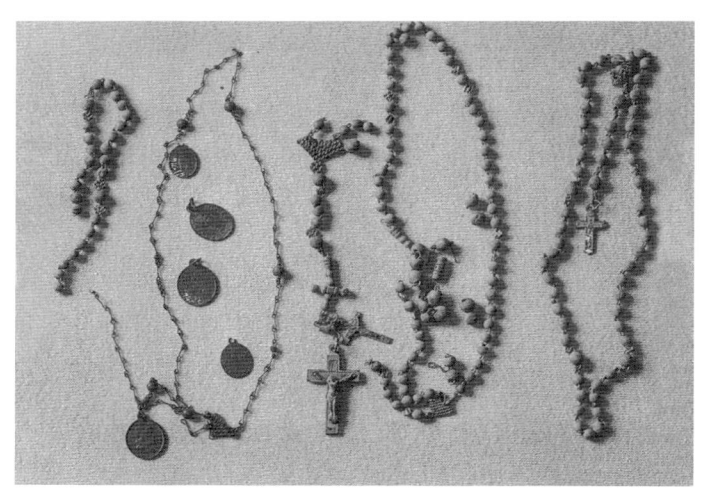

충남 부여군 홍산면 삽티리에서 발굴된 성물들. 병인박해 때의 것으로 30cm 크기의 묵주와 기적의 패, 십자가와 성모상 조각을 조그만 항아리에 넣어 숨겨 두었던 것이다. 당시 신자들은 성물에 대한 관심이 높아 상본·고상·성패를 장만하기 위해서는 자신이 가진 모든 것을 내놓을 정도였다.

과》·《성찰기략》·《성교요리문답》·《신명초행》·《회죄직지》·《영세대의》·《주교요지》·《천당직로》·《천주성교예규》·《성교절요》·《주년첨례광익》 등이 간행되어 있었다. 그리고 각종 성인전(성녀 바르바라·성 베드로·성 바오로)과 조선 순교자들의 행적 및 여러 신심서들도 신자들 사이에 널리 읽히고 있었다. 따라서 이러한 기도문과 교리서, 특히 성직자들이 부족한 상황에서 한글로 된 기도서와 신심서들은 신자들의 신앙생활에 중요한 요소로 작용했을 것이다.

신자들은 성물에 대한 관심도 높았다. 그리하여 상본(像本)·고상(苦像)·성패(聖牌)를 장만하기 위해서는 자신이 가진 모든 것을 내놓을 정도였다. 이에 최양업 신부는 르그레즈와 신부에게 십자고상과 성패, 그리고 예수·성모 마리아·성 요셉·세례자 성 요한·사도들·교회 학자들·성인 호칭 기도에 나오는 성인 성녀들의 상본을 보내 줄 것을 요청하기도 하였다.

신자들은 여러 교회 단체에 가입하여 활동하기도 하였다. 즉 교리 연구 및 전교 단체인 명도회(明道會), 신심 단체인 매괴회·성의회·성모 성심회·예수 성심회, 사회사업 단체인 연령회·영해회, 그리고 전교회의 회원이 되어 개인의 신심 생활은 물론 전교와 봉사 활동에도 참여하였다.

한편 당시 지방의 신자들은 산골짜기에서 따로 모여 살든가, 평야 지대에서 비신자들과 함께 섞여 사는 경우가 있었다. 전자는 박해를 피해 또는 신앙생활에 충실하기 위해 산속으로 들어간 사람들이며, 후자는 거의 신자임을 숨긴 상태에서 일반 촌락에서 생활하는 사람들이었다. 그런데 산속에서 비신자들과 떨어져 사는 신자들은 대부분 교리에도 밝고 천주교 법규도 열심히 지킨 반면, 평야 지대인 고향에서 친척들과 비신자들 사이에 섞여 사는 신자들은 대체로 교리에 무지하고 신앙생활도 열심히 하지 않았다. 이에 좀 더 열심히 신앙생활을 하려는 사람들은 모든 것을 버리고 산속으로 들어가 담배와 조를 심으며 살았다.

이처럼 19세기 중반의 신자들은 성사와 함께 기도·교리서·성물·단체 활동 등을 통해 신앙을 유지했고, 이러한 신앙심은 박해 때 순교로 이어졌다. 예를 들어 병인박해 때 체포된 최형의 경우, 배교하면 살려 준다는 신문관의 말에 죽더라도 배교할 수 없다고 답했고, 서양인에 대해 밝히라는 요구에는 자기 때문에 남에게 해를 끼칠 수 없으며, 그런 행동은 천주교의 가르침도 아니라고 주장하였다. 결국 끝까지 배교를 거부한 최형은 서소문 밖에서 참수형을 받았는데, 이 시기 최형과 같이 순교한 사람은 무수히 많아, 1866년에서 1873년 사이에 희생된 신자 수는 8,000여 명에 달하는 것으로 추정하고 있다.

3. 지역적 분포—지역 교회

1865년 당시 조선교회의 신자는 23,000명 정도였다. 이것은 11,000명이었던 1850년에 비해 배(倍) 이상 증가한 것이었다. 그렇다면 이렇게 급증한 신자들은 어디에 살고 있었을까. 1850년의 공소가 185개 이상이라고 할 때, 1865년에는 신자들의 지역적 분포가 더욱 확대되었음을 쉽게 짐작할 수 있다.

기록상 거주지를 알 수 있는 신자들은 2,976명이며, 이들의 지역별 분포는 충청도에 가장 많은 1,503명(50.50%)이 거주하였고, 그다음이 서울 585명(19.66%)·경기 393명(13.21%)·전라도 155명(5.21%)·경상도 127명(4.27%)·황해도 97명(3.26%)·강원도 47명(1.58%)·평안도 45명(1.51%)·함경도 22명(0.74%)·제주 2명(0.06%) 순이었다. 이 중 서울에 거주한 신자들은 2/3가 도성 밖에 거주하였고, 1862년 당시의 고해자는 1,400명이 넘었다. 이들은 네 구역으로 나뉘어 회장들에 의해 관리되었는데, 회장의 거처인 아현(최인서 회장)·자암(남대문 밖-정의배 회장)·연동(동대문 안-최사관 회장) 등이 신앙의 거점 역할을 하였다.

다음으로 경기도의 신자들은 위치상 서울을 중심으로 사방에 고루 거주하고 있었다. 그중 50% 이상의 신자들은 수원·용인 등 남쪽에 거주하고 있었는데, 이것은 경기도의 경우 남부 지역이 당시 신앙의 중심지였음을 말해 주고 있다. 그리고 북쪽의 경우는 송도(개성)의 교세가 상당히 성장하고 있었고, 서쪽은 인천과 부평 쪽에 신자들이 집중되어 있었으며, 동쪽은 양근 일대가 신유박해 이후에도 계속 신앙 공동체의 명맥을 유지하고 있었다.

충청도의 경우는 신자의 50% 이상이 내포 지역에 거주하였고, 특히 홍주를 중심으로 한 지역의 신자 비율이 가장 높았다. 그리고 공주와 충청도 동북부 지역에도 각각 20% 이상의 신자들이 거주하고 있었으며, 충북 지역의 경우는 충주를 중심으로 한 지역(제천·충주·청풍·단양·영춘·연풍)에 가장 많은 신자들이 거주하고 있었다. 전라도의 경우는 해안과 내륙 지역에 고루 교우촌이 존재하는 가운데, 고산·진산·전주 지역에 가장 많은 신자들이 살고 있었고, 경상도는 문경·상주 등의 북부 지역과 동래·양산·언양 등의 남부 지역이 당시 교회의 중심지였다. 그리고 강원도교회는 지역적으로 경기도·충청도와의 접경 지대(서부 지역), 내륙 지역, 동해안 방면까지 신자들이 존재하고 있었지만, 대부분의 신자는 서부 지역 특히 횡성과 원주 일대에 거주하고 있었고, 내륙 지역(양구·인제)과 동해안 방면(강릉)의 교세는 미미했다.

한편 위에서 언급된 지역들은 일찍부터 천주교가 전해진 지역이지만, 한반도 북부 지역과 제주도는 1860년을 전후한 시기에 본격적으로 복음이 전파된 곳들이다. 이 중 황해도는 1862년에 세례를 받은 이덕보(李德甫, 마태오, 1824~1866)가 이의송(李義松, 프란치스코, 1821~1866)과 함께 전 지역을 순회 선교함으로써 12개 고을 이상에 신자들이 새로 생겨났고, 서흥·장연·신천·재령·해주 등이 신앙의 중심지 역할을 하였다. 그리고 평안도 지역은 이덕보가 황해도를 순회 선교한 후 평안도로 들어가 활동함으로써 개종자가 생겨났는데, 이들은 대부분 평양을 중심으로 거주했고, 1865년 7월에는 정 빈첸시오가 평양 회장에 임명되기도 하였다.

함경도교회는 1863년 5월경 함경도 사람으로 추정되는 8명이 베르뇌 주교에게 세례를 받았다는 점에서, 이 시기를 전후하여 신앙 공동체가 형성된 듯하며, 영흥이 그 중심지였을 것으로 추정된다. 그리고 제주도의 경우는 제주 함덕리 출신으로 무역업에 종사하던 김기량에 의해 처음으로 복음이 전파되었다. 그는 1857년 2월에 표류되었다가, 3월에 중국 해역에서 구조되어 홍콩으로 보내졌고, 여기서 5월에 세례를 받은 후 이듬해 2월 귀국하였다. 그러나 제주교회는 병인박해로 김기량이 사망함으로써 와해되었고, 이후 30년 뒤에야 선교사의 파견으로 재건될 수 있었다.

4. 경제 기반

병인박해 당시의 기록에는 이 시기 신자들이 어떠한 직업을 가지고 있었는지가 기록되어 있다. 따라서 이것을 정리해 보면 당시 신자들의 경제 기반이 무엇이었는지 짐작할 수 있다.

통계상 직업을 보유한 신자 중에는 농업에 종사하던 사람이 가장 많았고, 그다음이 상업→임노동→수공업→관속→의업→훈장 순서였다. 이 중 농업에 종사하던 사람들의 경제 활동으로는 먼저 화전(火田) 경작을 들 수 있다. 즉 박해 때 산간벽지로 피해간 신자들은 화전을 일구어 조·밀·야채 등 여러 작물을 재배했는데, 특히 농토는 적고 노동력이 많은 교우촌에서 가장 많이 선택한 작물은 담배였다. 그러나 화전 개간만이 천주교 신자들의 농업 활동은 아니었다. 예를 들어 《사학한가사변물방매성책》(邪學漢家舍汴物放賣成冊)이나 《포도청등록》을 보면 신자들이 논을 소유한 사실이 나타나는데, 이것은 박해시대 천주교 신자들도 논을 소유하고 논농사를 지었음을 말해 준다. 하지만 농업에 종사하던 신자들의 경제 규모는 자신의 농토를 소유한 신자라고 할지라도 빈농(貧農)의 수준에서 크게 벗어나지 못하였다.

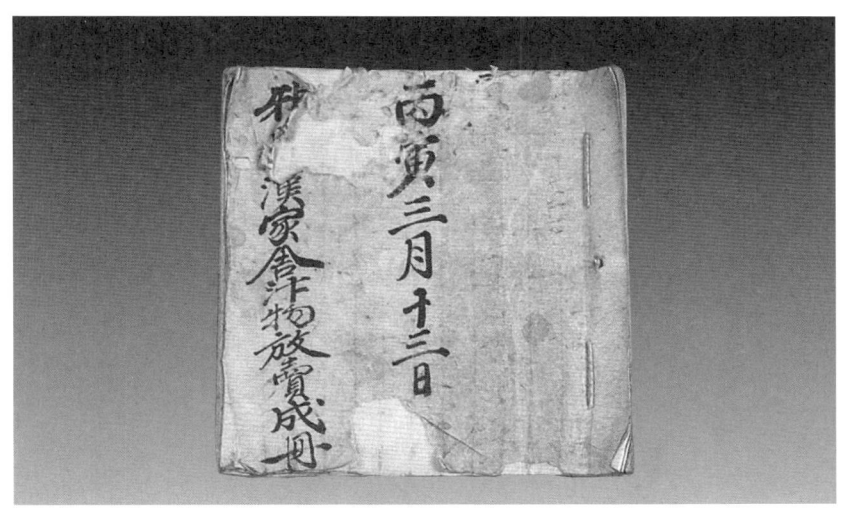

《사학한가사변물방매성책》은 1866년 3월 13일 작성된 것으로. 병인박해 초기에 체포된 천주교 신자의 가옥과 집물 등 재산 일체를 몰수하여 처분한 기록이다.

 다음으로 상업에 종사한 신자들은 서울에 거주하는 비율이 높았고, 판매하는 품목도 쌀·실·과일·분·방물·담뱃대[煙竹]·사기(砂器)·국밥·잡철·나무·소금·짚신·먹·담배·부채[油扇]·꿀 등 매우 다양했다. 이들 중 행상을 하는 사람들은 경제적으로 어려웠지만, 상설 점포[市廛]와 관련된 사람들은 대체로 기본적인 생활 토대는 마련된 사람들로 추정된다.
 셋째, 품삯을 받고 일하는 고공(雇工) 등 임노동자들도 상업 종사자와 마찬가지로 서울에 가장 많이 거주했다. 이들은 대체로 등짐을 지거나, 가마꾼·사환·막벌이·물짐지기 등으로 생계를 유지했는데, 이들이 임노동에 종사하게 된 배경으로는 박해를 피해 떠돌거나, 신앙생활을 위해 고향을 떠난 경우, 그리고 조실부모(早失父母)나 과부(寡婦)와 같이 의지할 데 없고 가

박해시대 교우촌에서 생활하던 신자들은 옹기업에 많이 종사하였다. 옹기 제작과 판매는 생활 기반을 상실하고 떠돌던 신자들에게 상대적으로 쉬운 생계 수단이 될 수 있었다. 아울러 옹기를 팔러 다니는 것은 신자들 간에 연락 수단이 되기도 하였다.

난한 사회·경제적인 처지 때문이었다.

넷째, 당시 천주교 신자 중에는 관가(官家)에 소속된 사람들도 있었다. 이들은 대체로 관아의 아전·포졸·군사·역졸 등 하층 관속이었지만, 간혹 금부도사와 장교 등을 역임한 사람들도 있었다.

다섯째, 수공업에 종사하던 신자들은 배·활·붓·담뱃대·요대(腰帶)·비단·가죽신·갓 등을 만들거나, 대장장이·목수 등으로 생활하였다. 그리고 지방의 많은 신자들은 옹기업(甕器業)에 종사했는데, 옹기를 제작하여 판매하는 것은 박해 때 생활 기반을 상실하고 떠돌던 신자들에게 상대적으로 쉬운 생계 수단이 될 수 있었다. 아울러 옹기를 팔러 다니는 것은 신자들의 소식을 듣거나 아니면 신자들 간에 연락하는 데 수단이 되기도 하였다.

여섯째, 당시 신자들 중에는 의원과 훈장으로 생활하던 사람들도 있었다. 이 중 의업에 종사하던 사람들은 초기 교회와 마찬가지로 활발한 선교 활동을 펼쳤고, 경제적으로도 어느 정도 여유가 있었다. 그리고 훈장의 경우는 대체로 경제적으로 몰락한 양반 신자들이 많이 종사했는데, 이덕보와 같은 사람은 1863년경 베르뇌 주교의 명에 따라 서울에서 청소년 교육을 위한 학교를 세우고 12명의 청소년을 모아 가르치기도 하였다.

결국 19세기 중반 천주교 신자들의 경제 기반은, 비록 그들이 다양한 직종에 종사하고는 있었지만, 대체로 가난했던 것으로 나타난다. 하지만 모든 신자들이 가난했던 것은 아니며, 일부 신자들은 평균보다 월등히 많은 재산을 보유했고, 이러한 경제력을 바탕으로 교회 일에도 적극적이었다. 즉 이들은 회장·신부를 모시거나 피신시키는 일, 많은 자선금 기부·활발한 전교 활동·서양 선박과의 연락·방아책(防俄策) 건의 등 교회의 중요한 모든 일에 관여했으며, 특히 선교사들과 직접 접촉할 수 있는 위치에 있었다는 점에서 경제력과 교회 활동 사이에 일정한 상관관계가 있었음을 알 수 있다.

참고 문헌

1. 연구서

Claude Charles Dallet, *Histoire de L'Église de Corée*, 1874 ; 안응렬 · 최석우 역주, 《한국천주교회사》 하, 한국교회사연구소, 1980.
평양교구사편찬위원회 편, 《천주교 평양교구사》, 분도출판사, 1981.
한국교회사연구소 편, 《순교자와 증거자들》, 한국교회사연구소, 1982.
한국교회사연구소 편, 《황해도 천주교회사》, 한국교회사연구소, 1984.
하성래, 《천주가사 연구》, 성황석두루가서원, 1985.
한국교회사연구소 편, 《병인박해 순교자 증언록》, 한국교회사연구소, 1987.
한국교회사연구소 편역, 《리델 문서》 I, 한국교회사연구소, 1994.
유홍렬, 《증보 한국천주교회사》 하, 가톨릭출판사, 1994(6판).
배티 사적지 편, 《최양업 신부의 서한》, 천주교 청주교구, 1996.
김진소 엮음, 《고종실록 천주교사 자료모음》, 한국순교자현양위원회, 1997.
방상근, 《19세기 중반 한국천주교사 연구》, 한국교회사연구소, 2006.
한국가톨릭대사전편찬위원회 편, 《한국가톨릭대사전》, 한국교회사연구소, 2006.
한국교회사연구소, 《회장》(한국 교회사 연구 자료 제26집), 2006.
샤를 살몽 저, 정현명 옮김, 《성 다블뤼 주교의 생애》, 갈매못성지, 2006.
조현범, 《조선의 선교사, 선교사의 조선》, 한국교회사연구소, 2008.

2. 논문

김진소, 〈천주가사의 연구〉, 《교회사연구》 3, 한국교회사연구소, 1981.
고흥식, 〈병인교난기 신자들의 신앙〉, 《교회사연구》 6, 한국교회사연구소, 1988.

최석우, 〈한국 교회와 한국인 성직자 양성〉, 《한국 교회사의 탐구》 II, 한국교회사연구소, 1991.

방상근, 〈황사영 백서의 분석적 이해〉, 《교회사연구》 13, 한국교회사연구소, 1988.

김진소, 〈한국 천주교회의 소공동체 전통〉, 《민족사와 교회사》, 한국교회사연구소, 2000.

서종태, 〈병인박해기 신자들의 사회적 배경과 신앙〉, 《민족사와 교회사》, 2000.

원재연, 〈박해시대 천주교 신자들의 사회적·경제적 생활〉, 《민족사와 교회사》, 2000.

최석우, 〈다블뤼 주교의 '한국 주요 순교자 약전'에 대한 검토〉, 《한국 교회사의 탐구》 III, 한국교회사연구소, 2000.

하성래, 〈한국 천주교회의 한글 번역 활동〉, 《한국 천주교회사의 성찰》 한국교회사연구소, 2000.

최석우·차기진·방상근, 〈김기량의 생애와 순교〉, 《교회와 역사》 324 (2002. 5), 한국교회사연구소, 2002.

장동하, 〈1850년, 조선교구 신학교 설립에 관한 연구〉, 《신학과 사상》 51, 가톨릭대학교 출판부, 2005.

———, 〈배론 신학교 교육 과정에 관한 연구〉, 《신학과 사상》 51, 2005.

———, 〈한국교회 교구 시노드의 역사와 평가〉, 《한국 근대사와 천주교회》, 가톨릭출판사, 2006.

차기진, 〈최양업 신부의 사목 중심지에 대한 연구—요동 차쿠와 진천 동골·배티를 중심으로〉,《최양업 신부의 사목지역과 선종지 연구》, 한국천주교주교회의 시복시성 주교특별위원회, 2007.

방상근, 〈장수 신부의 선종지〉(1~2),《교회와 역사》381(2007. 2)·394(2008. 3), 한국교회사연구소, 2007·2008.

제7장 병인박해

제1절 박해의 원인

1. 흥선대원군의 집권

1864년 1월 철종이 후사 없이 사망하자, 순조의 아들 익종(翼宗)의 비(妃)인 신정왕후(神貞王后) 조 대비는 흥선군(興宣君) 이하응(李昰應, 1820~1898)의 둘째 아들 명복(命福, 즉 고종)을 익종의 대통을 계승하도록 지명하고 국왕에 즉위시켰다. 그러나 고종(高宗, 1864~1907 재위)이 왕위를 계승할 수 있었던 데에는 아버지 흥선군의 노력이 매우 컸다.

당시 순조·헌종·철종 3대에 걸쳐 세도 정치를 하던 안동 김씨(安東金氏)는 철종의 후사가 없자 뒤를 이을 국왕 후보를 두고 왕손들을 경계하고 있었다. 그런 가운데 영조의 현손(玄孫)인 남연군 구(南延君球)의 넷째 아들이었던 이하응은 조 대비의 친정 조카인 조성하(趙成夏, 1845~1881)를 통해 궁중의 최고 어른인 조 대비와 긴밀한 연락을 취하고 있었고, 장차 후계자 없이 승하할 철종의 왕위계승자로 자신의 둘째 아들 명복을 지명하기로 묵계를 맺었다. 그리고 이러한 묵계에 따라 고종이 철종의 뒤를 이어 왕이 되었던 것이다. 그러나 고종은 당시 12세의 어린 나이였다. 이에 조 대비가 수렴청정을 하게 되었고, 대원군으로 봉해진 흥선군은 조 대비로부터 섭정의 대권을 위임받아 국정의 전권을 잡게 되었다.

이러한 집권 세력의 변화에 대해 선교사들은 두려움과 희망을 동시에 가지고 있었다. 즉 여러 해 전부터 일어나고 있던 천주교에 대한 인식의 변화, 입교하는 사람의 증가, 1860년 북경 함락이 조선에 미친 영향 등은 희망의 이유였고, 박해를 가하던 당파가 권력을 장악한 점, 비교적 온건파로 알려진 시파(時派) 사람들을 물리치고 벽파(僻派) 중에서만 고관을 뽑는 새 정부의 정책 등은 두려움을 갖게 하는 이유였다.

2. 흥선대원군과 교회의 접촉

흥선대원군의 집권과 함께 주목되는 점은 1864년 8월 18일 이전에 대원군과 베르뇌 주교가 접촉했다는 사실이다. 즉 박해시대 국정의 최고 책임자와 교회의 책임자가 접촉했다는 사실은 획기적인 일이 아닐 수 없다. 그렇다면 이러한 일이 발생하게 된 이유는 무엇일까? 이것은 바로 조선에 대한 러시아의 통상 요구에 따른 결과였다.

러시아는 1860년 영국·프랑스 연합군이 북경을 함락하고 조약을 체결할 때, 이를 주선한 대가로 중국과 조약을 맺고 시베리아 동부의 연해주 땅을 차지하면서 두만강을 사이에 두고 조선과 접경하게 되었다. 그리고 1864년 이후에는 두만강을 넘어 조선에 통상과 국교를 요청하기에 이르렀다. 그러나 조선은 전통적으로 쇄국정책(鎖國政策)을 실시해 왔기 때문에 러시아의 요구는 받아들여지지 않았다. 하지만 1860년의 북경 함락 등 서양 세력의 위

1864년 1월 철종이 후사 없이 승하하자, 흥선군 이하응은 당시 실권을 쥐고 있던 신정왕후 조 대비와 힘을 합하여 자신의 둘째 아들인 명복(고종)을 왕위에 올리고 대원군이 되어 직접 정치에 관여하였다.

협은 조선에도 두려움으로 작용했다. 이에 러시아의 요구를 물리치기 위한 방법이 모색되었는데, 그것이 바로 또 다른 서양 세력을 끌어들여 러시아를 견제한다는 '이이제이'(以夷制夷) 방책이었다.

대원군은 1864년 2월(음) 러시아 사람들이 두만강을 건너와 조선과의 통상을 요구하는 편지를 경흥부사에게 전달하자 위기의식을 크게 느꼈다. 그래서 프랑스를 통해 러시아의 위협을 물리치고자 조선에 파견되어 있던 프랑스 선교사들과 접촉을 시도했던 것이다. 즉 베르뇌 주교의 1864년 8월 18일자 서한을 보면, 대원군은 베르뇌 주교와 안면이 있는 관장에게 '만약 (주교가) 러시아 사람들을 쫓아낼 수만 있다면 종교 자유를 주겠다'고 했고, 이 말을 전해 들은 베르뇌 주교는 러시아 사람들과는 나라와 종교가 다르기 때문에 그들에게 영향을 미칠 수 없다고 전했다고 한다.

〈뮈텔 주교 일기〉 1898년 1월 9일자에는 전날 사망한 부대부인 민씨가 1896년 10월 11일에 주교 자신에게 세례를 받았다는 내용이 실려 있다. 민씨는 천주교의 힘을 빌려 러시아 세력을 막으려고 '북경에 있는 프랑스 공사에게 연락해서 종교의 자유를 청하라'는 전갈을 보내기도 하였다.

이처럼 대원군과 베르뇌 주교의 첫 번째 접촉은 베르뇌 주교의 거절로 더 이상 진전되지 못하였다. 그런데 1년이 지난 1865년 9월(음) 러시아인들의 새로운 통상 요구가 있었다. 경흥부사 윤협의 보고에 따르면, '서양인 수십 명이 강을 건너와 감영에 가서 러시아국의 공문을 전달하겠다고 하였으나, 국경을 넘을 수 없다는 뜻으로 타일러 보낸' 일이 있었다.

러시아 측의 이러한 움직임은 대원군으로 하여금 다시 한 번 베르뇌 주교와 접촉하도록 만들었다. 즉 1865년 11월 19일(음력 10월 2일)자 베르뇌 주교의 서한에는 대원군과의 접촉

대원군의 부인
대원군의 부인 민씨는 이 시기에 이미 천주교를 알고 교리문답을 배웠으며, 또 자기 아들이 왕위에 오른 것에 대한 감사 미사를 드려 달라고 청하기도 하였다. 그러나 그녀가 세례를 받은 것은 사망하기 1년여 전인 1896년 10월(1898년 1월 사망)이었다.

사실이 적혀 있고, 또 **대원군의 부인**(민씨)이 '북경에 있는 프랑스 공사에게 연락해서 종교의 자유를 청하라'는 전갈을 보냈다는 내용도 있다.

그러나 이 시기 베르뇌 주교와 대원군 가족 사이에 논의되었던 이러한 문제들은 구체적으로 실현되지는 못하였다.

3. 신자들의 러시아 방비책

베르뇌 주교와 대원군이 접촉하는 사이, 조선의 지도급 신자들도 신앙의 자유를 위한 방책들을 모색하고 있었다. 즉 베르뇌 주교와 함께 살며 그를 돕고 있던 홍봉주(洪鳳周, 토마스, 1814~1866)는 베르뇌 주교가 러시아를 방비하기 위한 방책[防俄策]의 일환으로 조선과 프랑스의 동맹을 시사했다고 주장하면서, 이러한 뜻을 조정에 알릴 결심으로 1865년 8월(음) 남종삼(南鍾三, 요한, 1817~1866)을 방문하여 의논했으나 남종삼의 소극적인 태도로 그만두었다고 한다.

신자들의 이러한 움직임은 1865년 12월 하순에서 1866년 1월 중순 사이에 다시 재개되었다. 즉 김면호(金冕浩, 혹은 계호[啓浩], 토마스, ?~1866), 홍봉주, 이유일(李惟一, 1819~1868) 등은 '러시아의 위협에 대항하는 유일한 방법은 영국·프랑스와 동맹을 맺는 일이며, 이를 위해 조선에 와 있는 서양 주교들을 이용하자'는 방아책을 대원군에게 건의하기로 하였다. 그래서 김계호가 먼저 대원군의 사돈인 조기진(趙基晉)을 통해 서한을 대원군에게 제출하였다. 그러나 편지를 읽은 대원군은 아무 말이 없었고, 대원군의 이러한 반응에 겁을 먹은 김계호는 지방으로 내려가 숨었다. 그 후 대원군의 부인으로부터 편지를 한 번 더 올리라는 전갈을 받은 홍봉주는 남종삼을 불러

상황을 설명하고 편지를 다시 써 달라고 간청하였다. 이에 남종삼은 새로 서한을 작성한 후 직접 대원군에게 전달하였다.

대원군은 편지를 읽은 후 좌의정인 김병학(金炳學, 1821~1879)과 의논하라고 했고, 김병학은 편지에 관하여 숙고한 후 '좋소'라고만 대답하였다. 이튿날 대원군은 다시 남종삼을 불러 과연 주교가 러시아인들을 막을 수 있는지를 확인한 후 주교와의 면담을 요청하였다. 이러한 소식을 전해 들은 신자들은 종교의 자유가 곧 올 것이라는 희망에 기뻐하였고,

남종삼은 국내에 있는 프랑스 선교사들과의 만남을 건의하는 서한을 작성하여 흥선대원군에게 전달하였다.

심지어 서울에 성당을 지을 이야기까지 하였다고 한다.

이러한 상황에서 조기진이 제공한 여비를 가지고 김계호는 베르뇌 주교를, 이유일은 다블뤼 주교를 모시러 떠났다. 그리고 이들의 연락을 받은 다블뤼 주교는 1866년 1월 25일에, 베르뇌 주교는 1월 29일에 서울에 도착할 수 있었다. 주교들이 도착하자 남종삼은 1월 31일 대원군을 찾아가 주교들이 서울에 있음을 알렸다. 그러나 대원군은 약속과는 달리 주교들과의 면담을 미루었다. 이에 다블뤼 주교는 내포로 돌아갔고, 베르뇌 주교는 부평과 인천의 신자들에게 성사를 주러 가기도 하였지만, 대체로 서울에 머물며 대원군과의 면담을 기다렸다. 그러나 베르뇌 주교의 기대와 다르게

병인박해가 시작되기 이전에 흥선대원군으로부터 낙향을 권유받은 남종삼은 충청도 제천의 묘재(사진)에 은거해 있는 부친 남상교를 찾아갔다. 여기서 부친의 격려를 받은 그는 순교를 각오하고 다시 상경하였다가 3월 1일에 경기도 고양에서 체포되었다.

1866년 2월 19일(음력 1월 5일) 최형 등이 체포되었고, 2월 23일(음력 1월 9일)에는 베르뇌 주교와 홍봉주가 체포되면서 조선교회의 최대 박해인 병인박해가 시작되었다.

4. 박해의 원인

주교들과의 면담을 약속했던 대원군은 왜 태도를 바꾸어 병인박해를 일으켰을까? 이에 대해 달레 신부의 《한국천주교회사》에서는 첫째, 러시아인들의 위협이 사라진 점을 들고 있다. 즉 대원군을 교회와 접촉하도록 만든 러시아의 통상 요구가 사라졌고, 이러한 상황에서 굳이 서양 주교를 만날 필요가 없어졌다는 것이다.

둘째로는 중국에서 서양인들을 처형하고 있다는 조선 사신의 보고가 1866년 1월에 도착했는데, 이것이 병인박해의 계기로 작용하였다는 것이다.

마지막으로, 대원군으로 하여금 서양인과 천주교 신자들을 처형하라는 대신들의 압력을 박해의 원인으로 들고 있다. 즉 북경 함락, 러시아의 통상 요구는 대원군이 천주교회와 접촉하도록 빌미를 제공했지만, 이러한 위협이 사라진 상황에서 조선의 대신들은 천주교와의 교섭을 비난하며, 천주교 신자들의 처형을 주장하게 되었다는 것이다.

결국 이러한 상황 속에서 대원군은 자신의 권위를 유지하고, 자기의 지위를 위태롭게 하지 않기 위해 조정의 의견을 따랐고, 그 결과 병인박해가 시작되었다는 것이다.

한편 병인박해의 원인을 선교사들의 정치 개입에서 찾는 견해도 있다. 즉 1866년 당시 북경 프랑스 공사관의 전속 의사였던 마르탱(C. Martin)은 〈1866년의 조선 원정〉(L'expédition de Corée 1866)이라는 기록을 남겼는데, 여기서 그는 병인박해가 갑작스럽게 일어난 것은 선교사들이 조정 내의 권력 정치에 개입되었기 때문이라고 하였다.

> 그 후에 분명해진 것은 그 당시 두 개의 당(黨)이 있었는데, 하나는 '권력을 장악하고 있는 당'으로서 어떠한 희생을 치르더라도 조선이 외국에 개방되는 것을 원하지 않는 당이었다. 또 하나의 당은 '혁명적인 소수 인사들로 구성되어 있는 당'으로서 저러한 경향에 반대하며 결과적으로 선교사들에게 동정적이거나 적어도 그렇게 간주되었고, 그때부터 섭정에게 의심받

게 되었다.

그런데 선교사들의 이러한 간여는, 물론 그들이 모르는 사이에 이미 시작된 것으로서, 섭정에게 의혹을 품게 만들었을 따름이다. 선교사들은 오래전부터 절대적인 자유를 향유해 왔기 때문에 그들을 반대하여 선고된 법적 판결과 그들을 희생시킨 집행을 하게 된 것은 바로 이와 같은 간여를 책망하는 것이라는 점을 인정해야 한다. 거기다가 조선인들은 외국인들을 구별할 줄도 몰랐다. 그들은 선교사들에게 종교적인 것을 보지 못했고, 정치적 불안을 조성한다고 의심하는 날로부터 적으로 대해야 할 사람으로 보았다(우철구, 〈19세기 프랑스의 대외정책과 병인양요〉, 재인용).

위의 자료에 따르면, 조선에는 조선의 개방을 원하지 않는 '권력을 장악하고 있는 당'과 '조선이 외국에 개방되는 것을 바라고 또 선교사들에게 호의적인 사람들로 구성된 당'이 있는데, 이 중 개방을 바라는 사람들과 선교사들이 접촉하고 있었고, 이에 대원군이 자신과 정치적으로 입장이 다른 세력과 연계되어 있는 천주교를 탄압했다는 것이다. 결국 병인박해는 러시아의 위협이라는 국제 관계 속에서, 조선의 문호(門戶) 개방을 원하는 세력과 그것을 반대하는 세력 간의 정치적 갈등이, 천주교에 대한 탄압으로 표출된 사건이라고 할 수 있다.

제2절 박해의 초기 과정

병인박해는 1866년 2월 최형과 베르뇌 주교, 홍봉주 등이 체포되면서 본격적으로 시작되었다. 하지만 이에 앞서 1866년 1월 26일(음력 1865년 12월 10일)에는 전 프란치스코 사베리오와 이 요한이 경상도 문경 지방에서 체포된 뒤 공주에서 순교하였고, 1866년 2월 17일(음력 1월 3일)에는 유정률(劉正律, 베드로, 1837~1866)이 평양에서 체포되어 순교하였다. 그러므로 비록 공식적인 박해령에 의한 것은 아니지만, 이들은 병인년의 첫 번째 순교자가 되었다.

기록
여기서 말하는 기록은 《고종시대사》 (제1집, 1866년 1월 5일)를 말한다. 그런데 이와는 달리, 달레 신부의 기록에는 최형과 전장운의 체포 시기가 베르뇌 주교보다 늦은 것으로 나온다. 즉 포도대장이 베르뇌 주교를 신문하는 중에 압수한 서적의 수효가 많아 이선이에게 책의 출처를 묻자 그가 최형을 밀고했다고 한다 (샤를르 달레, 《한국천주교회사》 하, 408쪽).

기록상 서울에서 가장 먼저 체포된 신자는 최형, 전장운(全長雲, 요한, 1810~1866), 이선이(李先伊) 등이었다. 최형과 전장운은 1866년 2월 19일(음력 1월 5일) 이전 이선이의 밀고로 체포되었다. 이들이 체포된 후 4일이 지난 2월 23일(음력 1월 9일) 주교 집을 엿보던 포졸들에 의해 베르뇌 주교와 홍봉주가 체포되었다. 그리고 2월 25일에는 남대문 밖에 살던 정의배 회장이 체포되었고, 2월 26일에는 정의배 회장 집에 머무르고 있던 브르트니에르 신부도 체포되었다. 브르트니에르 신부는 앞서 베르뇌 주교의 체포 소식을 알고 있었지만, 그 소식을 다블뤼 주교와 다른 동료 선교사들에게 알렸을 뿐 도망갈 생각은 하지 않았다.

서울에 이어 2월 27일에는 경기도 지역에서 사목하고 있던 볼리외 신부와 도리 신부도 체포되었다. 볼리외 신부는 광주 묘론리(卯論里)에서 조선어를 배운 후 자신의 사목지로 떠날 즈음 박해 소식을 듣고 광주 산답리(山畓里) 이여습(李汝習)의 집에 머무르다 체포되었다. 볼리외 신부를 체포한 포졸들은 거기에서 시오 리 떨어진 용인의 손곡리(孫谷里, 손골)로 갔다. 손곡리는 도리 신부가 조선어를 배우던 곳으로, 포졸들은 그곳의 이군옥(李君玉) 집에서 도리 신부를 체포하였다. 도리 신부는 박해 소식을 들었지만, 하인만 도망시키고 아무도 위태롭게 하지 않으려고 집에 혼자 남아 있었다고 한다.

3월 1일에는 피신 중이던 남종삼이 경기도 고양에서 체포되었고, 이튿날에는 충청도 제천 배론 신학교에서 푸르티에 신부와 프티니콜라 신부가 체포되었다. 당시 남종삼을 잡기 위해 제천으로 왔던 서울의 포졸들은 그 지방 포졸들로부터 근방에 선교사들이 살고 있다는 이야기를 듣게 되었다. 그리고 3월 2일 신학교를 급습하여 두 명의 신부를 체포하게 되었던 것이다. 이때 신학교의 집주인인 장주기도 함께 붙잡혔으나, 푸르티에 신부가 포졸들에게 돈을 주고 풀어 주도록 했다. 장주기는 집을 떠나지 않고 있다가 이튿날 압송되는 선교사들을 따라나섰다. 하지만 푸르티에 신부가 이를 보고 포졸들을 시켜 돌아가도록 했고, 장주기는 울면서 순명하였다. 이후 닷새 동안 집에 있던 장주기는 배론에서 30리 떨어진 노럴골의 신자 집으로 식량을 얻으러 갔다가 그 마을을 점거하고 있던 포졸들에게 체포되었다.

이렇게 체포된 선교사와 신자들 중 베르뇌 주교·브르트니에르 신부·볼리외 신부·도리 신부는 3월 7일(음력 1월 21일)에 새남터에서 순교하였고, 남종삼과 홍봉주는 같은 날 서소문 밖에서 처형되었다. 그리고 3월 9일에는 최형과 전장운이 서소문 밖에서 순교하였는데, 최형과 전장운이 순교한 다음 날(3월 10일) 대왕대비 조씨는 다음과 같은 〈사교(邪敎)를 금지하는 교서〉

성 도리 신부의 묘와 손골 교우촌. 손골 교우촌에는 도리 신부 외에도 페롱 신부, 조안노 신부, 칼레 신부, 오메트르 신부가 생활하였다. 당시 손골에 머물던 도리 신부는 박해 소식을 들었지만, 혼자 남아 있다가 체포되었다.

를 반포하도록 명령하였다.

요즘의 서양인 사건은 참으로 일대 변괴이다. 몇 만 리 밖에 있는 흉악한 종자와 추악한 무리가 팔을 내휘두르며 출입하고 사술(邪術)을 제멋대로 행하였으니 그를 끌어들인 사람이 있었을 것이고 그가 붙어살게 한 곳이 있었을 것이다. 이로부터 나라에 원망을 품고 있으며 제 뜻을 잃은 무리들과 반란 음모를 꾸미기 좋아하는 무리들이 서로 굳게 엉켜서 음흉한 모의를 꾸며 가지고 우리 백성들의 떳떳한 윤리를 파괴하고 우리나라의 풍습과 교화를 어지럽혔으니 천도(天道)로 용납할 바가 아니며 왕법으로도 용서하기 어려운 일이다.

이제 그들을 차례로 체포하여 크게 처단하였으나 소식을 몰래 통하고 무리

지어 널리 퍼뜨릴 것이 염려되고, 또한 법망을 피해 자취를 감출 우려도 없지 않다. 도회지의 큰 거리나 산간벽촌의 마을을 막론하고 그가 비록 우리나라 옷을 입고 우리나라의 모자를 썼다고 하더라도 얼굴 모양이며 말과 행동이 이미 우리나라 사람과는 다르니 응당 알지 못할 까닭이 없을 것이다.

안으로는 형조(刑曹)·한성부(漢城府)·양사(兩司)·좌우변 포도청(左右邊捕盜廳), 밖으로는 팔도(八道)와 사도(四都), 감영과 고을, 진영(鎭營)과 역참(驛站)에서 각자 단속하고 특별히 더 체포하여 기어코 모두 소탕한 뒤에 그치도록 해야 할 것이다. 관리나 백성들 가운데 만약 고발하는 사람이나 체포하여 바치는 자는 그 공로를 표창해 주고 수고를 갚아 줄 것이며 또한 특별히 뜻을 보일 것이다.

만약 뒤얽혀 서로 호응하면서 숨겨 두고 아뢰지 않다가 끝내 특별한 조사에서 발각되었을 경우에는 결단코 응당 남김없이 코를 베어 죽여야 할 것이며, 사람들도 역시 다 같이 그를 처단하게 될 것이다. 먼저 이러한 내용을 한문(漢文)과 언문(諺文)으로 베껴서 거리와 마을에 붙여 모두 잘 알게 하라 (《고종실록》 3, 고종 3년 1월 24일).

전교(傳敎)가 내려진 이튿날(3월 11일) 서울 새남터에서는 정의배·우세영 (禹世英, 알렉시오, 1845~1866)·푸르티에 신부·프티니콜라 신부의 처형이 있었고, 충청도에서는 다블뤼 주교가 홍주 거더리에서 체포되었다.

다블뤼 주교는 1865년 10월 이후 거더리를 사목 중심지로 삼고 있었는데, 3월 11일 포졸들이 배론 신학교의 신학생인 박 필립보를 앞세워 거더리로 왔다. 당시 손치호(니콜라오) 회장 집에 있던 다블뤼 주교는 신자들의 간청에 따라 제의류를 담은 바구니와 함께 나뭇더미 속에 숨었지만 수색하던 포

다블뤼 주교, 오메트르·위앵 신부와 황석두·장주기 등 다섯 명은 1866년 3월 30일 보령의 갈매못에서 처형되었다. 이로써 당시 조선에서 활동하던 선교사 12명 중 9명이 목숨을 잃었다. 1. 다블뤼 주교가 머물던 집(지금의 신리 공소) 2. 다블뤼 주교 3. 갈매못에서 처형된 다섯 성인상 4. 갈매못을 바라보고 서 있는 순교비 5. 절두산 순교성지에 있는 오성바위.

졸들에 의해 제의 바구니와 함께 발각되었다. 다블뤼 주교를 체포한 포졸들은 주교에게 다른 선교사들이 숨어 있는 곳을 말할 것을 재촉하였다. 다블뤼 주교는 신자들이 쓸데없이 약탈과 고문을 당할 것을 염려하여 세거리에 있는 위앵 신부에게 거더리로 오라는 서한을 보냈다. 위앵 신부는 이때 신자들의 피신 요청에 따라 높은뫼를 거쳐 쇠재라는 마을에 있었는데, 다블뤼 주교의 심부름꾼과 포졸들을 만난 다음 날(3월 12일) 아침에 다블뤼 주교가 있는 거더리로 끌려왔다.

한편 수원 샘골[泉谷里]에서 사목하던 오메트르 신부는 박해 소식을 듣고 거더리에서 다블뤼 주교, 위앵 신부와 함께 모여 하루를 보냈다. 그런 다음 거더리에서 15리 떨어진 소덜로 가서 있다가 다블뤼 주교의 체포 소식을 들었다. 오메트르 신부는 신자들을 위험에 빠트리지 않을 생각에 홀로 거더리로 향하였고, 마을에 도착해서는 어떤 교우집에서 다블뤼 주교의 명을 기다렸다.

이렇게 하여 거더리에 모이게 된 세 명의 선교사들은 이틀 후 황석두(黃錫斗, 루카, 1813~1866)와 함께 서울로 압송되었고, 3월

다섯 명의 성인

다섯 명의 성인이 갈매못에서 순교한 이유에 대해 달레 신부의 《한국천주교회사》에는 "나흘째 되는 날 그들의 사형선고가 내려졌다. 그러나 그때 왕이 병중이어서 수많은 무당과 점장이들이 대궐에 모여 왕의 병을 고치려고 천만 가지 마귀노름을 하고 있었다. 게다가 왕은 오래지 않아 혼인을 치르게 되어 있었다. 서양인들을 처형하면 복술의 효력에 해가 미치지 않을까, 또 서울에서 사람의 피를 흘리는 것은 국혼(國婚)에 좋지 못한 증조가 되지 않을까 염려하였다. 그리하여 사형수들을 서울에서 250리 떨어진 보령 고을에 수영이 있는 반도로 데리고 가서 처형하라는 명령이 내려졌다"라고 하여, 고종의 병과 국혼(國婚)을 다섯 성인이 갈매못에서 처형된 이유로 들고 있다.

그러나 1866년 2월 15일(음력 1월 1일)에 금혼령이 내려지고, 3월 2일(음력 1월 16일)에 '국왕의 혼례 때에 운현궁을 별궁으로 사용하라'는 명이 있었다는 점에서, 고종의 혼례는 이미 이 이전에 결정되어 있었다고 하겠다. 그럼에도 불구하고 3월 7일에서 11일 사이에 베르뇌 주교·브르트니에르 신부·볼리외 신부·도리 신부·남종삼·홍봉주·최형·전장운·정의배·우세영·푸르티에 신부·프티니콜라 신부가 참수된 점은, 국혼만으로 다섯 성인이 갈매못에서 처형된 이유를 설명하기에는 부족함이 있다고 하겠다.

23일(음력 2월 7일)에 군문효수형(軍門梟首刑)을 선고받았다. 그리고 3월 24일에 사형 선고를 받은 장주기와 함께 충청도 수영(水營)으로 압송하여 처형하라는 명령이 내려졌다.

그 결과 1866년 3월 30일 보령의 갈매못(지금의 충남 보령시 오천면 영보리)에서는 **다섯 명이 처형되었는데**, 이로써 당시 조선에서 활동하던 선교사 12명 중 9명이 목숨을 잃었다.

체포되지 않은 선교사 가운데 리델 신부는 7월 1일 장치선(張致善, 1830~1868)·최선일(崔善一, 요한, 1808~1878) 등과 함께 중국으로 탈출하였고, 페롱 신부와 칼레 신부는 목천에 있다가 1866년 9월 하순 프랑스 함대가 강화도에 왔다는 소식을 듣고 강화도로 향하였다. 그러나 프랑스군은 이들이 도착하기 이틀 전에 이미 철수하였다. 이에 두 신부는 강화에 잠시 머물다가 10월 11일경 중국으로 출발하여, 10월 26일(음력 9월 18일) 체푸[芝罘]에 도착하였다.

> 이와 함께 고려해야 할 것이, 3월 22일에 철종의 삼년상이 끝났다는 점과 3월 29일에 대왕대비 조씨가 정치에서 물러났다는 점이다. 즉 다섯 성인의 사형판결이 난 3월 23~24일은 명목상이지만 고종이 새롭게 정치 일선에 등장하는 시기와 맞물려 있다. 따라서 이러한 시점에 서울에서 참수형을 집행하기에는 꺼려지는 점이 많았을 것이며, 이에 4명의 성인이 붙잡힌 충청도로 보내 이들을 처형한 것으로 추정된다. 아울러 이러한 조치는 해읍정법(該邑正法) 즉 그 지역 죄인들의 처형을 지역민들에게 보여 줌으로써 백성들을 경계하는 조치의 일환이기도 하였다.

제3절 병인양요와 박해의 확대

1. 프랑스군의 1차 침공

베르뇌 주교를 비롯한 9명의 선교사와 지도급 신자들이 순교한 1866년 3월 이후 조선 정부의 천주교 박해도 소강상태를 유지하였다. 그러다가 9월 9일(음력 8월 1일) 방아책과 연관되었던 김계호 등에 대한 처형이 결정되고, 9월 11일(음력 8월 3일)에 예문관 제학 신석희(申錫禧, 1808~1873)가 지은 〈척사윤음〉(斥邪綸音)이 반포되면서 박해는 일단락되는 듯 싶었다. 그러나 뒤이어 발생한 병인양요(丙寅洋擾), 즉 프랑스 함대의 무력 침공은 천주교에 대한 조선 정부의 박해를 확대시키는 계기가 되었다.

조선을 탈출하여 1866년 7월 7일 체푸에 도착한 리델 신부는 즉시 프랑스 극동 함대가 있는 천진(天津)으로 가서 로즈(P.-G. Roze, 1812~1882) 사령관에게 선교사의 처형 소식을 전하고, 남은 선교사들과 조선인 신자들의 구출을 요청하였다. 로즈 사령관은 이 사실을 7월 10일 본국의 해군성에 보고하는 한편, 북경 주재 프랑스 대리공사인 벨로네(H. de Bellonet, 白洛內)에게도 알렸다. 그러나 당시 인도차이나에서 반란이 일어나 로즈의 조선 원정은 연기될 수밖에 없었고, 벨로네 공사는 7월 14일(음력 6월 3일) 청나라 총리아문의 공친왕(恭親王) 혁흔(奕訢, 1832~1898)에게 서한을 보내, 조선 왕국이 프랑스 사람을 처형한 일을 보복하기 위해 프랑스 군대가 조선을 정복하러 갈 것이라고 하였다. 이에 공친왕은 '근일 프랑스 함대가 조선으로 갈 것이니 화친하라'는 내용의 문서를 조선에 보냈다. 그리고 8월 17일(음력 7월 8일)에는 중국의 예부(禮部)에서도 비슷한 공문을 보냈는데, 이러한 연락을 받은 조선 정부는 선교사들을 처형한 것이 국법에 의한 정당한 조치였다는 내용의 회신을 보냈다.

이러한 상황에서 인도차이나에 갔던 로즈 사령관이 8월 20일 홍콩으로 돌아왔다. 그는 곧바로 조선 원정을 준비했고, 드디어 9월 18일(음력 8월 10일)에 조선으로 출발하였다. 그러나 이번 원정은 보복을 위한 것이 아니라, 군사적인 응징에 앞서 정찰을 목적으로 실행된 것이었다. 그는 리델 신부를 통역으로, 최선일・심순여(沈順汝) 등 조선 교우들을 안내자로 삼아 프리모게(Le Primauguet) 호 등 세 척의 군함을 이끌고 체푸를 출발하였다. 그러나 로즈 일행은 즉시 한강 입구를 발견하지 못하고 아산만으로 향하다가 9월 20일에야 한강 입구를 발견하였다. 그리고 9월 23일부터 한강을 거슬러 올라가기 시작하였다. 9월 26일(음력 8월 18일) 조선군은 염창 부근에서 한강을 가로질러 전선을 배치하고 이들의 진로를 막았다. 그러나 조선의 선박은 프랑스군의 사격을 받고 2척이 격파되는 등 전열이 와해되었고, 한강 양안에서 발사된 포격과 화전(火箭)은 사거리가 짧아 프랑스군의 전진을 막을 수 없었다. 이렇게 하여 양화진을 거쳐 서강까지 올라온 프랑스군은 서강 앞에서 1박을 한 후 철수하여 10월 3일(음력 8월 25일) 체푸로 돌아갔다.

2. 프랑스군의 2차 침공

체푸로 돌아온 로즈 사령관은 10월 6일자로 결과 보고서를 해군성장관에게 보냈고, 10월 11일(음력 9월 3일)에 7척의 군함에 1,400명 이상의 군사를 이끌고 2차 원정을 단행하였다. 이때도 리델 신부와 안내를 맡은 조선 신자 3명이 동행하였다.

병인박해는 9월 무렵 〈척사윤음〉이 반포되면서 일단락되는 듯 싶었다. 그러나 프랑스가 1, 2차에 걸쳐 한 강 서강까지 올라오고 강화도를 점령, 약탈하자, 천주교 신자들에 대한 박해는 더욱 확대되었다(병인양요 당시 강화 아문을 점령한 프랑스 군대).

    프랑스군은 10월 14일 강화의 갑곶진에 상륙하였고, 10월 16일에는 강화부를 점령하였다. 이들이 서울로 가지 않은 이유는, 1차 원정에서 서울에 이르는 수로를 알게 되었지만 항행이 어렵다고 보았고, 또 연안의 경비가 강화되면 서울에 접근하는 것이 쉽지 않을 것으로 판단하였기 때문이다. 그리하여 강화도를 점령하고 한강 하류를 봉쇄하는 작전을 세웠는데, 이를 통해 세금으로 바치는 쌀[稅米]의 서울 수송이 불가능해지면 자연히 조선 정부가 굴복할 것으로 예상하였다. 강화도의 점령 소식을 접한 조선 정부는 의병을 모집하는 한편, 급히 순무영(巡撫營)을 설치하고 이경하(李景夏, 1811~1891)를 순무사, 이용희(李容熙, 1811~1878)를 순무중군으로 임명한 뒤 2,000여 명의 군사를 거느리고 출정하도록 하였다. 또 대원군은 이항로(李

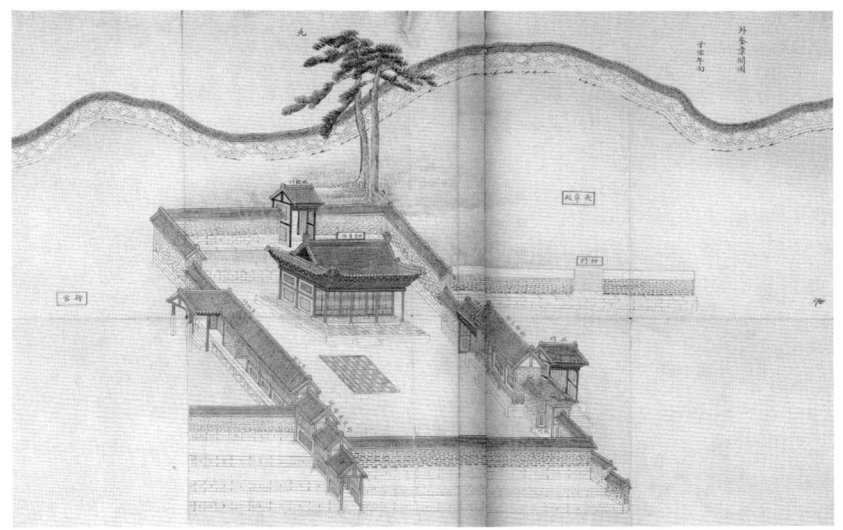

〈외규장각도〉(19세기). 1781년 정조가 왕실 관련 서적을 보관할 목적으로 설치하였으며 왕립 도서관인 규장각의 부속 도서관 역할을 하였다. 주로 왕실의 의궤를 보관하였으나, 1866년 병인양요 때 프랑스군이 강화도를 습격하면서 많은 서적을 약탈당하였고 건물은 불탔다.

恒老, 1792~1868)의 의견을 받아들여 '오랑캐를 물리쳐 나라를 보존할 것'을 표방하면서 천주교에 대한 박해를 온 나라에 명령하였다. 그런 가운데 10월 26일 로즈 사령관은 통진(通津) 인근의 문수산성(文殊山城)으로 120명의 정찰대를 파견하여 조선 군사를 물리쳤고, 10월 30일에는 교동부에 있는 경기 수영을 포격하였다. 그리고 11월 7일에는 정족산성(鼎足山城)으로 정찰대를 파견하여 전등사를 약탈하였다. 같은 날 순무중군 이용희는 양헌수(梁憲洙, 1816~1888)로 하여금 군사들을 이끌고 정족산성에 들어가 잠복토록 하였다. 이 소식을 들은 로즈 사령관은 11월 9일 정족산성으로 군대를 파견하였다. 그러나 프랑스군은 양헌수가 이끄는 조선군의 공격을 받아 퇴각하였고, 이를 계기로 로즈 사령관은 강화도에서 철수하기로 결정하였다. 그리하여 로

대량의 서적
외규장각에 보관되어 있던 서적들을 말한다. 외규장각은 1781년(정조 5)에 정조가 왕실 관련 서적을 보관할 목적으로 강화도에 설치한 규장각의 부속 도서관으로, 병인양요 때 프랑스군의 습격으로 이곳의 많은 서적들이 약탈되거나 소실되었다.

절두산
현재 절두산이라고 불리는 암벽 봉우리는 모양과 관련하여 잠두봉(蠶頭峰)·용두봉(龍頭峰)·가을두(加乙頭) 등으로 불렸다. 잠두는 누에머리, 용두는 용머리와 비슷하다는 데서 유래한 명칭이며, 가을두는 들머리(덜머리)라는 뜻으로 머리가 들려 있는 형상이라는 데서 붙여진 이름이다. 이곳이 교회와 관련해서 유명해진 것은 병인박해 때 천주교 신자들이 처형된 장소이기 때문이다.
전승에 따르면 병인박해 당시 박해자들은 절두산 정상에서 칼로 신자들의 목을 쳐서 그 시신을 강물에 던져 버리거나 한 오랏줄에 여러 명의 교우들을 결박하여 산채로 낭떠러지 밑 강물로 던져 죽이기도 하였고, 또 창호지를 얼굴에 붙이고 물을 뿌려 질식사시킨 다음 그 시신을 강물에 던지기도 하였다고 한다.
이러한 증언에 따라 교회에서는 기존에 양화나루가 있어 '양화진 성지'라고 부르던 이곳을 성지를 매입한 1956년 이후에는 '절두산 성지'로 고쳐 부르게 되었다.

즈 사령관은 강화부를 점령하였을 때 약탈해 두었던 대량의 서적과 무기, 그리고 금은괴(金銀塊)를 군함에 싣고 11월 11일 강화도를 떠났으며, 11월 21일(음력 10월 15일)에는 완전히 조선 해역을 벗어났다. 원정에 참여했던 군함들 중 2척은 일본으로 1척은 체푸로 갔으며, 나머지 4척은 상해로 돌아갔는데, 리델 신부 일행도 프리모게 호를 타고 상해로 갔다. 한편 프랑스군이 강화도를 점령하였을 때 강화의 신자인 김 베드로가 로즈 사령관에게 보낸 10월 25일(음력 9월 17일)자 서한이 오늘날에도 전해진다. 이 서한의 내용은, 첫째, 자주 들어가 만나고 싶으나 이곳이 아직 천주교가 널리 퍼지지 못하여 모든 사람이 다 도리에 어두울 뿐만 아니라, 나라의 금령이 엄하여 신자를 잡으면 곧바로 죽이므로 드러나게 출입할 수 없음을 말하고, 둘째, 프랑스군 중에 병기를 가지고 백성의 집에 드나들어 사람들을 놀라게 하며 또 여인들을 만나면 음란한 행실을 하니, 이러한 것을 엄히 금해 줄 것을 요구하고 있다. 그리고 셋째로는 이곳에 6일에 한 번 시장이 열려 사람들이 쌀과 물건을 서로 판매하여 살아가는데, 지금 장이 서지 않아 없는 백성들이 굶어 죽게 되었으니 처분해 줄 것을 요청하고 있다. 김 베드로의 서한에서 언급된 프랑스군의 비행과 약탈 행위는 리델 주교의 서한에서도 볼 수 있다. 하지만 프랑스군의 비행과 약탈 행위를 비난하고 이의 시정을 요구한 것이 신자를 통해 제기되었다는 사실과 시장의 개설을 통해 가난한 사람들의 생활고를 해결해 줄 것을 요청한 대목은, 당시 천주교 신자들의 의식과 행동이 어떠했는지를 잘 보여 준다.

3. 병인양요의 결과

프랑스 군대가 물러가면서 천주교에 대한 박해가 더욱 심해져 전국 각지에서 많은 신자들이 체포당하여 순교하였다. 특히 대원군은 "프랑스 함대가 양화진까지 침입한 것은 천주교 때문이고, 그로 인해 조선의 강역이 서양 오랑캐들에 의해 더럽혀졌으니, 양화진을 천주교 신자들의 피로 깨끗이 씻어야 한다"라고 주장하였다. 그리하여 새남터와 서소문 밖에서 처형하던 신자들을 총융진(總戎陣)이 있던 양화진에서 처형토록 하였는데, 그 결과 김한여(金漢汝, ?~1866)·이의송·최수(崔燧, 베드로, 1808~1866) 등이 병인양요가 진행 중이던 1866년 10월 23일부터 11월 24일(음력 9월 15일~10월 18일) 사이 양화진

> 그러나 오늘날 이 봉우리가 신자들의 순교 장소였느냐에 대해서는 부정적인 견해들이 많다. 즉 이 장소는 수십 명의 관계관과 군민들을 모아놓고 사형을 집행하기에는 너무 좁다는 점과 또 절두산 근처에 사는 노인들의 증언에는 사형 집행 장소가 절두산 꼭대기가 아니라 양인(洋人) 묘지에서 양화나루에 이르는 중간 지점의 평지였다는 내용도 있기 때문이다.
> 이러한 정황은 현재 남아 있는 관변측 자료나 교회측 자료의 내용과도 부합된다.
> 즉 이들 자료에는 신자들이 절두산 꼭대기에서 처형되었다는 표현은 하나도 없고, '양화진두(楊花津頭)', '양화진 진터', '양화진 진을 친 곳', '양화진', '양화도 진중', '양화진중', '양화진' 등으로 밝히고 있다. 여기서 진두(津頭)는 나루터를 의미하며, 또 진중(鎭中)이라는 것은 양화나루를 관리하던 양화진(楊花鎭)을 의미한다는 점에서, 당시 사형 집행 장소는 절두산 봉우리보다는 나루터 근처의 평지로 보는 것이 타당하며, 오늘날의 위치로는 절두산과 꾸르실료 회관 건물 사이의 어느 지점으로 이해되고 있다.

병인양요 후에 조정은 프랑스 함대가 거슬러 올라왔던 한강변 양화진에서 천주교 신자들을 처형함으로써 프랑스 함대의 내침에 대한 천주교 신자들의 책임을 확실히 묻고, 이를 통해 백성들이 프랑스 함대와 내통하는 것을 막고자 하였다.

에서 처형되었다.

　이러한 조치는 프랑스 함대의 침략에 대한 대응책의 일환이었다. 즉 대원군을 비롯한 당국자들은 프랑스 함대가 침략하여 양화진까지 거슬러 올라온 것이나, 다시 강화도를 침략한 것은 천주교 신자들이 내통한 결과라고 이해하였다. 그리하여 프랑스 함대가 거슬러 올라왔던 한강변 양화진에서 천주교 신자들을 처형함으로써 프랑스 함대의 내침(來侵)에 대한 천주교 신자들의 책임을 확실히 묻고, 이를 통해 백성들이 프랑스 함대와 내통하는 것을 막고자 했던 것이다. 이때 신자들이 처형된 양화진은 순교자들의 목이 잘린 곳이라 하여 오늘날 절두산(切頭山)이라 불리고 있다.

〈표 1〉 양화진 처형 신자

이름	세례명	처형일(음)	비고
김이쁜(金㐲分)	마리아	1866. 9. 15	이의송의 처
김한여	베드로	1866. 9. 15	
이붕익(李鵬翼)	베드로	1866. 9. 15	이의송의 아들
이의송(李義松)	프란치스코	1866. 9. 15	
최경원(崔)	야고보	1866. 9. 15	최 베드로 형
김중은(金重殷)	베드로	1866. 9. 17	
박영래(朴永來)	요한	1866. 9. 17	
김인길(金仁吉)	요셉	1866. 10. 5	베르뇌 주교에게 영세
김진구(金鎭九)	안드레아	1866. 10. 5	
김진(金振)	베드로	1866. 10. 5	의업, 김큰아기 남편, 베르뇌 주교에게 영세
최수(崔燧)(서방)	베드로	1866. 10. 5	최형(베드로) 형
강명흠(姜命欽)	베드로	1866. 10. 10	
김(金)큰아기	마리아	1866. 10. 10	
이기주(李基柱)	바오로	1866. 10. 10	
황기원(黃基元)	안드레아	1866. 10. 10	
박성운(朴聖耘)	바오로	1866. 10. 14	
원후정(元厚正)		1866. 10. 14	
이용래(李龍來)	아우구스티노	1866. 10. 14	
성연순(成連順, 전손)		1866. 10. 18	선교사 탈출 도와줌
원윤철(元允哲)	사도 요한	1866. 10. 18	
박래호(朴來浩)	사도 요한	1866. 10	짚신 장사, 회장, 베르뇌 주교에게 영세
유(柳)	마오로	1866	
강(姜)	요한	1867. 8. 2	회장
조(趙)	타대오	1867. 8. 2	

*출전 : 서종태, 〈병인박해와 절두산 순교자들〉

제4절 덕산 사건과 신미양요

1. 덕산 사건—오페르트의 남연군 묘 도굴 사건

병인양요로 가열된 박해는 1867년을 넘어 1868년까지 지속되었다. 그런 가운데 1868년 5월(음력 4월)에는 독일 상인 오페르트(E.J. Oppert, 1832~1903)가 충청도 덕산에서 대원군의 아버지인 남연군(南延君)의 묘를 파헤치려 한 사건이 발생하였다.

오페르트는 1866년 3월과 7월 두 차례에 걸쳐 조선 연안을 탐험하며 조선과의 통상을 요구한 인물로, 중국에서 페롱 신부와 조선 신자들로부터 "덕산 가야동에 있는 남연군의 묘에 있는 부장품을 가지고 대원군과 협상하면 통상이 가능할 것"이라는 제안을 받았다. 이 제안을 받아들인 오페르트는 독일인 묄러(Moller) 선장과 함께 차이나(China) 호를 타고 상해를 출발하여 조선 원정에 나섰다. 일행 중에는 페롱 신부와 최선일 등 안내를 맡은 몇몇 조선인 및 미국인 젠킨스(F.B. Jenkins) 등이 끼여 있었다. 이들은 1868년 5월 9일(음력 4월 17일) 저녁에 아산만 입구에 도착하였다. 조선 신자의 안내에 따라 행담도(行擔島)에 정박한 이들은, 다음 날 새벽 작은 기선인 그레타(Greta) 호로 갈아타고 5월 10일 11시경 구만포(九萬浦)에 상륙하였다. 오페르트 일행은 곧바로 덕산 관아를 습격한 뒤 남연군 묘가 있던 가야산으로 갔다. 그러나 봉분의 한쪽을 파내는 데 많은 시간을 허비하였고, 또 묘광(墓壙)을 덮고 있는 석회 덩어리가 너무 커서 이를 제거하는 데에도 많은 시간이 예상되었다. 이러한 상황에서 오페르트는 썰물로 물이 빠지게 되면 차이나 호로 돌아가지 못해 일행의 생명이 위험해질 것으로 생각하였다. 그래서 오페르트 일행은 굴총(掘塚) 작업을 중지하고 5월 11일 오전 6시경 그레타 호가 정박해 있는 곳으로 돌아갔고, 5월 12일에는 행담도에 이르러 차이나 호로 갈아타고 아산만을 떠났다.

서양인들에 의해 남연군의 묘가 침범되었다는 사실은 5월 13일(음력 4월 21일)에 고종에게 보고되었다. 이에 고종은 "바다 밖의 서양놈들이 어떻게 길을 알아서 거침없이 쳐들어왔겠는가? 필시 우리나라의 간사한 무리들 가운데 그들을 부추기고 길을 인도한 자가 있었을 것이다. …이번에 간사한 무리로서 법망에서 빠져나간 자에 대해서는 안으로는 좌우변 포도청에서, 밖으로는 각 진영(鎭營)에서 일일이 붙잡아 남김없이 처단할 일을 의논하라"는 전교를 내렸다. 조정의 대신들도 서양 사람들이 변란을 일으킨 것이 조선 사람이 부추기고 호응한 결과라고 하면서, 천주교 신자들을 모두 잡아 처형할 것을 강조하였다.

그 결과 이 사건을 계기로 최인서(崔仁瑞, 요한, 1811~1868), 이정식(李廷植, 요한, 1795~1868), 양재현(梁在鉉, 마르티노, 1827~1868), 이양등(李陽登, 베드로, ?~1868), 김종륜(金宗倫, 루카, 1819~1868), 허인백(許仁伯, 야고보, 1822~1868) 등 수많은 신자들이 서울, 충청도, 경상도 등지에서 체포되어 순교하게 되었다.

2. 신미양요

오페르트의 덕산 사건이 있은 지 3년 후인 1871년, 이번에는 미국 함대가 조선을 침공한 신미양요(辛未洋擾)가 발생하였다. 이 사건은 1866년 대동강에서 불에 타 침몰한 미국 상선 제너럴 셔먼(General Sherman) 호 사건이 계기가 되어 일어났다.

조선과의 교역을 목적으로 1866년 7월 29일(음력 6월 18일) 중국 천진을 출발한 제너럴 셔먼 호는 체푸를 거쳐 8월 16일(음력 7월 7일) 대동강 하류에 도착하였다.

런던 선교회(London Missionary Society)에서 중국에 파견한 영국인 선교사 토마스(R.J. Thomas, 崔蘭軒, 1840~1866) 목사가 통역으로 동승한 이 배는, 물러가라는 조선 측의 의견을 무시하고 교역을 요구하며 계속 강을 거슬러 올라왔다. 그런 가운데 평양의 군민(軍民)

문정관과 그의 하인. 조정에서는 남의 나라 배가 처음 국내 항구에 들어왔을 때 관리를 보내어 그 사정을 묻는 관례대로 1871년 풍도 앞바다에 상륙한 미국 함대에 문정관을 보냈다.

과 충돌이 발생하였고, 여기에 대동강의 수위도 낮아져 항행이 불가능하게 되었다. 결국 제너럴 셔먼 호는 조선군의 공격을 받아 불에 타 침몰하였고, 토마스 목사를 비롯한 전 승무원이 희생되었다. 여러 차례의 확인 끝에 제너럴 셔먼 호의 상황을 알게 된 미국 측은 이 기회를 이용하여 미국 국민이 조선 연안에 조난되었을 경우 생명과 재산의 안전을 위해 조약을 체결하는 문제를 고려하게 되었고, 그것을 실행에 옮기는 과정에서 발생한 사건이 신미양요였다.

1871년 5월 21일(음력 4월 3일) 미국의 아시아 함대사령관 로저스(J. Rodgers)는 함대를 이끌고 경기도 남양부 풍도 앞바다에 정박하였다. 이들은 조선 측의 문정(問情)에, '조선과 교섭을 목적으로 왔으며, 일이 끝나면 돌아갈 것'

미국 정부는 제너럴 셔먼 호 사건을 계기로 포함 외교를 앞세워 조선을 개항시키고자 1871년 5월 조선에 도착하였다. 그러나 조선이 통상 조약 교섭을 거절하자 도발을 자행하여 6월 10일 강화도 초지진에 상륙하였고 다음 날 덕진진과 광성진을 공격·점령하였다(강화도 덕진포대 화약고를 점령한 미군).

이라고 하면서 수로를 측량하며 5월 26일에 물치도(勿淄島, 지금의 작약도) 앞바다에 이르렀다. 이어 6월 1일(음력 4월 14일)에는 광성진, 덕진진, 초지진에 있는 조선군의 공격과 이에 대한 미군의 대항이 있었고, 6월 2일(음 4월 15일)에는 대원군이 진무사(鎭撫使) 정기원(鄭岐源, 1809~?)을 시켜 미국의 불법 침략을 문책하고 통상 조약 교섭을 거절하였다.

이에 로저스는 6월 10일(음력 4월 23일)에 물치도를 출발하여 강화도의 초지진에 상륙하였고, 다음 날 덕진진과 광성진을 공격·점령하고 하루를 머문 뒤 6월 12일(음력 4월 25일)에 본대가 있는 물치도로 돌아가서 조선 정부의 반응을 기다렸다. 이들은 조선 정부가 패전에 당황하여 어떤 의사 표시를 할 것으로 예상하고 있었다. 하지만 대원군은 오히려 서울의 종로와 8도 각

> **우윤집, 최순복, 박상손**
> 3인은 신자로 추정되고 있으나, 자료상 신자라는 확실한 근거가 있는 것은 아니다.

지역에 척화비(斥和碑)를 세워 백성들의 척화 사상을 고취시키는 등 항전 의식을 불태웠다. 그 결과 미국 함대는 7월 3일(음력 5월 16일)에 철수하여 중국 체푸로 돌아갔다.

이러한 신미양요의 와중에 미국 군함과 몰래 접촉했다는 죄목으로 우윤집(禹允集)·최순복(崔順福)·박상손(朴尙孫)이 강화도의 갑곶 나루터에서 참수되는 등 다수의 천주교 신자들이 체포되어 순교하였다.

척화비의 내용은 다음과 같다. '洋夷侵犯 非戰則和 主和賣國 戒我萬年子孫 丙寅作辛未立'(서양 오랑캐가 침범한 때에 싸우지 않으면 곧 화친하게 되니, 화친을 주장하는 것은 나라를 파는 것이다. 우리 만년 자손은 경계하라. 병인년에 작성하고 신미년에 세움).

제5절 병인박해 희생자와 순교성인

1873년 12월 24일(음력 11월 5일), 대원군이 정계에서 물러나고 고종이 직접 정치를 담당하는 친정체제가 이루어졌다. 이로써 오랫동안 계속된 병인박해는 끝을 맺게 되었는데, 1866년부터 시작된 이 박해로 전국에서 8,000명 이상의 신자들이 희생된 것으로 알려져 있다.

〈표 2〉는 병인박해 기간 동안 체포된 신자들의 통계인데, 이를 통해 다음과 같은 사실들을 알 수 있다.

첫째, 병인박해 당시 체포된 신자는 1868년(38.85%)에 가장 많았고, 그 다음이 1866년(33.38%) 〉 1867년(12.47%) 〉 1869년(3.55%) 〉 1871년(3.40%) 〉 1870년(2.94%) 〉 1872년(1.29%) 순이라는 것이다. 그리고 남성 신자는 1866년에, 여성 신자는 1868년에 가장 많이 체포되었으며, 천주교 신자의 84.70%가 1866~1868년 사이에 체포되었음도 알 수 있다.

둘째, 체포 신자에 대한 기록이 1872년에 거의 끊긴다는 점에서, 병인박해가 끝나는 시점을 1873년 대원군이 물러난 시기와 연결시킬 수 있고, 셋째, 병인양요와 덕산 사건이 있었던 1866년과 1868년의 체포 비율이 가장 높다는 점에서, 두 사건이 박해에 미친 영향을 알 수 있다. 이 중 병인양요가 박해에 미친 영향에 대해서는, 병인양요가 발생한 이전과 이후의 체포 신자 수 차이로 짐작할 수 있다. 즉 1866년의 경우 1월에 박해가 시작되었지만, 이 때에는 서양 선교사와 지도급 신자 정도가 체포 대상이 되었던 듯하다. 예를 들어 "첫해 군난은 신부만 잡고, 조선 백성은 잡지 말라 했다"든가, 1866년 2월 다블뤼 주교와 위앵·오메트르 신부가 체포될 때, 황석두가 따라가려 하자 포교가 "주교와 신부를 잡으러 왔으니 황 생원은 오지 말라"고 한

〈표 2〉 연도별 체포 신자수와 해당 연도 남녀 구성비

연도	남교우	여교우	계
1866	553(85.74%)	92(14.26%)	645
1867	179(73.36%)	65(26.64%)	244
1868	473(63.07%)	277(36.93%)	750
1869	50(72.46%)	19(27.54%)	69
1870	47(82.46%)	10(17.54%)	57
1871	58(87.88%)	8(12.12%)	66
1872	15(60.00%)	10(40.00%)	25
1873	1	1	2
1874		4	4
1877	9	4	13
1878	22	13	35
1879	21	4	25
계	1,428	507	1,935

* 출전 : 방상근, 《19세기 중반 한국 천주교사 연구》

1866년에 체포된 신자수는 645명인데, 이 중 체포된 월(月)이 알려진 사람을 조사해 보면 병인양요가 일어나기 전에 체포된 사람은 14.04%, 병인양요 이후에 체포된 사람은 58.49%였다. 따라서 이러한 사실은 병인양요 이전보다는 이후에 박해가 격화되었음을 말해 주며, 병인양요가 천주교 박해에 미친 영향을 단적으로 보여 주고 있다.

것 등은 그러한 사정을 잘 말해 준다. 물론 이러한 증언들이 어느 정도 신빙성이 있는지는 알 수 없다. 하지만 실제 드러난 체포 양상을 보면, 근거가 없는 말은 아닌 듯하다. 즉 〈표 2〉에서 1866년에 체포된 신자 수는 645명인데, 이 중 체포된 월(月)이 알려진 사람을 조사해 보면 병인양요가 일어나기 전에 체포된 사람은 14.04%, 병인양요 이후에 체포된 사람은 58.49%였다. 따라서 이러한 사실은 병인양요 이전보다는 이후에 박해가 격화되었음을 말해 주며, 병인양요가 천주교 박해에 미친 영향을 단적으로 보여 주고 있다.

그런데 병인양요가 있었던 1866년보다 1868년에 체포된 신자가 더 많았다는 것이 주목된다. 이러한 사실은 결국 충효(忠孝)를 근본으로 하는 유교 사회에서 무덤을 건드린 덕산 사건이 군사 문제인 병인양요보다 영향이 더 컸음을 말해 주고 있다. 그리고 1866년에 체포되었다가 배교한 피영록이 "교우가 잡혀 배교하면 놓아 주는 법인데, 덕산 산소 일 후에는 잡힘에 배교하나 아니하나 막 죽였다"라고 한 증언이나, 같은 내용이 송성숙과 이사여의 증언에도 나타난다는 점에서 덕산 사건 이후 박해가 더욱 심해졌음을 알 수 있다.

넷째, 1871년 신미양요의 경우는 체포 신자가 그리 많지 않았다는 점에서 이 사건의 영향력이 다른 사건에 비해 적었음을 짐작할 수 있다. 하지만 이 시기가 되면 이미 많은 신자들이 체포되어 처형되었고, 또 나머지 신자들은 피신하여 숨어 있는 상태였기 때문에 체포 신자가 적었을 가능성도 있다.

다섯째, 전체적으로 여성 신자보다는 남성 신자의 체포 비율이 높았다. 그런데 여성의 경우 박해가 가장 치열했던 1866년과 1868년 중 1868년에는 체포 비율이 36%대로 높은 반면, 1866년에는 14%대로 낮았다. 이러한 현상은 박해 초기에는 여성이 체포의 주된 대상이 아니었으나, 시간이 지나면서 점차 여성에 대한 체포 비율이 증가하고 있었음을 보여 주는 것이다.

한편 이상과 같은 특징을 지닌 8,000명 이상의 희생자 가운데 24명의 성직자와 평신도가 1968년 10월 6일에 복자(福者)가 되었고, 1984년 5월 6일에 성인(聖人)의 자리에 올랐다.

<표 3> 병인박해 순교성인

이름	생몰 연도(나이)	출생지	처형지
베르뇌 주교	1814~1866(52세)	프랑스	서울 새남터
다블뤼 주교	1818~1866(48세)	프랑스	보령 갈매못
오메트르 신부	1837~1866(29세)	프랑스	보령 갈매못
위앵 신부	1836~1866(30세)	프랑스	보령 갈매못
볼리외 신부	1840~1866(26세)	프랑스	서울 새남터
도리 신부	1839~1866(27세)	프랑스	서울 새남터
브르트니에르 신부	1838~1866(28세)	프랑스	서울 새남터
정의배 마르코	1795~1866(72세)	서울 창동	서울 새남터
우세영 알렉시오	1846~1866(21세)	황해도 서흥 백암동 (황해도 평산)	서울 새남터
전장운 요한	1810~1866(57세)	서울	서울 서소문
최형 베드로	1814~1866(53세)	공주	서울 서소문
남종삼 요한	1817~1866(50세)	충주	서울 서소문
장주기 요셉	1803~1866(64세)	수원 담안	보령 갈매못
황석두 루카	1813~1866(54세)	충청도 연풍	보령 갈매못
손자선 토마스	1840~1866(27세)	홍주 신리(거더리)	공주
정문호 바르톨로메오	1801~1866(66세)	충청도 임천	전주 숲정이
조화서 베드로	1815~1866(52세)	수원 도마오지	전주 숲정이
조윤호 요셉	1848~1866(19세)	신창 남방재	전주 숲정이
손선지 베드로	1820~1866(47세)	충청도 임천	전주 숲정이
이명서 베드로	1821~1866(46세)	홍주 개죽이	전주 숲정이
한재권 요셉	1836~1866(31세)	충청도 진잠	전주 숲정이
정원지 베드로	1848~1866(19세)	충청도 진잠	전주 숲정이
이윤일 요한	1822(23)~1867 (44~45세)	내포(홍주)	대구 관덕정
유정률 베드로	?~1866(30여 세)	평남 대동군 율리면 논재[畓峴]	평양

참고 문헌

1. 연구서

Claude Charles Dallet, *Histoire de L'Église de Corée*, 1874 ; 안응렬·최석우 역주,《한국천주교회사》하, 한국교회사연구소, 1980.

유홍렬,《고종치하 서학수난의 연구》, 을유문화사, 1962.

최석우,《병인박해자료연구》, 한국교회사연구소, 1968.

평양교구사편찬위원회 편,《천주교 평양교구사》, 분도출판사, 1981.

한국교회사연구소 편,《순교자와 증거자들》, 한국교회사연구소, 1982.

이광린,《한국사 강좌》 V, 한길사, 1983.

한국교회사연구소 편,《황해도 천주교회사》, 한국교회사연구소, 1984.

한국교회사연구소 편,《병인박해 순교자 증언록》, 한국교회사연구소, 1987.

유홍렬,《증보 한국천주교회사》하, 가톨릭출판사, 1994(6판).

한국교회사연구소 편역,《리델 문서》I, 한국교회사연구소, 1994.

김진소 엮음,《고종실록 천주교사 자료모음》, 한국순교자현양위원회, 1997.

연갑수,《대원군 집권기 부국강병정책 연구》, 서울대학교 출판부, 2001.

한국교회사연구소 엮음,《절두산 순교성지 이야기》, 절두산 순교성지, 2003.

방상근,《19세기 중반 한국천주교사 연구》, 한국교회사연구소, 2006.

한국가톨릭대사전편찬위원회 편,《한국가톨릭대사전》, 한국교회사연구소, 2006.

조현범,《조선의 선교사, 선교사의 조선》, 한국교회사연구소, 2008.

2. 논문

이원순, 〈절두산의 절벽〉,《가톨릭청년》 18-3(1964. 3), 가톨릭청년사, 1964.

최석우, 〈병인양요 소고〉,《역사학보》 30, 역사학회, 1966.

한국교회사연구소 역, 〈한불 관계 자료〉,《교회사연구》 2, 한국교회사연구소, 1979.

이원순, 〈병인양요 일고〉,《한불수교 100년》, 한국사연구협의회, 1986.

유종순, 〈병인박해 순교자의 시복수속 자료─병인박해 순교자 증언록─을 중심으로〉,《병인박해 순교자 증언록》(현대문), 한국교회사연구소, 1987.

고흥식, 〈병인교난기 신자들의 신앙〉,《교회사연구》 6, 한국교회사연구소, 1988.

우철구, 〈19세기 프랑스의 대외정책과 병인양요〉,《누리와 말씀》 3, 인천가톨릭대학교 겨레문화연구소, 1998.

이원순, 〈흥선대원군 정권과 병인양요〉,《누리와 말씀》 3, 1998.

최석우, 〈병인양요와 조선 천주교회〉,《누리와 말씀》 3, 1998.

원재연, 〈오페르트의 조선 항해와 내포 일대의 천주교 박해〉,《백제문화》 29, 공주대학교 백제문화연구소, 2000.

권희영, 〈문명의 충돌과 병인양요〉,《병인양요의 역사적 재조명》, 한국정신문화연구원, 2001.

이원순, 〈병인박해, 병인양요 그리고 외규장각 도서〉,《병인양요의 역사적 재조명》, 2001.

장동하, 〈병인박해에 대한 프랑스의 대응과 강화 점령사건〉,《병인양요의 역사적 재조명》, 2001.

조　광, 〈병인양요에 대한 조선측의 반응〉,《병인양요의 역사적 재조명》, 2001.

서종태, 〈병인박해와 절두산 순교자들〉,《교회사연구》 20, 한국교회사연구소, 2003.

방상근, 〈조선 백성들 보아라〉,《교회와 역사》 355(2004년 12월호), 한국교회사연구소, 2004.

서종태, 〈서양 선교사와 병인박해〉,《성(聖) 도리 신부와 손골》, 한국순교자연구회, 2007.

색 인

ㄱ

가경자　75, 221, 222
가스파리 추기경　74
가야산　270
간월　166
갈매못　259, 260, 261, 279
갑곶진　264
강남성　124
강도영 신부　139
강릉　237
강명흠　269
강 요한　269
강원도　17, 21, 48, 78, 79, 148, 160, 164, 166, 236
강화도　130, 261, 264, 265, 266, 268, 273, 274
강화부　264, 266
거제도　167
견진문답　208
경기도　17, 21, 24, 25, 27, 46, 48, 66, 78, 79, 82, 86, 90, 94, 97, 98, 100, 105, 107, 138, 148, 149, 160, 161, 164, 189, 216, 237, 251, 254, 255, 272
경기 수영　265
경상도　48, 79, 108, 160, 164, 165, 175, 210, 214, 236, 254, 271
경신박해　165, 175, 210, 211, 213
경원　120, 122
경원 개시　155
경흥부사　247, 248
고공　239
고광성　59, 80, 287
고군산군도　157, 158
고산　237
고순이　46, 51, 59, 60, 80
고씨　223
고양　24, 25, 94, 251, 255
고 우르술라　96, 105, 118
고종　245, 246, 247, 257, 260, 261, 271, 275
고집종　33

고틀랑 신부　　126, 132, 141
곤장　　49, 53, 55, 143
골배마실　　97, 105, 106, 107, 109
공베르(안트완느) 신부　　139
공소 회장　　197, 200, 287
〈공심판가〉　　173, 174
공주　　108, 216, 237, 254, 279
공친왕(혁흔)　　262
광동　　112, 134, 166, 223
광성진　　273
광주 묘론리　　255
광주 산답리　　255
교동부　　265
교우촌　　17, 21, 28, 37, 59, 69, 72,
　　79, 98, 108, 116, 120, 122, 126,
　　146, 148, 149, 153, 154, 159, 160,
　　163, 165~167, 174, 175, 178, 183,
　　189, 193, 211, 225, 238, 240, 256
교황 비오 7세　　223, 224
교황 요한 바오로 2세　　138, 139
교황청　　15, 74, 75, 156, 191, 207

구만포　　270
구순오　　135
군문효수　　30, 50, 108, 136, 137,
　　142, 261
굴암　　106
궁녀　　22, 32, 61, 67, 68, 89
권돈인　　136
권득인　　21, 49, 62, 63, 65, 90, 93
권성여　　90
권진이　　48, 51, 60, 61, 65, 69, 84,
　　85, 95
권희　　30, 49, 59, 61, 76
그레타 호　　270, 271
글로와르 호　　156, 158
《긔히일긔》　　44
《기해·병오박해 순교자들의 행적》
　　153, 156, 167, 169
기해박해　　15~17, 37, 38, 41~44,
　　46, 48, 49, 52, 54, 55, 58, 66~68,
　　72, 73, 75, 76, 86, 87, 89, 91, 93,
　　108, 118, 122, 136, 142, 146, 149,

156, 170, 178, 194, 201
《기해일기》　28, 41, 43, 44, 48, 138, 156
길림　122
김가항 성당　126, 127, 154
김계호　249, 250, 262
김관주　18
김 글라라　90, 288
김기량　166, 167, 223, 238
김노사　27, 49, 62, 65, 71, 92
김누시아　22, 27, 49, 65, 69, 83, 94
김대건 신부　30, 32, 43, 96, 105, 106, 107, 112, 117, 126, 128, 129, 130~139, 140~145, 156, 158, 185, 189, 191, 201
김대권　27
김 데레사　47, 65, 77, 94, 108
김 루치아　64, 92
김만집　21
김문집　21

김 바르바라　26, 65, 66, 71, 94, 222
김 베드로　266, 267
김 베드로(김대건 신부의 사촌)　108
김병주　88
김병학　250
김사건　27
김사문　93
김성(강원도)　148
김성서　129, 133
김성우　21, 22, 23, 51, 67, 98
김성임　22, 27, 49, 53, 65, 83, 94
김성희　99
김순성　27, 28, 32, 61, 85, 89, 97, 99
김순여　135
김아기　26, 49, 65, 92, 93
김 아나스타시아　46
김 안토니오　91, 213
김업이　26, 49, 65, 92, 93

색인　285

김 요한	167, 202, 203	김진구	269
김유근	19, 85	김진후	96, 97, 106
김유리대	31, 50, 67, 68, 71, 100	김 체칠리아	63, 64, 93
김이쁜	269	김큰아기	269
김인길	269	김택현	106
김인원	124	김 프란치스코	108
김임이	135, 137, 138	김 프란치스코(밀사)	118~120, 142
김장금	27, 49, 65, 94	김한여	267, 269
김절벽	97	김효임	24, 25, 31, 50, 61, 62, 69, 90, 91
김제교	108		
김제준	31, 32, 50, 67, 96, 105, 106, 108, 109, 118	김효주	24, 25, 30, 44, 50, 61, 62, 69, 90, 91
김제항	108	김희현	106

ㄴ

나창문	137
나한사전	217
낙동(서울)	148
남경	114, 115, 152
── 교구	115, 126, 152, 158, 159

김조순　17, 18, 19
김종류　271
김종한　46, 77, 94, 96, 106, 108
김종현　106
김주집　22
김중수　133
김중은　269
김진　269

—— 조약　　114, 115
남경문　　135, 137, 138
남공철　　19
남명혁　　21, 22, 26, 49, 59, 67, 76, 77, 89, 95, 96
남양부　　272
남연군　　245, 270, 271
남이관　　15, 31, 32, 50, 59, 66, 67, 78, 96, 97
남종삼　　249, 250, 251, 255, 260, 279
남필용　　78
내명부　　68
내포　　81, 214, 237, 279
노럴골　　255
노언익　　129, 133
노원익　　124
높은뫼　　260

ㄷ

다락골 새터　　146
다블뤼 주교　　164, 165, 170~172, 177, 210, 214, 215, 221, 222, 250, 254, 257, 259, 260, 275, 279
단양　　237
담배　　235, 238, 239
당고개　　47, 51, 81, 89, 149, 150
대구 감영　　27, 108
대동강　　271, 272
대만　　114, 115
덕산　　138, 270, 277
덕산 가야동　　270
덕산 사건　　270, 271, 275, 277
덕진진　　273
데쥬네트 신부　　191, 193
데플레슈 신부　　110, 112, 113
도리 신부　　215, 216, 255, 256, 260, 279
도미니코 수도회　　112
도앙골　　165
동골　　165
동래　　237

색인　287

두만강   155, 246, 247
두 요셉   116, 153
드망즈 신부   139
등산첨사   133

ㄹ

라트랑의 성 요한 학교   114
라파엘 호   128, 191
라 피에르   156, 157
랑드르 신부   61, 91, 202, 213, 214, 215, 216
러시아   246, 247, 248, 249, 252, 253
런던 선교회   272
로마 성 베드로 대성전   75
로저스 사령관   272, 273
로즈 사령관   262, 263, 265, 266
롤롬보이   112, 151
루세이유 신부   167, 291
르그레즈와 신부   109~112, 121, 132, 154, 156, 157, 168, 169, 170, 177, 179~183, 227, 234
리고 드 즈누이   156
리델 신부   61, 91, 202, 213~215, 261~263, 266
리브와 신부   110, 112, 113, 124, 130, 132, 165, 179, 226, 227, 228

ㅁ

마닐라   112, 114, 115, 116, 151
마레스카 주교   158, 159
마르탱   252
마카오   17, 108, 109, 110, 112~114, 117, 134, 150~152, 159, 162, 201, 205
마포   124, 129
만산리   166
만주   124, 125, 152, 155, 201, 292
── 대목구   118, 151, 156, 158, 159, 207
매괴회   235
멍에목   166

메린도 213
메스트르 신부 111, 113~116, 118~121, 132, 151~156, 158~160, 161, 179, 190, 196, 197, 202, 203, 207, 210, 215, 221
명도회 235
모방 신부 15~17, 22, 27~30, 42, 50, 67, 76, 79, 87, 97, 99, 106, 108, 109, 111, 119, 147, 149, 150
목천 148, 261
뮐러 270
무쇠막 87, 129
문경 175, 176, 213, 214, 237, 254
문수산성 265
물치도 273
뮈텔 주교 44, 248
《미과수원》 200
미나리골 129
미리내 136, 137, 139
미리내 본당 139
민극가 47, 51, 67, 96

민씨(대원군 부인) 248, 249
밀양 성당 139

ㅂ

박래호 269
박 바오로 137
박봉손 31, 50, 63, 64, 92
박사의 27
박상손 274
박성운 269
박성철 129, 133
박아기 21, 26, 49, 62, 63, 90
박 안나 63, 91
박영래 269
박종원 47, 51, 59, 60, 67, 80
박큰아기 29, 49, 61, 62, 88, 89, 101
박 필립보 257
박후재 29, 50, 63, 90
박희순 22, 26, 49, 61, 62, 67, 68, 88, 89, 100, 101

배론 175, 176, 202~204, 206,
　　213, 217, 223, 255, 257
배티　166, 167, 175, 176, 201
백가점　116, 118, 120, 130, 153,
　　154
백령도　129, 130, 158, 213
〈백서〉　34, 194, 222
범 요한　115, 116, 152, 153, 154
베롤 주교　118
베르뇌 주　199
베르뇌 주교　161, 164, 165, 170,
　　171, 174~177, 183, 190, 194, 197,
　　206, 207, 213~217, 221, 223, 224,
　　226, 230, 237, 241, 246~251, 254,
　　255, 260, 262, 269, 279
베시 주교　116, 152, 153
벨로네 공사　262
《벽위편》　41, 222
벽파　18, 246
변문　16, 110, 118~121, 123, 124,
　　151, 156, 158

병오박해　23, 28, 128, 135~139,
　　153, 156, 167, 169, 189, 191, 221
병인박해　108, 167, 193, 206,
　　216, 225, 231, 232, 234, 235, 238,
　　239, 245, 251~254, 264, 266, 269,
　　275, 279
병인양요　253, 262, 264~268,
　　270, 275, 276, 277
복온공주　88
복자품　45, 75
볼리외 신부　215, 216, 229, 254,
　　255, 260, 279
봉천　82, 190
봉황성　16, 124, 125, 158
부평　79, 94, 97, 147, 149, 150,
　　236, 250
북경　15, 37, 73, 79, 81, 85,
　　87~89, 112, 118, 151, 210~213,
　　246, 248, 249, 252, 262
불교　36
불무골　165

브뤼기에르 주교　109, 202
브릴리 드 라 브뤼니에르 신부
　114~116, 151~153, 154, 179
브르트니에르 신부　215, 216,
　254, 255, 260, 279
빅토리외즈 호　136, 156

ㅅ

사도신경　233
사령　67, 68, 207
〈사본문답〉　171, 233
사빈느 호　136
〈사심판가〉　173, 174
사천 시노드　209
사포서동　135
〈사학토치령〉　23
《사학한가사변물방매성책》　238,
　239
〈사향가〉　173, 174
산동 대목구　115, 152
삼본문답　208, 233

삼종경　233
〈상재상서〉　27, 31, 37, 38, 41, 87
상주　27, 237
상해　115, 116, 123, 124, 126,
　127, 130, 140, 141, 152, 153~155,
　157, 158, 207, 212, 266, 270
새남터　30, 31, 50, 108, 136, 137,
　138, 142, 145, 255, 257, 267, 279
샤스탕 신부　16, 17, 27, 28, 29,
　30, 42, 50, 67, 76, 87, 89, 91, 110,
　119, 138, 151, 202
서가회 신학원　158
서강　26, 90, 263, 264
서덜골(서들골)　148
서빙고　129
서소문　279
서소문 밖　26, 27, 30, 38, 46, 49,
　50, 51, 89, 108, 235, 255, 267
서 야고보　137
서울　16, 17, 21~23, 29, 30, 38,
　42, 47, 48, 72, 76, 78~80, 82, 84,

85, 88, 90, 92, 94, 96, 97, 98, 100, 105~110, 119, 123, 128, 129, 131, 135, 138, 146, 148~151, 159, 160, 164, 171, 175, 189, 197, 207, 210~214, 216, 217, 221, 236, 239, 241, 250, 254, 257, 260, 264, 271, 273, 279
서해안 124, 125
서흥 237, 279
석정동 123, 129, 131, 135
〈선종가〉 173, 174
《성경》 40
《성교요리문답》 171, 172, 220, 221, 234
《성교일과》 220, 221, 233
《성교절요》 218, 220, 221, 234
성모 마리아 140, 141, 191, 192, 235
성모 성심회 180, 191~193, 235
성모송 191, 200, 233
성모 승천 구역 210

《성상경》 233
성연순 269
성 요셉 신학교 202, 204, 214, 255, 257
성의회 235
《성찰기략》 218, 220, 221, 234
성호경 233
세거리 260
세도정치 17
세실 113~116, 136, 151, 156
소덜 260
소리웃 165
소팔가자 120, 122, 153~155
손경서 27, 44, 47
손 막달레나 46
손선지 279
손소벽 48, 51, 53, 59, 80, 81
손연욱 47, 94
손자선 279
손치호 257
솔뫼 94, 105, 106, 107, 108, 138

송도	236	신 마리아	191, 194, 195
송 마리아	194, 195	신명초행	220, 221, 234
송성숙	277	신미양요	270~272, 274, 277
송인원	33	신석희	262
쇄국정책	246	신유박해	35, 37, 46, 48, 59, 61, 67, 73, 79, 80, 86~90, 92, 96, 97, 100, 106, 138, 195, 236
쇠재	260		
수리산 뒤뜸이	79, 149		
수리치골	191~193	신정왕후(조 대비)	245, 246, 247
수영	261	신주	39, 40
수원	27, 96~98, 138, 236, 279	신천	237
수원 샘골	260	신치관	137
순무영	264	신치도	157
순원왕후	19	신태보	27, 47
순위도	130, 133	신해박해	78, 146
순조	17~19, 88, 245	심 바르바라	46
숭명도	128	심사민	129
숲정이	47, 279	심순여	263
승리의 성모 대성전	191	심환지	18
시노드	197, 207, 209, 210	십계명	40, 233
시복 작업	75	십자가의 길	208
시파	246		

색인 293

ㅇ

아산만　263, 270, 271
아현　92, 236
안곡　165, 174
안성 본당　139
안순명　129, 133
알브랑 신부　177, 226~229
애로우 호 사건　211
앵베르 주교　16, 17, 26~30, 37, 42~44, 47, 67, 73, 76, 77, 83, 85, 87, 89, 95, 97, 98, 99, 119, 121, 124, 138, 168, 201, 202, 205
양관　116, 122, 153
양구　237
양근　46, 78, 236
양산　237
양재현　271
양지　135
양헌수　265
양화진　263, 266~269
언양　237
엄수　129, 133, 135
에리곤 호　113~116, 151, 152
연동　236
연령회　235
연평도　130
연풍　237, 279
연해주　246
염창　263
영고탑　122
영국　114, 116, 124, 126, 135, 153, 211, 212, 246, 249
《영세대의》　220, 221, 234
영양 우련밭　108
영조　245
영춘　237
영해회　196~200, 208, 210, 235
영해회 규식(규칙)　197, 199, 200, 207, 208
영흥　238
예부성성　222
예수　35, 36, 59, 70, 81, 143, 178,

180, 192, 234
예수성심신학교　　23, 99, 137, 139
예수 성심회　　235
예수회　　126, 141, 158, 220
오가작통법　　23, 29
오두재　165
오메트르 신부　　202, 215, 216,
　　225, 256, 259, 260, 275, 279
오 바르바라　　98
오송구　　114, 116, 124, 152, 153
오종례　　47
오치서　　97
오페르트　　270, 271
〈오형명의〉　　52
옹기업　　240
옹진 마합포　　130
와서　　137
외연도　　136
요동　　109, 114~116, 152, 153,
　　158, 159, 228
요양　　207

용인　　82, 90, 97, 105~107, 128,
　　129, 131, 134, 148, 236
용인 손곡리(손골)　　255
우세영　　257, 260, 279
우술임　　135, 137, 138
우윤집　　274
원귀임　　27, 49, 65, 66, 94
원 루치아　　65, 66, 94
원윤철　　269
원죄 없이 잉태되신 동정 마리아
　　191, 192
원주　　21, 32, 237
원후정　　269
위앵 신부　　215, 216, 259, 260,
　　275, 279
유대철　　32, 50, 53, 60, 61, 84
유 마오로　　269
유정률　　254, 279
유진길　　15, 27, 30~32, 50, 60, 61,
　　79, 84, 112, 151
유 체칠리아　　37, 46, 50, 53, 60,

61, 86

유 파치피코 신부　21, 62, 66~68,
　79, 81, 83, 87, 95, 97, 99, 101, 138

윤협　248

은언군　194, 195, 196

은이　106, 129, 135

을해박해　46, 97, 108

응천　62

이 가타리나　32, 50, 60, 61,
　83~85

이간난　135, 137, 138

이경도　222

이경이　48, 51, 65, 69, 85, 94

이경하　264

이광렬　27, 49, 61, 62, 65, 69, 88,
　95, 110

이광헌　21, 22, 26, 49, 58, 59, 61,
　62, 67, 69, 76, 77, 83, 88, 95, 96

이군옥　255

이기경　222

이기주　269

이덕보　237, 241

이 막달레나　47

이만돌　166, 202, 203, 206

이매임　22, 27, 49, 60, 61, 65, 82,
　83, 95

이 멜라니아　106

이명서　279

이문우　42, 43, 47, 51, 67, 98

이민식　137

이 바르바라　26, 60, 61, 65, 69,
　82

이 바울리노→이만돌

이봉금　46

이붕익　269

이 사도 요한　137

이사여　277

이사영　47, 97

이상황　19

이선이　254

이성례　28, 48, 59, 78, 79, 146,
　147, 149, 150, 168, 170, 178

이순이	222	이재행	27
이승훈	34	이정식	271
이 아가타	26, 49, 61, 62, 86	이정희	22, 30, 50, 60, 61, 65, 82, 95
이 아가타(동정녀)	46, 51, 53, 59, 76, 88, 94	이존창	78, 106, 146
이양등	271	이지연	19, 20, 22, 23, 25, 27, 28
이여습	255	이천	66, 79, 86, 98, 135
이연희	30, 50, 59, 76	이춘화	46
이영덕	46, 51, 60, 82, 83	이태권	27, 47
이영희	22, 27, 49, 60, 61, 65, 82, 95	이하응	245~247, 250, 251~253, 264, 267, 268, 270, 273, 275
이 요한	254	이항로	264
이용래	269	이호영	49, 61, 62, 86, 87
이용희	264, 265	인도차이나	262, 263
이유일	249, 250	인쇄소	171, 217, 218, 221
이윤일	279	인제	237
이의송	237, 267, 269	인천	96, 97, 236, 250
이의창	129, 133	일본	266
이인덕	48, 51, 60, 82	〈1839년 조선 서울에서 일어난 박해에 관한 보고〉	42, 119
이일언	27		
이재의	43, 124, 135, 156	〈1866년의 조선 원정〉	252

임 빈첸시오　　167, 202, 203, 206
임성룡　　129, 130, 133, 135, 138
임성실　　124
임치백　　133, 134, 137, 138, 143
임치화　　124

ㅈ

자암　　236
장동　　135
장사광　　46
장성집　　26, 49, 53, 62, 63, 66, 90
장송　　196
장수 신부　　190, 215
장연　　237
장연 목동　　130
〈장주교윤시제우서〉　　197, 198, 205, 208
장주기　　202, 203, 255, 259, 261, 279
장춘　　122
장치선　　261

《장화홍련전》　　64
재령　　237
전경협　　22, 31, 32, 50, 62, 67, 68, 89, 100, 101
전교회　　179, 200, 223, 224, 235
전대사　　175, 192, 193
전등사　　265
전라도　　33, 46, 48, 72, 79, 135, 160, 236
전 베드로　　33
전장운　　254, 255, 260, 279
전주　　27, 33, 46, 47, 48, 237, 279
전 프란치스코 사베리오　　254
절골　　165
절두산　　266~269
절두산 순교성지　　137, 139, 259
정국보　　49, 67, 68, 100
정기원　　273
정기화　　23, 24
정문호　　279
정 빈첸시오　　237

정순왕후   18
정 아가타   26, 222
정 안드레아   47, 51, 98
정약용   87
정약종   30, 37, 61, 86, 87, 220
정원지   279
정의배   197, 224, 236, 254, 257, 260, 279
정정혜   46, 51, 53, 60, 61, 65, 86, 95
정조   52, 195, 265, 266
정족산성   265
정철상   61, 86, 87
정철염   135, 137, 138
정태봉   27
정하상   15, 16, 27, 30, 31, 37, 38, 40~43, 46, 50, 60, 61, 79, 84, 86, 97, 99, 106, 110, 201, 205
정해박해   27, 47, 97
정화경   51, 67, 98
제너럴 서먼 호   271, 272, 273
제주도   128, 166, 167, 237, 238
제주 함덕리   238
제천   237, 251, 255
젠킨스   270
조기진   249, 250
조득영   19
조 막달레나   32, 50, 60, 61, 69, 83, 84, 85
조만과   233
조만영   18, 19
조 바르바라   32, 46, 60, 61, 82, 85
조병구   19
조병현   19, 20, 22
조선 대목구   15, 85, 201, 214, 215, 221
조선 신학교   151
〈조선전도〉   124, 125
《조선 주요 순교자 선정》   222
《조선성교사료》   105
조성하   245

조신철　16, 27, 30~32, 50, 59, 78, 80, 81, 97, 110, 112, 151

조안노 신부　213, 214, 215, 216, 256

조윤호　279

조인영　19, 34, 46

조중이　46, 51, 59, 66, 78

조 타대오　269

조화서　279

《주교요지》　220, 221, 234

《주년첨례광익》　218, 220, 221, 234

주문모　30, 34, 86, 97

주산도　114, 115

죽림　165, 175

중영전쟁　211

《진도자증》　233

진밭들　166

진산　237

진천　163, 175, 176

쪽우물골　129

ㅊ

차이나 호　270, 271

차쿠 성당　158, 159

〈척사윤음〉　34, 35, 46, 262, 264

척화비　274

《천당직로》　218, 220, 221, 234

천주가사　10, 170, 173, 174

천주경　233

《천주성교공과》　171, 172, 220, 221, 233

《천주성교예규》　218, 220, 221, 234

《천주실의》　84

천진　211, 262, 272

── 조약　211, 212

철종　17, 194, 195, 225, 245, 247, 261

첨례표　193

청(淸)　114, 118, 121

청양　78, 146

청파동　105, 106

청풍　237
체푸　213, 261~263, 266, 272, 274
초지진　273
총융진　267
최경원　269
최경환　28, 32, 50, 59, 67, 78, 96, 146~151, 168, 170, 177, 178
최 바르바라　47
최방제　109, 111, 150, 151, 162, 201, 205
최병문　22, 65, 95
최 비르지타　32
최사관　236
최선일　261, 263, 270
최수　267, 269
최순복　274
최양업 신부　28, 146, 147, 149, 157~161, 164~183, 190, 193, 194, 207, 210, 213~215, 217, 223, 233, 234
최영겸　148

최영렬　148
최영수　43, 124, 156
최영이　48, 51, 53, 59, 78, 80, 81
최인서　236, 271
최인주　78, 146, 148
최창현　46, 80, 97
최창흡　44, 46, 48, 51, 59, 78, 79, 80, 81
최 필립보　46
최한기　146
최한일　78, 146
최해성　21, 32, 170
최형　124, 221, 235, 251, 254, 255, 260, 269, 279
최희득　33
《추안급국안》　233
충주　237, 279
충청도　29, 33, 48, 72, 94, 98, 105, 108, 128, 135, 136, 138, 146, 159, 160, 163, 189, 210, 214, 216, 236, 237, 251, 255, 257, 261, 270,

271, 279
《칠극》　　177, 233

ㅋ

칼레 신부　　202, 213, 214, 215,
　　216, 256, 261
칼르리 신부　　110, 111, 112
《콩쥐팥쥐전》　　64
클레오파트르 호　　136

ㅌ

태고　　211
태문행　　62
태장하　　116, 153
터골　　129
토마스 목사　　272
통영관아　　167
통진　　265

ㅍ

파리 외방전교회　　15, 29, 42, 110,
　　153, 177, 179, 201, 202, 205, 217,
　　220, 222
── 극동 대표부　　109, 110, 113,
　　151, 152, 153, 156, 167, 225
── 신학교　　177
파보리트 호　　114, 115, 152
파즈　　152
페낭 신학교　　110, 167, 202, 203
페레올 주교　　120, 121~124,
　　126~130, 134, 135, 140, 143, 145,
　　153~156, 158~160, 167~169, 189~192,
　　196, 201, 207, 215, 221
페롱 신부　　164, 167, 174, 175,
　　177, 210, 214~216, 256, 261, 270
평양　　237, 254, 272, 279
평양 회장　　237
포교성성　　29
포도청　　23, 26, 27, 29, 38, 46, 49,
　　50, 51, 53, 61, 77, 79, 81, 85, 99,
　　108, 134, 138, 149, 257, 271
《포도청등록》　　231, 232, 233, 238

포르투갈　152
푸르티에 신부　175, 180, 202, 204, 206, 207, 210, 214, 215, 217, 255, 257, 260
풍도　272
풍양 조씨　18, 19, 75
프랑스　17, 66, 89, 114, 118, 136, 140, 156, 158, 179, 185, 191, 196, 211, 212, 223, 224, 246~250, 252, 253, 262, 264, 265, 267, 268, 279
—— 극동함대　113, 151
—— 함대　152, 261, 262, 267, 268
프리모게 호　263, 266
프와넬 신부　137, 139, 305
프티니콜라 신부　164, 202, 207, 210, 214, 215, 217, 255, 257
피숑 신부　105, 305
피영록　224, 277, 305
필리핀　112, 305

ㅎ

한강　124, 125, 129, 263, 264
한경선　137
한국 순교자 79위 시복 교령　74
《한국천주교회사》　48, 145, 161, 211, 212, 251, 254, 260
한대사　193
한덕동　97, 105, 107, 148
한성부　257
한성임　233
한아기　26, 49, 65, 92, 93
한 안나　29, 222
한영이　46, 51, 60, 61, 65, 84, 95
한이형　135, 137, 138, 189
한재권　279
한한라(韓漢羅) 사전　217
한한불(漢韓佛) 사전　217
함경도　122, 236, 237
해미　33, 94, 97, 106, 108
해주　237
해주 감영　133, 134

행담도   270, 271
허계임   22, 31, 50, 60, 65, 82, 95, 101
허인백   271
허임   51, 67, 68, 100
헌종   17, 18, 19, 23, 24, 26, 30, 32, 136, 142, 194, 195, 245
현경련   42, 43, 46, 51, 67, 69, 96
현계흠   67, 96, 138
현석문   27, 28, 43, 96, 124, 135, 137, 138, 156, 168, 189
형조   25, 27, 53, 81, 91, 101, 257
혜화동 대신학교   137, 139
혜화동 소신학교   139
홍금주   31, 50, 65, 94
홍낙민   61, 88, 89
홍병주   48, 51, 61, 62, 67, 88, 98
홍봉주   249, 251, 254, 255, 260
홍시개   122
홍영주   48, 51, 61, 62, 67, 88, 98
홍재영   47

홍주   29, 146, 210, 214, 237, 279
홍주 거더리   257, 279
홍콩   44, 152, 153, 156, 166, 167, 202, 221, 225, 230, 238, 263
화전   238
황기원   269
황사영   34, 194, 222
황석두   259, 260, 275, 279
황세홍   115, 116, 152
황해   130
황해감사   133
회장   15, 17, 21, 47, 58, 66, 67, 72, 76, 81, 88, 89, 96, 116, 149, 153, 178, 200, 208, 236, 237, 241, 254, 257, 269
회죄경   233
《회죄직지》   220, 221, 234
횡당 신학교   127
횡성   237
효명세자   18, 19
후동(서울)   38, 150

《훈국총요》 53
훈춘 122, 123, 155
《흠휼전칙》 52
흥선군(흥선대원군)→이하응